『扫黑除恶』司法观点与辩护要点

王发旭　王朝勇——主编
杜嘉诚　杨　舒　罗龙平
单子峰　刘绪光——副主编

法律出版社 | LAW PRESS

序　言

2018年1月，中共中央、国务院发出《关于开展扫黑除恶专项斗争的通知》，决定在全国开展扫黑除恶专项斗争，强调各地区、各部门要进一步提高政治站位，切实增强“四个意识”，充分认识开展扫黑除恶专项斗争的重大意义，坚决打赢扫黑除恶专项斗争这场攻坚仗。扫黑除恶“作为一项重大政治任务，摆到工作全局突出位置，列入重要议事日程”，这既是保障民众权益、维护社会秩序、净化政治生态的雷霆之举，也是对一直以来社会关切的积极回应。

近年来，我国对黑恶势力保持高压态势，取得了明显成效。但当前涉黑涉恶问题仍然比较突出，黑恶势力的组织形态、行为手段、攫取利益的方式出现新动向，滋生黑恶势力的土壤和条件仍然存在，黑恶势力处于活跃期的基本态势没有改变。在一些基层社会、治理终端和边缘地带，一些政府部门治理失序，黑恶势力趁机跟进，干政扰民，恣意乱为。特别是部分基层机构以及公职人员也或主动、或被动地被黑恶势力俘获，导致公权力黑恶化。腐败官员为得到“好处”而与黑恶势力勾结在一起，自愿充当“保护伞”，为黑恶势力通风报信或包庇、纵容违法犯罪分子，使黑恶势力有恃无恐，黑恶势力自身也积极向政治、经济领域渗透，千方百计地为团伙成员谋求社会地位，从而增加了打击黑恶势力的难度。这次党中央、国务院决定在全国开展扫黑除恶专项斗争，必然会打掉一批黑恶势力组织及其“保护伞”，必将最大限度地挤压黑恶势力的生存空间，促进对黑恶势力违法犯罪的综合治理，也是人民对美好生活向往的民心工程。

在全面推进依法治国的新形势下，要坚决打赢扫黑除恶攻坚战，就应当在法治的框架下，以法治思维和法治方式推进扫黑除恶专项斗争，使扫黑除恶走向规范化、制度化、法治化。既坚持严厉打击各类黑恶势力违法犯罪，又要依法依规，不枉不纵。扫黑除恶应当依法进行，不能运动化和扩大化。一是扫黑除恶不能搞以人划线、层层检查、人人过关的政治运动或者群众运动模式，避免以所谓定任务、下指标、出排名等方式使扫黑除恶走样、变味、跑偏，运动式的肃清或许能求得一时的秩序，但却可能遗祸久远。二是严格依法办事、公正司法、宽严相济，严禁刑讯逼供，确保每一起案件经得起法律和历史的检验，防止出现冤假错案。无论是对黑恶势力的认定，对“保护伞”的认定，还是在惩治措施、定罪量刑上，都要讲事实、讲证据、讲程序、讲法律，避免出现人为干扰办案的情形，更不能为追求所谓的“效率”而牺牲公平公正。三是切实保障人权，不能忽视程序正义。司法公正是法治的生命线，在扫黑除恶过程中，政法机关既要保障被害人、广大人民群众的合法权利，也要尊重和保障犯罪嫌疑人、被告人等少数人应有的人权，应当体现程序正义的精神和理念。特别是在犯罪嫌疑人、被告人被剥夺人身自由的情况下，政法机关保障其人权责任重大。四是落实党中央产权保护和企业家合法权益保护政策。严格落实罪刑法定、疑罪从无等法律原则和制度，防止将经济纠纷随意升格当作犯罪处理，合理把握打黑政策与刑法适用，防止对未涉黑的企业家错误乱扣帽子、乱打棍子，让企业家专心创业、放心投资、安心经营，让财产更加安全，让权利更有保障。

本书通过最高人民法院、最高人民检察院以及笔者辩护的案例，对黑社会性质组织犯罪涉及的法律、司法解释及司法规范性文件进行归纳总结。尽管近年来立法机关和司法机关不断通过立法解释、司法解释、会议纪要等规范性法律文件或审判参考对黑社会性质组织罪的这“四个特征”进行修正和细化，但由于阐述认定标准时引入了大量过于抽象的概念，以致实践中在组织性质的认定问题上仍存在模糊且不无矛盾。本书既着眼司法实务，又兼顾理论前沿，直面扫黑除恶实践中的具体问题，归纳当前司法实践的认定标准，以正确判断涉案的相关组织是否构成黑社会性质组织，进而解决罪与非罪的问题。坚持以问题为导向，从黑社会性质组织犯罪规律和“四个特征”的逻辑联系入手，剖析黑社会性质组织罪“四个特征”相互间的内在联系，梳理裁判路径和办案思路，通过对个案在事实认定、证据裁判、程序运用、法律适用等方面的研究，提炼有价值的裁判规则。

囿于学识和时间所限，书中难免存在舛误与纰漏，祈望法律界同仁与读者诸君不吝赐教，以期再版时改正。

王发旭

2019 年 1 月 10 日

重印说明

为深入贯彻落实中央关于开展扫黑除恶专项斗争的决策部署，正确理解和适用最高人民法院、最高人民检察院、公安部、司法部《关于办理黑恶势力犯罪案件若干问题的指导意见》，最高人民法院、最高人民检察院、公安部、司法部于2019年4月9日联合发布《关于办理恶势力刑事案件若干问题的意见》《关于办理实施“软暴力”的刑事案件若干问题的意见》《关于办理“套路贷”刑事案件若干问题的意见》《关于办理黑恶势力刑事案件中财产处置若干问题的意见》，本次重印予以收录。

特此说明。

2019年5月20日

缩略语表

文件名全称	简　　称	发文号
《关于〈中华人民共和国刑法〉第二百九十四条第一款的解释》	《刑法第二百九十四条第一款的解释》	
《关于审理黑社会性质组织犯罪的案件具体应用法律若干问题的解释》	《黑社会案件解释》	法释〔2000〕42号
《办理黑社会性质组织犯罪案件座谈会纪要》	2009年《座谈会纪要》	法〔2009〕382号
《在审理故意杀人、伤害及黑社会性质组织犯罪案件中切实贯彻宽严相济刑事政策》	《宽严相济刑事政策》	
《全国部分法院审理黑社会性质组织犯罪案件工作座谈会纪要》	2015年《会议纪要》	法〔2015〕291号
《关于办理黑恶势力犯罪案件若干问题的指导意见》	2018年《指导意见》	法发〔2018〕1号
《关于贯彻宽严相济刑事政策的若干意见》	《宽严相济刑事政策意见阐释》	法发〔2010〕9号

目　录

第一章

黑社会性质组织犯罪的基本特征

黑社会性质组织犯罪，作为国际社会公认的有组织犯罪最高形态，与贩毒、恐怖主义活动一起被联合国大会宣布为“全球性的瘟疫”“世界三大犯罪灾难”。受国内国际多种因素影响，我国黑社会性质组织犯罪活跃、多发的基本态势在短期内不会改变。犯罪组织化或产业化程度不断提高，逐利性特征愈加显著，兼与各种社会治安问题相互交织。在新的时期呈现出一些新的特点，如向政治领域渗透，企图操控、把持基层政权，或向新行业、新领域扩张，追求非法利益最大化。

为了有效应对黑恶势力犯罪的新变化，2018 年 1 月，中共中央、国务院根据习近平总书记重要指示，发布《关于开展扫黑除恶专项斗争的通知》，中央政法委牵头，中央纪委、组织、宣传等部门参与，最高人民法院、最高人民检察院、公安部、司法部于2018 年1 月16 日联合印发《指导意见》，在全国范围开展为期三年的新一轮扫黑除恶专项斗争。

组织、领导、参加黑社会性质组织罪，是指组织、领导和参加以暴力、威胁或者其他手段，有组织地进行违法犯罪活动，称霸一方，为非作恶，欺压、残害群众，严重破坏经济、社会生活秩序的黑社会性质的组织的行为。

关于黑社会性质组织的认定标准，2002 年 4 月 28 日全国人大常委会《刑法第二百九十四条第一款的解释》，规定了四项特征，2011 年 5 月 1 日施行的《刑法修正案（八）》吸收了该四项特征，为此增设了《刑法》第二百九十四条第五款，规定黑社会性质组织应当同时具备组织特征、经济特征、行为特征、非法控制特征(危害性特征)。

组织、领导、参加黑社会性质组织罪是1997年刑法修正后新增加的罪名。2000年最高人民法院颁布了《黑社会案件解释》,解决了实践中一些法律适用问题,澄清了原有认识上的模糊,但该解释亦引发了一场更大的新的争议,其焦点在于黑社会性质组织犯罪是否必须以“保护伞”存在为条件。有观点认为,为了适当限制黑社会性质组织的范围,必须将“保护伞”作为黑社会性质组织的犯罪必备特征,这样既有利于打击黑社会性质组织,也有利于深挖“保护伞”。“黑恶势力之所以能在一些地方长期存在,坐大成势,往往是因为有大大小小的后台支持和保护伞的庇护。”也有观点认为,上述特征是多余的,《刑法》第二百九十四条并没有规定这一特征,2000年联合国大会通过的《联合国打击跨国有组织犯罪公约》规定的“有组织犯罪集团”中也没有列出“保护伞”这一特征。许多典型的黑社会性质组织没有“保护伞”。正因为两种观点的对立,为统一司法,全国人民代表大会常务委员会于2002年《刑法第二百九十四条第一款的解释》规定:《刑法》第二百九十四条第一款规定的“黑社会性质的组织”应当同时具备以下特征:(1)形成较稳定的犯罪组织,人数较多,有明确的组织者、领导者,骨干成员基本固定;(2)有组织地通过违法犯罪或者其他手段获取经济利益,具有一定的经济实力,以支持该组织的活动;(3)以暴力、威胁或者其他手段,有组织地多次进行违法犯罪活动,为非作恶,欺压、残害群众;(4)通过实施违法犯罪活动,或者利用国家工作人员的包庇或者纵容,称霸一方,在一定区域或者行业内,形成非法控制或者重大影响,严重破坏经济、社会生活秩序。

与黑社会性质组织认定相关的规范性文件有:2000年《黑社会案件解释》、“两高一部”2009年《座谈会纪要》、2010年《宽严相济刑事政策》、2015年《会议纪要》、2018年“两高两部”《指导意见》。所有的规范性文件均要求四个特征全部具备;但在用语上,2009年《座谈会纪要》和《宽严相济刑事政策》最为严厉,为“必须同时具备”四个特征,“必须严格依照”刑法规定的四个特征进行分析。2015年《会议纪要》虽然对此点没有涉及,但由于2015年《会议纪要》是对2009年《座谈会纪要》的完善和补充,其并没有改变2009

年《座谈会纪要》在黑社会性质组织犯罪认定上的意见，也应为"必须同时具备"。2018 年《指导意见》和刑法规定一致，较为中性，均描述为黑社会性质的组织"应同时具备"四个特征。需要说明的是，2009 年《座谈会纪要》、《宽严相济刑事政策》、2018 年《指导意见》均提到了实践中很多情况下，四个特征并非都很明显，在这样的情况下应"根据立法本意，认真审查、分析黑社会性质组织'四个特征'相互间的内在联系，准确评价涉案犯罪组织所造成的社会危害，做到不枉不纵"。

虽通过司法解释、立法解释详细地阐述了黑社会性质组织的四个特征，也为此提供了较为明确的法律依据，但这四个特征也难以从整体把握，容易混淆。在司法实践中的适用也出现不少问题，如在重庆打黑犯罪中对黑社会性质组织的界定不清。

因此，这不仅是一个法律问题，在很大程度上涉及刑事政策、政治层面的问题。此外，黑社会性质组织的犯罪在事后申诉、翻案上的难度大。黑社会问题就像死刑认定一样极其困难，实践中难以找出"硬标准"，人们更多诉诸对案件的整体感觉，依赖于印象和直觉。涉黑案件认定困难的原因在于，不仅需在现有规范上考虑入罪门槛，有时还受刑事政策的影响，基于此，"灰社会"甚至常会被划入黑社会中。

黑社会性质组织犯罪的辩护核心要点为根据案件情况，考察"四个特征"是否全部具备。由于实践中许多黑社会性质组织并非"四个特征"都很明显，所以我们要紧扣刑法规定，据理力争，防止司法机关错误认定，拔高或者降低犯罪样态。

一、组织特征

组织结构的问题，主要是指黑社会性质组织的内部层次的问题。黑社会性质组织不仅有明确的组织者、领导者，骨干成员基本固定，而且组织结构较为稳定，并有比较明确的层级和职责分工。

1. 组织者、领导者、积极参加者和其他参加者的认定

2009 年《座谈会纪要》指出：

关于组织者、领导者、积极参加者和其他参加者的认定。组织者、领导者,是指黑社会性质组织的发起者、创建者,或者在组织中实际处于领导地位,对整个组织及其运行、活动起着决策、指挥、协调、管理作用的犯罪分子,既包括通过一定形式产生的有明确职务、称谓的组织者、领导者,也包括在黑社会性质组织中被公认的事实上的组织者、领导者;积极参加者,是指接受黑社会性质组织的领导和管理,多次积极参与黑社会性质组织的违法犯罪活动,或者积极参与较严重的黑社会性质组织的犯罪活动且作用突出,以及其他在组织中起重要作用的犯罪分子,如具体主管黑社会性质组织的财务、人员管理等事项的犯罪分子;其他参加者,是指除上述组织成员之外,其他接受黑社会性质组织的领导和管理的犯罪分子。

2009年《座谈会纪要》又从客观行为方面将积极参加者划分为三种类型:第一种是"多次积极参与黑社会性质组织的违法犯罪活动的犯罪分子"。此类积极参加者不仅要求其多次积极参与实施违法犯罪活动,而且在其参与实施的违法犯罪活动中一般应起主要作用。第二种是"积极参与较严重的黑社会性质组织的犯罪活动,且作用突出的犯罪分子"。此处"较严重的黑社会性质组织的犯罪",既包括故意杀人、故意伤害、绑架等严重暴力犯罪,也包括其他一些已造成重大财产损失或者恶劣社会影响的犯罪。第三种是"其他在黑社会性质组织中起重要作用的犯罪分子"。实践中,一些具体主管黑社会性质组织人、财、物等事项的组织成员虽然很少参与,甚至从不参与违法犯罪活动,但这些成员往往与组织头目有着某种特殊关系,相互联系密切。而且,这些成员由于直接掌控着犯罪组织的"生命线",对于组织的维系、运行、发展实际上起着非常重要的作用,理应认定为积极参加者。需要注意的是,此类积极参加者应是对犯罪组织的人、财、物等事项具有"主要管理职权",且对犯罪组织的维系、运行、活动确实起到重要作用的成员,不能把凡是参与前述事务的组织成员均认定为积极参加者。

在2009年《座谈会纪要》中,黑社会性质组织被分为了三个层次:第一层是组织者、领导者;第二层是包含积极参加者的骨干成员;第三层是其他参加者。而在《刑法修正案(八)》第四十三条中,黑社会性质组织是被粗略地分为组织者、领导者和骨干两个层次的。骨干成员,是指直接听命于组织者、领导者,并多次指挥或积极参与实施有组织的违法犯罪活动或者其他长时间在犯罪组织中起重要作用的犯罪分子,属于积极参加者的一部分。在认定“骨干成员”时应分以下几个层次来把握:

第一,“骨干成员”是积极参加者中的一部分,应当满足积极参加者的认定条件。对于“骨干成员”应当首先根据上述规定进行初步判断,不符合积极参加者认定条件的应直接被排除在外。

第二,“骨干成员”应当是直接听命于组织者、领导者的积极参加者。曾在全国人大法工委工作的黄太云同志在解读《刑法第二百九十四条第一款的解释》时指出,“骨干成员,通常是指从组织者、领导者那里受领任务又指挥和积极参与实施具体的犯罪活动的人”,这一解读清晰地传达出了立法本意。应当说,这一解读既符合“骨干”一词的文意,又与黑社会性质组织的组织结构相契合。可以试想,在组织者、领导者明确,而由其直接管理的积极参加者又基本固定的情况下,一个两层级的组织结构便已然建立,只要再加上一定数量的其他成员,并有组织纪律、规约作为管理手段,稳定的犯罪组织即可基本成型。因此,应当紧紧把握“直接听命于组织者、领导者”这一限定条件,从积极参加者中准确筛选出“骨干成员”。

第三,“骨干成员”在黑社会性质组织中所起的作用应当大于一般的积极参加者。在认定“骨干成员”时,仅仅具备“直接听命于组织者、领导者”这一条件还是不够的。既然是“骨干”,所起的作用自然是要比一般的积极参加者大。与2009年《座谈会纪要》中关于积极参加者的规定相比较后不难发现,2015年《会议纪要》对于“骨干成员”客观方面的要求,实际上是在积极参加者相关要求基础上的升级。只有是“多次指挥或积极参与实施有组织的违法犯罪活动或者其他长时间在犯罪组织中起重要作用”的积极参加者,才能被认定为“骨干成员”。也就是说,只要未达到“多次”,即便“积极参与实施较严重的黑社会性质组织的犯罪活动,且作用突出”,也不能认定。同理,只要未达到“长时间”,即便是对黑社会性质组织的人、财、物等重要事项具有主要管理职权,亦不能认定。

“接受黑社会性质组织的领导和管理”,是认定积极参加者、其他参加者时需要审查的主观意志要素。对于那些主观上并无加入意图,因被纠集、雇用、收买、威逼或者受蒙蔽,为黑社会性质组织实施违法犯罪活动或者提供帮助、支持、服务的人员,不应以参加黑社会性质组织罪定罪处罚。从实践情况看,黑社会性质组织在吸纳成员时,一般都不会举行仪式或者办理手续,这使得“参加”行为难以通过充分的证据被客观地反映出来,往往只能依据犯罪嫌疑人、被告人加入犯罪组织后所实施的具体违法犯罪活动来认定。根据《黑社会案件解释》(法释〔2000〕42 号)第三条第二款的规定,对于参加黑社会性质的组织没有实施其他违法犯罪活动的,或者受蒙蔽、胁迫参加黑社会性质的组织,情节轻微的,可以不作为犯罪处理。

那么如何认定参加黑社会性质组织案件中的“参加”行为?

参加黑社会性质组织,是指成为黑社会性质组织的一员,接受黑社会性质组织、领导和管理的行为。参加黑社会性质组织分为积极参加和一般参加。2009 年《座谈会纪要》规定:“积极参加者,是指接受黑社会性质组织的领导和管理,多次积极参与黑社会性质组织的违法犯罪活动,或者积极参与较严重的黑社会性质组织的犯罪活动且作用突出,以及其他在组织中起重要作用的犯罪分子;其他参加者,是指除上述组织成员之外,其他接受黑社会性质组织的领导和管理的犯罪分子。”判断行为人是否犯有参加黑社会性质组织罪,关键在于对“参加”行为的认定。实践中可从以下四个方面认定:

第一,是否参与实施了黑社会性质组织的违法犯罪活动。黑社会性质组织区别于其他犯罪组织的本质特征,就是依靠有组织的违法犯罪活动来达到对经济、社会生活进行非法控制并进而攫取非法利益的目的。黑社会性质组织的生存离不开有组织的违法犯罪活动,而是否参与有组织的违法犯罪活动又是表明被告人与涉案黑社会性质组织之间存在关系的重要标志。因此,这一点自然是判断参加行为的重要依据。

第二,关于对“参加”的主观明知问题的把握。对一个犯罪组织是否属于黑社会性质组织的判断属于法律判断,因此,根据 2009 年《座谈会纪要》

精神，认定行为人的参加行为构成参加黑社会性质组织罪，不要求行为人在加入犯罪组织时明确知道该组织具有黑社会性质，行为人只要知道或者应当知道所参加的是由多人组成、具有一定层级结构，主要从事违法犯罪活动的组织群体，或者该组织虽有形式合法的生产、经营活动，但仍是以有组织地实施违法犯罪活动为基本行为方式，欺压、残害群众的组织，就可以认定其“参加”行为构成参加黑社会性质组织罪。

第三，与涉案黑社会性质组织之间有无相对固定的从属关系。所谓相对固定的从属关系，是指在黑社会性质组织中组织者、领导者居于核心地位，积极参加者和其他参加者较稳定地处于被领导、被管理的地位。其中，有些人是直接听命于组织者、领导者，更多的则是在分级管理的体系内听命于其他组织成员。但不管怎样，组织成员在黑社会性质组织中均应具有相对固定的位置，如果与黑社会性质组织没有任何从属关系，如只是临时受邀或基于个人意愿参与某起犯罪，即便其参与了有组织的违法犯罪活动，也不能将其认定为黑社会性质组织的成员。换言之，如果在黑社会性质组织中找不到可以对应的位置，就说明被告人与该犯罪组织没有从属关系；如果与黑社会性质组织的某一成员之间没有服从与被服从、管理与被管理关系，就不能认定被告人有参加黑社会性质组织的行为。对于那些主观上并无加入意图，客观上也不受犯罪组织领导和管理，因被纠集、雇佣、收买、威逼或者受蒙蔽为黑社会性质组织实施违法犯罪活动或者提供帮助、支持、服务的人员，不应以参加黑社会性质组织罪定罪处罚。

第四，关于“参加”行为完成形态问题的把握，有一种观点主张以行为人履行入会手续或者口头、书面明确表示加入为判断标准。但从实践情况来看，“参加”行为的完成形态具有复杂性，因为黑社会性质组织在吸纳成员时，很多情况下并不会专门举行仪式或者办理手续，这使得“参加”行为难以通过法定证据被客观地反映出来。就本质而言，“参加”行为是否完成，应以行为人与黑社会性质组织就加入该组织问题达成意思一致作为判断标准比较合适，而不能以是否履行手续、是否取得组织会籍、是否举行专门仪式等作为认定的标准。对有下列情形之一的，可以认定行为人完成了“参加”行为:一是就加入犯罪组织问题有明确的约定;二是行为人履行了加入组织的仪式;三是行为人要求加入,并经该组织或组织头目的批准或默许;四是虽未履行手续,但已在该组织的领导和管理下实际参加了该组织的各种违法犯罪活动;五是行为人开始不知道加入的是从事违法犯罪活动的黑社会性质组织,但了解真相后也没有退出,并在该组织的领导和管理下参加了该组织的违法犯罪活动。

对于某些与黑社会性质组织或其违法犯罪活动有一定关联的人员能否以参加黑社会性质组织罪定罪处罚的问题尚存在争议。为防止不当扩大打击面,2015 年《会议纪要》指出:

> 以下人员不属于黑社会性质组织的成员:1. 主观上没有加入黑社会性质组织的意愿,受雇到黑社会性质组织开办的公司、企业、社团工作,未参与或者仅参与少量黑社会性质组织的违法犯罪活动的人员;2. 因临时被纠集、雇佣或受蒙蔽为黑社会性质组织实施违法犯罪活动或者提供帮助、支持、服务的人员;3. 为维护或扩大自身利益而临时雇佣、收买、利用黑社会性质组织实施违法犯罪活动的人员。上述人员构成其他犯罪的,按照具体犯罪处理。

在认定黑社会性质组织成员时应当遵循“主客观一致”的基本原则。对于“主观上没有加入黑社会性质组织的意愿,受雇到黑社会性质组织开办的公司、企业、社团工作,未参与或者仅参与少量黑社会性质组织违法犯罪活动的人员”,虽然也可视为在客观上接受了黑社会性质组织的领导和管理,但由于未参与或者仅参与少量黑社会性质组织的违法犯罪活动,还不足以推定其主观上已经具有加入黑社会性质组织的意愿,因此,不应以参加黑社会性质组织罪定罪处罚。

在刘汉、刘维黑社会性质组织案中,汉龙公司财务人员刘某、赖某某因履行职务而实施了骗取贷款、票据承兑、金融凭证犯罪,但并未被认定为是黑社会性质组织成员。

对于“因临时被纠集、雇佣或受蒙蔽为黑社会性质组织实施违法犯罪活动或者提供帮助、支持、服务的人员”以及“为维护或扩大自身利益而临时雇佣、收买、利用黑社会性质组织实施违法犯罪活动的人员”，由于这两类人员主观上没有加入黑社会性质组织的意愿，客观上也没有接受黑社会性质组织的领导、管理，只是临时性的雇佣与被雇佣、收买与被收买、利用与被利用的关系，因此，也不应以参加黑社会性质组织罪定罪处罚。当然，如果这两类人员与黑社会性质组织经过长期合作后已经相互渗透与融合，则另当别论。

2. 黑社会性质组织存续时间的起点

黑社会性质组织一般在短时间内难以形成，而且成员人数较多，但鉴于普通犯罪集团、“恶势力”团伙向黑社会性质组织发展是一个渐进的过程，没有明显的性质转变的节点，故对黑社会性质组织存在时间不宜作“一刀切”的规定。2015 年《会议纪要》指出：

> 黑社会性质组织存续时间的起点，可以根据涉案犯罪组织举行成立仪式或者进行类似活动的时间来认定。没有前述活动的，可以根据足以反映其初步形成核心利益或强势地位的重大事件发生时间进行审查判断。没有明显标志性事件的，也可以根据涉案犯罪组织为维护、扩大组织势力、实力、影响、经济基础或按照组织惯例、纪律、活动规约而首次实施有组织的犯罪活动的时间进行审查判断。存在、发展时间明显过短、犯罪活动尚不突出的，一般不应认定为黑社会性质组织。

第 1154 号史锦钟等人组织、领导、参加黑社会性质组织案[①]指出：

> 从司法实践情况来看，尽管举行成立仪式也并不意味着黑社会性质组织的四个特征都已具备，但由于此类活动往往带有明确组织层级、结构、宗旨、目标的性质，故将举行成立仪式作为黑社会性质组织形成时间的

---

① 参见最高人民法院刑事审判第一、二、三、四、五庭：《刑事审判参考》（总第 107 集），法律出版社 2017 年版，第 30 ~ 31 页。

起点很少会引起争议。不过,由于黑社会性质组织的成熟程度、严密程度毕竟不同于典型的黑社会组织,通过举行专门仪式来宣告成立的为数很少,故仅此一个判断标准尚不足以应对实践中各类复杂情况。有相当多的黑社会性质组织在发展过程中,都存在对其树立非法权威、争夺势力范围、获取稳定经济来源具有重要意义的违法犯罪活动或其他重大事件。这些违法犯罪活动或重大事件的具体情形和后果不尽相同:有的是击垮主要竞争对手,有的是抢得重要资源,还有的是制造重大社会影响并极大提升犯罪组织的知名度。但其相同之处在于,它们都会对黑社会性质组织的发展、升级产生显著的推动或催化作用。将这些违法犯罪活动或重大事件作为黑社会性质组织的形成起点,不仅易于判断,而且也符合黑社会性质组织的成立宗旨和发展规律。

当然,确实也有一些案件中不存在明显的标志性事件。在此情况下,可以按照2015年《会议纪要》的规定,将首次实施有组织犯罪活动的时间作为形成起点。前述《刑事审判参考》第1154号案例中这样写道,"……该起犯罪是因个人恩怨而纠发,既不涉及组织利益,也无法反映追求非法控制的意图。况且,当时史锦钟只是刘文广恶势力团伙的一名成员,尚未创建由其自己领导的犯罪组织,因此,不能据此认定涉案黑社会性质组织始于2004年10月,该起犯罪也不能认定为黑社会性质组织的犯罪,二审法院予以纠正是正确的",可资借鉴。

应当注意的是,"首次实施有组织犯罪活动"并非仅指实施犯罪的方式具有组织性,更重要的是看该犯罪是否为了组织利益、按照组织意志而实施,犯罪能否体现该组织追求非法控制的意图。认定黑社会性质组织的违法犯罪活动,并非只有那些直接体现组织利益和组织意图的违法犯罪活动才能构成,只要符合组织惯例、纪律、活动规约,或者客观上起到维护和扩大组织势力、实力、影响、经济基础作用的也可认定。但是,在判断黑社会性质组织形成时间起点时,由于还没有所谓的惯例、纪律、活动规约可供参照,反映非法控制意图的事实尚不充分,如果作为判断依据的"首次实施有组织犯罪活动”不能体现组织利益、意图，则会失去应有的作用和意义。

3. 在较长时期内暂停实施违法犯罪活动的，黑社会性质组织持续存在的认定

第 1155 号汪振等人组织、领导、参加黑社会性质组织案[①]指出：

> 关于“持续存在”如何认定，在确定犯罪组织的形成起点后，只要该犯罪组织以组织名义、为组织利益连续多次实施违法犯罪活动的，就可以认定犯罪组织持续存在。实践中，有些黑社会性质组织在发展过程中，因某些具体的犯罪案件被公安司法机关查破，原有的组织成员或被抓或潜逃，被迫暂时停止实施违法犯罪活动，由此形成组织“溃散”的假象。但经过一段时间以后，组织成员又会重新聚集，或者又有新的成员加入并继续实施有组织违法犯罪活动。对这种情况，判断黑社会性质组织是否持续存在，应当着重审查组织者、领导者、骨干成员等组织的核心成员是否具有延续性，以及组织的非法影响是否具有延续性。组织的核心成员具有延续性，说明犯罪组织的基本构成是稳定的；非法影响具有延续性，说明犯罪组织的行为方式和犯罪宗旨未发生根本变化。

需要注意的是，对于《刑法》第二百九十四条第五款第一项中的“骨干成员基本固定”，不能理解为骨干成员不变或基本不变。黑社会性质组织也会存在新老交替，当原本的骨干成员受到司法打击或由于死亡、受伤、潜逃、被开除等其他原因脱离组织后，由低层级的成员或新成员填补继位，并不会影响组织结构的稳定性和组织运转的有效性，组织者、领导者依然能够通过对骨干成员的直接指挥来对整个犯罪组织进行稳定的管控。因此，只要不是时聚时散或者频繁地大面积更换，就可以视为“骨干成员基本固定”。正因如此，在判断组织核心成员的延续性时，也并不要求骨干成员全部或者大部分保持不变。

---

① 参见最高人民法院刑事审判第一、二、三、四、五庭：《刑事审判参考》（总第 107 集），法律出版社 2017 年版，第 41 页。

4. 黑社会性质组织规模与人数的认定

黑社会性质组织作为特殊的犯罪团体，其社会危害性应该强于一般犯罪团体的社会危害性。而这种社会危害性的强弱可以反映在人数上的多寡。

2015年《会议纪要》指出：

> 黑社会性质组织应当具有一定规模，人数较多，组织成员一般在10人以上。其中，既包括已有充分证据证明但尚未归案的组织成员，也包括虽有参加黑社会性质组织的行为但因尚未达到刑事责任年龄或因其他法定情形而未被起诉，或者根据具体情节不作为犯罪处理的组织成员。

关于黑社会性质组织人数的确定不仅是一个理论问题，更是一个实务上的经验总结。黑社会性质组织可以拆分为组织者、领导者或组织领导者（本节统称为组织者），骨干、积极参加者、参加者和其他成员。在司法实践中，只有组织者才是黑社会性质组织的必要成员，而骨干、积极参加者和参加者都不是必要成员。但该类组织不能只包括组织者，还得至少拥有上述三种成员之一。另外，如果我们将积极参加者和参加者都统称为参与者，那么，参与者也勉强可以称为该类组织的必要成员。《刑法修正案（八）》明确规定一个黑社会性质组织必然有骨干成员，而在司法认定中，这并没有成为必要条件。2009年《座谈会纪要》中有这样一句话，即"在办案时，要特别注意审查组织者、领导者，以及对组织运行、活动起着突出作用的积极参加者等骨干成员是否基本固定、联系是否紧密，不要被其组织形式的表象所左右"。据此语境分析，2009年《座谈会纪要》是将积极参加者归为骨干成员的一类，也就是说，骨干成员为该类组织的必要成员。

因此，黑社会会性质组织人数应该为10人以上，并必须有组织者或领导者和骨干成员。

5. 黑社会性质组织的组织纪律、活动规约

实践证明，如果没有通过一定的组织纪律、活动规约来加强内部管理，黑社会性质组织将难以保持其自身的稳定性、严密性，从而也难以发挥组织应有的能效。2015年《会议纪要》指出：

> 对于黑社会性质组织的组织纪律、活动规约，应当结合制定、形成相关纪律、规约的目的与意图来进行审查判断。凡是为了增强实施违法犯罪活动的组织性、隐蔽性而制定或者自发形成，并用以明确组织内部人员管理、职责分工、行为规范、利益分配、行动准则等事项的成文或不成文的规定、约定，均可认定为黑社会性质组织的组织纪律、活动规约。

2009年《座谈会纪要》也指出：

> 在通常情况下，黑社会性质组织为了维护自身的安全和稳定，一般会有一些约定俗成的纪律、规约，有些甚至还有明确的规定。因此，具有一定的组织纪律、活动规约，也是认定黑社会性质组织特征时的重要参考依据。

因此，2009年《座谈会纪要》将“具有一定的组织纪律、活动规约”作为认定黑社会性质组织时的重要参考依据。当然，纪律、规约的表现形式多种多样，如宣誓、训诫、警告、处罚及组织成员公知公认的惯例、准则等，但如果确实不存在一定的纪律、规约，则案件定性时应慎重。

二、经济特征

经济特征是指有组织地通过违法犯罪活动或者其他手段获取经济利益，具有一定的经济实力，以支持该组织的活动。

1. 如何理解“一定的经济实力”

2015年《会议纪要》指出：

> “一定的经济实力”，是指黑社会性质组织在形成、发展过程中获取的，足以支持该组织运行、发展以及实施违法犯罪活动的经济利益。包括：1. 有组织地通过违法犯罪活动或其他不正当手段聚敛的资产；2. 有组织地通过合法的生产、经营活动获取的资产；3. 组织成员以及其他单位、个人资助黑社会性质组织的资产。通过上述方式获取的经济利益，即使是由部分组织成员个人掌控，也应计入黑社会性质组织的“经济实力”。

由于不同地区的经济发展水平、不同行业的利润空间均存在很大差异，加之黑社会性质组织存在、发展的时间也各有不同，因此，不能一般性地要求黑社会性质组织所具有的经济实力必须达到特定规模或特定数额。各高级人民法院可以根据本地区的实际情况，对黑社会性质组织所应具有的“经济实力”在20万~50万元幅度内，自行划定一般掌握的最低数额标准。

表1-1 各文件对“经济实力”的规定

2009年《座谈会纪要》	2015年《会议纪要》	2018年《指导意见》
由于不同地区的经济发展水平、不同行业的利润空间等均存在很大差异，加之黑社会性质组织存在、发展的时间也各有不同，因此，在办案时不能一般性地要求黑社会性质组织所具有的经济实力必须达到特定规模或特定数额	各高级人民法院可以根据本地区的实际情况，对黑社会性质组织所应具有的“经济实力”在20万~50万元幅度内，自行划定一般掌握的最低数额标准	由于不同地区的经济发展水平、不同行业的利润空间均存在很大差异，加之黑社会性质组织存在、发展的时间也各有不同，在办案时不能一般性地要求黑社会性质组织所具有的经济实力必须达到特定规模或特定数额

关于黑社会性质组织是否要求一定的经济规模，2018年《指导意见》和2009年《座谈会纪要》的要求是一致的，不要求黑社会性质组织必须有一定的经济规模，而2015年《会议纪要》则规定了一定的数额。总体上2018年《指导意见》比2015年《会议纪要》关于经济规模的规定要严格。不一般性地要求黑社会性质组织所具有的经济实力必须达到特定规模或特定数额，并不代表不要求黑社会性质组织具有经济特征，不要求黑社会性质组织具有经济规模。因此，经济特征仍然是律师辩护时需要重点关注的要点。

2. 如何审查判断所获经济利益是否用于黑社会性质组织

是否将所获经济利益全部或部分用于违法犯罪活动或者维系犯罪组织的生存、发展，是认定经济特征的重要依据。一般是指购买作案工具、提供作案经费，为受伤、死亡的组织成员提供医疗费、丧葬费，为组织成员及其家属提供工资、奖励、福利、生活费用，为组织寻求非法保护以及其他与实施有组织的违法犯罪活动有关的费用支出等。

2015年《会议纪要》指出：

> 是否将所获经济利益全部或部分用于违法犯罪活动或者维系犯罪组织的生存、发展，是认定经济特征的重要依据。无论获利后的分配与使用形式如何变化，只要在客观上能够起到豢养组织成员、维护组织稳定、壮大组织势力的作用即可认定。

2009年《座谈会纪要》指出：

> 黑社会性质组织的敛财方式也具有多样性。实践中，黑社会性质组织不仅会通过实施赌博、敲诈、贩毒等违法犯罪活动攫取经济利益，而且还往往会通过开办公司、企业等方式“以商养黑”、“以黑护商”。因此，无论其财产是通过非法手段聚敛，还是通过合法的方式获取，只要将其中部分或全部用于违法犯罪活动或者维系犯罪组织的生存、发展即可。

3. 如何理解黑社会性质组织经济目的

经济目的是指黑社会性质组织成立之动机或追求之目标，不但有利于准确把握其经济特征，而且有利于对其组织特征的把握。黑社会性质组织的经济目的有两个，分别是“获取经济利益”和“支持该组织活动”。

支持该组织的活动是指为了维持或发展该组织而被人力（或组织成员）或物力所消耗的一切费用支出，实际上是经济特征的细化，如何界定支持该组织的活动的具体表现不但有利于区分罪与非罪，而且有利于界定经济手段的“其他手段”。支持该组织活动的费用主要是用于维系和发展该组织，大致可以被归纳为“人力费用”和“物力费用”。如有购买诸如枪支、弹药、管制刀具等作案工具，为成员提供食宿，发放“工资”，为被关押成员交生活费，安排“工作”，提供住院、医疗费用，聚集成员“吃、喝、嫖”，为死亡的兄弟烧钱祭奠，发放手机等行为。

4. 经济手段的应用

经济手段是指该组织获取利益的方法。经济手段既可以是违法犯罪的手段，也可以是合法手段。大多的黑社会性质组织一般会采取违法犯罪的手段来获利；而少数的则会兼用合法手段来获利。显然，这些合法手段是以追求非法经济效益为目的,往往以开公司、企业等合法形式掩盖非法目的,以小投入获得大收入。

虽然在理论上定义"其他手段"是非常容易的,但事实上,如何区分获利的"其他手段"和该组织成员合法设立的公司、企业等经济体在合法经营过程中实施的违法犯罪活动仍然是司法实践中的一个难点。事实上,黑社会性质组织与合法经济体之间的关系可以分为三种类型:第一类,"黑"—"商"型,是指形成了黑社会性质组织之后,再设立了合法经济体,但是该经济体并没有"反哺"该组织。也就是说,黑社会性质组织只是将违法犯罪所得成立公司、企业等经济体,这一手段实际上就是"洗钱"行为。虽然这一行为是犯罪行为,但因为洗钱后并没有用于维持黑社会性质组织,所以不能认定为黑社会性质组织的经济特征所规定的"其他手段"。第二类,"商"—"黑"型,是指在设立了合法的经济体后,将其收益用于黑社会性质组织,也就是"以商养黑"或"以黑护商"。其基本模式为:以合法的企业或者身份为基础,网罗刑释人员和社会闲杂人员充当打手,以暴力或者有关的权力为后盾强买强卖、驱逐对手,垄断或者控制本地区本行业的经济活动,以获取暴利,靠经济实力在地域、行业及其经济政治方面进一步扩张自己的势力范围。这种经济体的设立显然是"其他手段"。第三类,"黑"—"商"—"黑"型,是指在黑社会性质组织成立后,设立合法经济体,并将该合法经济体的收益用于黑社会性质组织,也就是"黑、商互融"。这种经济体的设立是最为典型的"其他手段"。

综上所述,"其他手段"的确认关键在于该获利的目的和用途的认定,即是否支持了黑社会性质组织。

5. 关于经济实力的问题

黑社会性质组织的经济实力被规定为"一定"的经济实力。根据2009年《座谈会纪要》的规定,黑社会性质组织的经济实力之所以被规定为"一定",是不同地区的经济发展水平、不同行业的利润空间均存在很大差异,加之黑社会性质组织存在、发展的时间也各有不同。虽然,黑社会性质组织的经济实力确实无法被一般化地要求,但是,笔者认为,2009年《座谈会纪要》

实际上错误地理解了刑法所规定的“经济实力”的内涵。在该罪名下的经济实力的内涵并非指黑社会性质组织的规模大小或金额多少，而是指维持黑社会性质组织正常运作的基本的经济能力。因为，在不具备最基本的经济条件下，黑社会性质组织是不可能产生的，至多能够形成“犯罪团体”或“一般的共同犯罪”。而基本经济条件“收支相抵”，即是“获利”至少能够与“人力”“物力”支出相抵销。在实践中，黑社会性质组织的经济实力一般是高于或者远远高于这一基本经济条件。否则，以人“趋利避害”的天性，组织是难以维系的。另外，这一理解也符合了“打早、打小”的刑事政策。毕竟，发展时间较短且规模较小的黑社会性质确实没有开始“盈利”。如此，我们就能够理解，在某些判决中，某些组织初期获利虽然只有几万元，但仍被认定为黑社会性质组织。同时，“维持该组织基本的经济能力”也与后面的“支持该组织的活动”相互呼应。

三、行为特征

黑社会性质组织的第三个特征是“行为特征”，即“以暴力、威胁或者其他手段，有组织地多次进行违法犯罪活动，为非作恶，欺压、残害群众”。

1. 如何把握黑社会性质组织行为特征中的暴力性

2015 年《会议纪要》指出：

> 黑社会性质组织实施的违法犯罪活动包括非暴力性的违法犯罪活动，但暴力或以暴力相威胁始终是黑社会性质组织实施违法犯罪活动的基本手段，并随时可能付诸实施。因此，在黑社会性质组织所实施的违法犯罪活动中，一般应有一部分能够较明显地体现出暴力或以暴力相威胁的基本特征。否则，定性时应当特别慎重。

第 1157 号符青友等人敲诈勒索，强迫交易，故意销毁会计账簿，对公司、企业人员行贿案①指出：

符青友等人利用三友公司和北门劳务组有组织地在旌德县城北门建设工地上承揽土方工程或沙石材料供应业务，并多次实施强迫交易、敲诈勒索犯罪。仅从触犯的罪名、犯罪的次数以及非法获利数额等方面来看，其行为基本符合黑社会性质组织行为特征中的有组织性、违法性和危害严重性等特点。但符青友等人实施强迫交易、敲诈勒索犯罪的手段的暴力色彩极为微弱，既没有带领组织成员实施打打杀杀的行为，也不是通过暴力在旌德县城对人民群众形成事实上的心理威慑。符青友等人在承揽土方工程或沙石材料供应业务过程中，大多数是以“当地事由当地人做”、政府批复“同等条件下优先安排劳务”等为理由，与开发商、承建商进行“谈判”“协商”承揽工程，而这些“谈判”“协商”并不是以暴力为基础。在少数项目中，符青友等人以自己是失地农民要生活、“工程在谁地皮上劳务由谁做”为理由，采取到工地堵门、堵路、不让施工等手段强揽土方工程或沙石供应，没有直接对开发商、承建商或其他提供劳务者使用暴力或以暴力相威胁。开发商、承建商之所以妥协退让，也不是基于对暴力或者以暴力相威胁的恐惧，而是为了避免因符青友等人的滋扰导致工程拖延。与其说开发商、承建商的心理受到强制，不如说是不胜其烦。因此，本案在行为特征方面，与黑社会性质组织应有的行为方式存在明显区别。

2. 关于“其他手段”的界定

“其他手段”是指采取除了暴力或威胁之外的手段，它是立法上的兜底性的处理。在刑法理论上，有的学者则认为“其他手段是指与暴力和威胁侵害的法益及其程度相当的手段”。还有学者认为“其他手段是一些比较温和的手段。这些温和手段是以暴力性作为后盾和支撑，而且这种支撑或在实施前给予明示或暗示，或者是被害人范围内众所周知，使其体现出震慑力”。

① 参见最高人民法院刑事审判第一、二、三、四、五庭：《刑事审判参考》（总第107集），法律出版社2017年版，第63页。

而2009年《座谈会纪要》将“其他手段”分解成两类：一类是以暴力、威胁为基础，在利用组织势力和影响已对他人形成心理强制或威慑的情况下，进行所谓的“谈判”“协商”“调解”的手段（笔者将这类行为称为“准暴力行为”）；另一类是滋扰、哄闹、聚众等其他干扰、破坏正常经济、社会生活秩序的非暴力手段（笔者将这类行为称为“非暴力行为”）。

“暴力手段”应该是具有刑法意义上的暴力性，诸如故意伤害罪的暴力手段和故意杀人罪的暴力手段。同理，“威胁手段”也应该是具有刑法意义上的威胁性，如抢劫罪的威胁手段和敲诈勒索罪的威胁手段。所以，“其他手段”应该是除此之外的非暴力性和非威胁性的犯罪手段、违法手段以及“合法”手段。2009年《座谈会纪要》所规定的“准暴力行为”是以“暴力与威胁”为基础的“协商”“谈判”“调解”，也就是以“暴力和威胁”为基础的“再威胁”，实际上仍然是一种“威胁手段”，而绝非“其他手段”。同样地，“温和”手段实质也是“威胁手段”的一种。

黑社会性质组织采取的犯罪手段主要有故意伤害，故意伤害致人重伤，故意杀人，强奸，非法拘禁，故意毁坏财产，敲诈勒索，寻衅滋事，组织卖淫，贩卖毒品，非法持有枪支、弹药，行贿，强迫交易，盗窃，聚众斗殴，非法经营和开设赌场等行为。按照暴力程度的标准，这些犯罪手段又被分为暴力犯罪与非暴力犯罪。除了盗窃，开设赌场，行贿，贩卖毒品，开设赌场，非法持有枪支、弹药和一部分的组织卖淫行为之外，大多犯罪手段都是具有暴力性的。违法手段是指违反刑法之外的法律的行为，主要有故意伤害行为、故意毁坏财物行为、放高利贷行为、寻衅滋事行为。除了放高利贷行为，其余的违法行为都具有暴力性。除了犯罪违法手段外，还有一种手段是足以干扰、破坏正常经济、社会生活秩序的诸如滋扰、哄闹、聚众等行为。这些行为可以被评价为“合法”但“不道德”。例如，在荆某涉黑案件中，为了垄断当地茶馆行业，该组织曾采取派其成员到其他茶馆以“静坐”的方式影响其经营。这一类行为可认定为非暴力行为。

综上所述，“其他手段”是指除暴力手段和威胁手段及其产生的边际效应之外，并且仍足以干扰、破坏正常的经济和社会秩序的一切手段。具体而言，“其他手段”包括了一些非暴力性的犯罪行为、放高利贷行为以及不道德的“合法”行为。

3. 如何认定黑社会性质组织实施的违法犯罪活动

2015 年《会议纪要》指出：

属于 2009 年《座谈会纪要》规定的五种情形之一的，一般应当认定为黑社会性质组织实施的违法犯罪活动，但确与维护和扩大组织势力、实力、影响、经济基础无任何关联，亦不是按照组织惯例、纪律、活动规约而实施，则应作为组织成员个人的违法犯罪活动处理。

组织者、领导者明知组织成员曾多次实施起因、性质类似的违法犯罪活动，但并未明确予以禁止的，如果该类行为对扩大组织影响起到一定作用，可以视为按照组织惯例实施的违法犯罪活动。

2009 年《座谈会纪要》指出：

“黑社会性质组织实施的违法犯罪活动”主要包括以下情形：由组织者、领导者直接组织、策划、指挥、参与实施的违法犯罪活动；由组织成员以组织名义实施，并得到组织者、领导者认可或者默许的违法犯罪活动；多名组织成员为逞强争霸、插手纠纷、报复他人、替人行凶、非法敛财而共同实施，并得到组织者、领导者认可或者默许的违法犯罪活动；组织成员为组织争夺势力范围、排除竞争对手、确立强势地位、谋取经济利益、维护非法权威或者按照组织的纪律、惯例、共同遵守的约定而实施的违法犯罪活动；由黑社会性质组织实施的其他违法犯罪活动。

第 1158 号刘汉等人组织、领导、参加黑社会性质组织案①指出：

组织者、领导者并非对所有组织成员实施违法犯罪承担责任，纯粹由组织成员个人实施的犯罪，不能视为组织犯罪。组织者、领导者之所以要

① 参见最高人民法院刑事审判第一、二、三、四、五庭：《刑事审判参考》(总第 107 集)，法律出版社 2017 年版，第 73 ~ 74 页。

对一些并非由自己直接组织、策划、指挥、参与的违法犯罪承担责任，一言以蔽之，是与组织意志和组织利益有关。详言之：第一，“由组织成员以组织名义实施，并得到组织者、领导者认可或者默许的违法犯罪活动”，是指组织成员以组织名义实施违法犯罪时原本未经组织者、领导者授意，属于“越权”行为，但因组织成员以组织名义实施，不言而喻能扩大组织的影响力，符合组织利益，且因得到了组织者、领导者的认可或默许，体现了组织意志，因而视为组织犯罪。第二，“多名组织成员为逞强争霸、插手纠纷、报复他人、替人行凶、非法敛财而共同实施的违法犯罪”。此类违法犯罪虽然行为人主观动机上不一定是为了组织利益，但因上述行为是黑社会性质组织经常实施的违法犯罪，通常手段上具有暴力性、胁迫性，方式上为公开化或半公开化，犯罪的附带后果能扩大组织的影响力和势力，客观上符合组织利益。而且，多名组织成员共同实施，本身在一定程度上能反映组织意志，尤其是得到组织者、领导者的认可或默许，可能体现组织的意志，因而视为组织犯罪。第三，“组织成员为组织争夺势力范围、排除竞争对手、确立强势地位、谋取经济利益、维护非法权威而实施违法犯罪”。显而易见，这几种情形都是为了组织利益而实施的违法犯罪。其中，为组织谋取经济利益较为直接，而为组织争夺势力范围、排除竞争对手、确立强势地位、维护非法权威与组织的潜在利益有关，有利于黑社会性质组织在今后的竞争中取得优势地位，从而谋取更大的经济利益，因而视为组织犯罪。第四，“按照组织的纪律、惯例、共同遵守的约定而实施违法犯罪活动”。所谓组织的纪律、共同遵守的约定，是指组织制定或者自发形成的，并用以明确组织内部人员管理、职责分工、行为规范、利益分配、行动准则等事项的成文或不成文的规定、约定；所谓惯例，是指能够体现组织意志、宗旨的一贯做法。可见，上述四种情形均能体现组织意志或符合组织利益，或者是组织利益和组织意志的统一。如果与组织利益无任何关联，即使有组织者、领导者的认可和默许，也不能视为组织犯罪。

4. 如何认定黑社会性质组织与恶势力的界限

2018 年《指导意见》规定：

> 具有下列情形的组织，应当认定为“恶势力”：经常纠集在一起，以暴力、威胁或者其他手段，在一定区域或者行业内多次实施违法犯罪活动，为非作恶，欺压百姓，扰乱经济、社会生活秩序，造成较为恶劣的社会影响，但尚未形成黑社会性质组织的违法犯罪组织。恶势力一般为三人以上，纠集者相对固定，违法犯罪活动主要为强迫交易、故意伤害、非法拘禁、敲诈勒索、故意毁坏财物、聚众斗殴、寻衅滋事等，同时还可能伴随实施开设赌场、组织卖淫、强迫卖淫、贩卖毒品、运输毒品、制造毒品、抢劫、抢夺、聚众扰乱社会秩序、聚众扰乱公共场所秩序、交通秩序以及聚众“打砸抢”等。

四、非法控制特征（危害性特征）

黑社会性质组织是为了与正统社会相对抗而存在的，只有在一定区域、行业内形成了非法控制才意味着在正统社会之外还存在一个非法的、地下的“黑”社会。一般犯罪组织，诸如各种犯罪集团，其组织性是犯罪集团成员之间的较为固定的联系，要说控制，也就是犯罪集团的组织者，即首要分子对犯罪集团一般成员的控制。犯罪集团的存在是为了单纯实施犯罪，而黑社会性质组织并非单纯地为实施犯罪而存在，实施犯罪是为了控制社会，控制社会又是为了更好地实施犯罪。因此，具有实施犯罪与控制社会之间的互动性，可以说“非法控制”是黑社会性质组织的最大特征。黑社会性质组织的“非法控制”特征，是指“通过实施违法犯罪活动，或者利用国家工作人员的包庇或者纵容，称霸一方，在一定区域或者行业内，形成非法控制或者重大影响，严重破坏经济、社会生活秩序。”没有形成非法控制或重大影响就不可能成立黑社会性质组织犯罪。“非法控制”特征是黑社会性质组织的本质特征，也是黑社会性质组织区别于一般犯罪集团、恶势力团伙的关键所在。是否在一定区域、行业内形成了非法控制，是认定黑社会性质组织是否成立的决定性标志,这与其他三个特征紧密关联,也是黑社会性质组织与恶势力团伙的重要区别点,因此,厘清黑社会性质组织的"非法控制"特征无论在理论上还是实务上都意义重大。

1."一定区域"的理解

2009 年《座谈会纪要》规定:

> 区域的大小具有相对性,且黑社会性质组织非法控制和影响的对象并不是区域本身,而是在一定区域中生活的人,以及该区域内的经济、社会生活秩序。因此,不能简单地要求"一定区域"必须达到某一特定的空间范围,而应当根据具体案情,并结合黑社会性质组织对经济、社会生活秩序的危害程度加以综合分析判断。

2015 年《会议纪要》对非法控制特征则明显进行了限制解释:

> 黑社会性质组织所控制和影响的"一定区域",应当具备一定空间范围,并承载一定的社会功能。既包括一定数量的自然人共同居住、生活的区域,如乡镇、街道、较大的村庄等,也包括承载一定生产、经营或社会公共服务功能的区域,如矿山、工地、市场、车站、码头等。对此,应当结合一定地域范围内的人口数量、流量、经济规模等因素综合评判。如果涉案犯罪组织的控制和影响仅存在于一座酒店、一处娱乐会所等空间范围有限的场所或者人口数量、流量、经济规模较小的其他区域,则一般不能视为对"一定区域"的控制和影响。
>
> 2018 年《指导意见》规定鉴于黑社会性质组织非法控制和影响的"一定区域"的大小具有相对性,不能简单地要求"一定区域"必须达到某一特定的空间范围,而应当根据具体案情,并结合黑社会性质组织对经济社会生活秩序的危害程度加以综合分析判断。

由此可见,2018 年《指导意见》对"一定区域"的规定回到了 2009 年《座谈会纪要》的立场上,对于区域的空间大小、范围不再作特殊要求。如此一来,如果涉案犯罪组织的控制和影响仅存在于一座酒店、一处娱乐会所等空间范围有限的场所或者人口数量、流量、经济规模较小的其他区域,也可能被认定为是对"一定区域"的控制和影响。

必须承认,区域的大小具有相对性,且黑社会性质组织非法控制和影响的对象并不是区域本身,而是在一定区域中生活的人,以及该区域内的经济、社会生活秩序。因此,不能简单地要求"一定区域"必须达到某一特定的空间范围,而应当根据具体案情,并结合黑社会性质组织对经济、社会生活秩序的危害程度加以综合分析判断。当然,黑社会性质组织所控制和影响的"一定区域",应当具备一定空间范围,并承载一定的社会功能;既包括一定数量的自然人共同居住、生活的区域,如乡镇、街道、较大的村庄等,也包括承载一定生产、经营或社会公共服务功能的区域,如矿山、工地、市场、车站、码头等。对此,应当结合一定地域范围内的人口数量、流量、经济规模等因素综合评判。如果犯罪组织的控制和影响仅存在于一座酒店、一处娱乐会所等空间范围有限的场所或者人口数量、流量、经济规模较小的其他区域,则一般不能视为对"一定区域"的控制和影响。

2. 对"一定行业"的把握

2009 年《座谈会纪要》规定:

> 黑社会性质组织所控制和影响的行业,既包括合法行业,也包括黄、赌、毒等非法行业。这些行业一般涉及生产、流通、交换、消费等一个或多个市场环节。

但其并未明确这些行业是否属于同类行业。2015 年《会议纪要》规定:

> 黑社会性质组织所控制和影响的"一定行业",是指在一定区域内存在的同类生产、经营活动。

这样一来,对于"一定行业"的范围就受到了限制。2018 年《指导意见》对于"一定行业"未作规定,其应当认同 2015 年《会议纪要》所规定的"一定行业",即在一定区域内存在的同类生产、经营活动。黑社会性质组织所控制和影响的行业,既包括合法行业,也包括黄、赌、毒等非法行业。这些行业一般涉及生产、流通、交换、消费等一个或多个市场环节。这是因为，通过介入社会经济生活来攫取不法利益，不仅是黑社会性质组织发展壮大的必要手段，也是其反社会性的具体表现。因此，“一定行业”一般应与市场经济活动直接相关。实务中，常见的在一定区域、一定行业形成非法控制或重大影响的情形有：把持基层政权、操纵破坏基层换届选举、垄断农村资源、侵吞集体资产；利用家族、宗族势力横行乡里、称霸一方、欺压残害群众，形成“村霸”；在征地、租地、拆迁、工程项目建设等过程中煽动闹事；在建筑工程、交通运输、矿产资源、渔业捕捞等行业、领域，强揽工程、恶意竞标、非法占地、滥开滥采；在商贸集市、批发市场、车站码头、旅游景区等场所欺行霸市、强买强卖、收保护费，形成市霸、行霸；操纵、经营“黄、赌、毒”等违法犯罪活动；非法高利放贷、暴力讨债；插手民间纠纷，充当“地下执法队”等。

3. 对“非法控制或重大影响”的理解

非法控制的实质是进行支配，不能形成对他人（团伙成员以及其他同类行业竞争者）的功能性支配、行为支配或意思支配，不能在相当程度上形成对社会秩序和合法社会管控权冲击的，谈不上在一定区域或者行业内形成非法控制，也就不可能严重破坏一定区域或者行业的经济、社会生活秩序。

在纪某被判组织、领导黑社会性质组织罪一案中，被告人在村集体范围内仅从事零星工程，其所从事的竞争性业务并未占据所谓的垄断地位，与同村其他人相比，所占的也是较小份额，无法控制特定业务、无法支配他人，也无法决定其所在特定行业的产品及服务价格的，就谈不上形成了非法控制或者重大影响。按照该案判决书所记载的事实，纪某等人反而多次被他人追至其家中殴打，多次被他人持枪射伤，有时甚至被动到需要其八十多岁的奶奶向对方下跪求饶，才能逃避殴打。对于这种无法从行为上、意思上支配他人，不具备非法控制特征的团伙，不应被认定为组织、领导黑社会性质组织罪，仅应在法治立场下，根据其参与和实施的犯罪行为按照共同犯罪的规定进行定罪处罚，将犯罪团伙人为“拔高”为黑社会性质组织并不合适。

"非法控制或重大影响"是指黑社会性质组织对于经济、社会生活的干预度和影响力。"非法控制或重大影响"在控制程度上有所不同。"重大影响"是指对于一定区域或者行业内的人们虽然还没有达到非法控制的程度,但能够产生很大的影响,该区域或者行业内的人们之所以会按照对方的要求实施一定的行为或者不实施一定的行为,或者接受对方提出的条件,或者对于对方的违法犯罪活动不举报,很重要的原因也是由于害怕对方会采取殴打、伤害、杀害、毁坏财物等报复手段。因此,这里的"重大影响"不是侧重从违法犯罪活动所造成的客观危害结果上来说的,不应将"重大影响"仅仅理解为具体违法犯罪活动所造成的严重后果或者在社会上造成的轰动效应。否则,只要是严重的犯罪都可能造成"重大影响",而应侧重于从对一定区域或者行业内人们的心理影响程度上来说,即行为对于一定区域或者行业内公众的心理压力和影响,仅与"非法控制"存在程度上的差别。换言之,这里的"重大影响",应当理解为行为人能够在相当程度上操控、左右、支配这些区域或行业,能够产生决定性影响。有的学者认为"非法控制"和"重大影响"之间存在较大差异,主张前者具有支配性,后者不具有操控性和支配性。笔者认为,这一主张与立法上将"非法控制"和"重大影响"并列规定的事实相悖,并不具有合理性。从客观解释和目的解释的角度看,"非法控制"和"重大影响"的实质都是支配,只是在表现形式上有所不同而已。

政府对社会的控制是一种合法控制,而黑社会性质组织的非法控制会对抗合法控制,并削弱合法控制,这就是黑社会性质犯罪的反社会与反政府性。为了达到这种对社会的非法控制,黑社会性质组织除内部控制外,还具有如下特征:

(1)对经济的控制。黑社会组织是以一定的经济实力为依托的,必然以获取一定的经济利益为目的。获取经济利益的手段可以是非法的,也可以是合法的或者以合法经营加以掩护。一般来说,在原始积累阶段,往往以违法犯罪,主要是盗窃、抢夺、抢劫等财产犯罪手段聚敛钱财。具有一定经济实力以后,往往以合法企业为掩护进行走私犯罪、金融犯罪等经济犯罪非法获利,也不排除合法经营。这种黑社会性质的经济实体并不单纯地追求经济目的，而只是其控制社会的一般手段。

（2）对政府的渗透。黑社会性质组织具有反社会性，其在公然对抗政府的同时，为了其生存，还会采取各种手段，对政府进行渗透。通常采取的手段是“打进去，拉出来”。“打进去”是指利用金钱获得各种政治头衔，使其罩上政治光环。“拉出来”是指采取贿赂、威胁等手段，引诱、逼迫国家工作人员参加黑社会性质组织活动，或者为其提供非法保护。这种对政府的渗透，表明黑社会性质组织的政治性，也是黑社会性质组织区别于犯罪集团的一个重要特征。

（3）对社会的控制。主要是对某些区域、行业的控制，尤其是具有竞争性的市场、码头、车站等，容易为黑社会性质组织所控制。控制的手段通常有暴力、威胁、滋扰等，主要从事敲诈勒索、欺行霸市、聚众斗殴、寻衅滋事、故意伤害等违法犯罪活动。这些违法犯罪活动往往扰乱社会秩序，但必须注意，它扰乱的是合法秩序，由此建立其非法秩序。笔者认为，不能简单地认为黑社会性质组织一定是反秩序的，它仅仅是反合法秩序。因此，在黑社会性质组织犯罪初期阶段，反合法秩序性质表现得较为明显。当黑社会性质组织控制了某一势力范围以后，就会形成非法秩序。因此，在分析敲诈勒索、欺行霸市、聚众斗殴、寻衅滋事、故意伤害等犯罪是一般刑事犯罪还是黑社会性质组织犯罪时，要看实施这种犯罪是否具有非法控制社会的目的。如果具有这一目的，可以认为是黑社会性质组织犯罪；否则，就只能认定为是普通刑事犯罪。

根据上述分析，笔者认为，黑社会性质组织首先是一种特定的犯罪组织，这种犯罪组织实施的犯罪是黑社会性质组织犯罪。因此，在认定黑社会性质组织的犯罪时，首先应当根据一定的特征将某一组织认定为黑社会性质组织。在此基础上，才可以认定其所实施的犯罪是黑社会性质组织的犯罪。

2009年《座谈会纪要》指出：“危害性特征，即非法控制特征，是黑社会性质组织的本质特征，也是黑社会性质组织区别于一般犯罪集团的关键”，并列举了“通过实施违法犯罪活动，或者利用国家工作人员的包庇、纵容，在一定区域内或者行业内形成非法控制或重大影响的八种情形”：

(1)对在一定区域内生活或者一定行业内从事生产、经营的群众形成心理强制、威慑，致使合法利益受损的群众不敢举报、控告的；

(2)对一定行业的生产、经营形成垄断，或者对涉及一定行业的准入、经营、竞争等经济活动形成重要影响的；

(3)插手民间纠纷、经济纠纷，在相关区域或行业内造成严重影响的；

(4)干扰、破坏他人正常生产、经营、生活，并在相关区域或者行业内造成严重影响的；

(5)干扰、破坏公司、企业、事业单位及社会团体的正常生产、经营、工作秩序，在相关区域、行业内造成严重影响，或者致使其不能正常生产、经营、工作的；

(6)多次干扰、破坏国家机关、行业管理部门以及村委会、居委会等基层群众自治组织的工作秩序，或者致使上述单位、组织的职能不能正常行使的；

(7)利用组织的势力、影响，使组织成员获得政治地位，或者在党政机关、基层群众自治组织中担任一定职务的；

(8)其他形成非法控制或者重大影响，严重破坏经济、社会生活秩序的情形。

2015 年《会议纪要》明确了适用 2009 年《座谈会纪要》这八种情形时应当注意的问题：

第 1 种情形中的“致使合法利益受损的群众不敢举报、控告的”，是指致使多名合法利益遭受犯罪或者严重违法活动侵害的群众不敢通过正当途径维护权益；第 2 种情形中的“形成垄断”，是指可以操控、左右、决定与一定行业相关的准入、退出、经营、竞争等经济活动。“形成重要影响”，是指对与一定行业相关的准入、退出、经营、竞争等经济活动具有较大的干预和影响能力，或者具有在该行业内占有较大市场份额、通过违法犯罪活动或以其他不正当手段在该行业内敛财数额巨大(最低数额标准由各高院根据本地情况在 20 万～50 万元的幅度内自行划定)、给该行业内从事生产、经营活动的其他单位、组织、个人造成直接经济损失100万元以上等情节之一；第3、4、5种情形中的“造成严重影响”，是指具有致人重伤或致多人轻伤、通过违法犯罪活动或以其他不正当手段敛财数额巨大（数额标准同上）、造成直接经济损失100万元以上、多次引发群体性事件或引发大规模群体性事件等情节之一；第6种情形中的“多次干扰、破坏国家机关、行业管理部门以及村委会、居委会等基层群众自治组织的工作秩序”，包括以拉拢、收买、威胁等手段多次得到国家机关工作人员包庇或纵容，或者多次对前述单位、组织中正常履行职务的工作人员进行打击、报复的情形；第7种情形中的“获取政治地位”，是指当选各级人大代表、政协委员。“担任一定职务”，是指在各级党政机关及其职能部门、基层群众自治组织中担任具有组织、领导、监督、管理职权的职务。

根据实践经验，在黑社会性质组织犯罪案件中，2009年《座谈会纪要》规定的八种情形一般不会单独存在，往往是两种以上的情形同时并存、相互交织，从而严重破坏经济、社会生活秩序。审判时，应当充分认识这一特点，准确认定该特征。

那么，如何根据“非法控制或重大影响”的内在要求准确认定黑社会性质组织的危害性特征？

第1159号王云娜等人故意伤害、寻衅滋事、非法拘禁、敲诈勒索案①指出：

黑社会性质组织的司法认定具有高度的复杂性。就危害性特征来说，不能仅根据一个或数个孤立事实来认定，而是要通过一系列的违法犯罪事实来反映。而且，对于具体的违法犯罪事实也不能只看客观上造成的后果，还要审查行为时的主观意图。换句话说，就是审判时不能简单堆砌和套用以上两个纪要的规定。

① 参见最高人民法院刑事审判第一、二、三、四、五庭：《刑事审判参考》（总第107集），法律出版社2017年版，第86页。

第1156号焦海涛等人寻衅滋事案①中认为：

> 黑社会性质组织与犯罪集团、恶势力团伙最显著的区别在于，黑社会性质组织实施违法犯罪活动的目标不仅是攫取经济利益，同时也追求对经济、生活秩序的非法控制，之后再通过由其掌控的非法秩序来实现经济利益的最大化。也就是说，是否追求非法控制是区分黑社会性质组织与犯罪集团、恶势力团伙的关键标尺。焦海涛等人是因为中央花园项目才聚集在一起，但他们并不是依靠非法手段获得该项目征地拆迁业务，而是受项目部雇佣从事暴力拆迁活动……其既没有对当地经济、社会生活进行非法控制的意图，也没有以非法控制为目的实施相应的违法犯罪活动，实际上并不具有真正意义上的黑社会性质组织的行为特征。

为进一步揭示危害性特征的内在要求，有必要对“非法控制、重大影响”做进一步分析。按照《现代汉语词典》的释义，“控制”，是指使一定对象处于自己的占有、管理和影响之下；“影响”，是指对他人的思想和行动所起的作用。由此推论，《刑法》第二百九十四条第五款中的“非法控制”，是指以有组织的违法犯罪手段使一定对象处于自己的占有、管理和影响之下；“重大影响”，是指以有组织的违法犯罪手段对一定对象的思想和行动产生发生作用。二者有着以下共同点：(1)都是有意识地以非法方式主动干涉他人(包括其他单位、组织)的结果；(2)都不是一种偶然、短暂的现象，而是一种持续的状态；(3)控制或影响的对象具有广泛性，控制或影响的程度具有严重性。根据以上几点，在对涉案犯罪组织是否形成“非法控制”与“重大影响”进行司法判断时，除了要对照两个纪要的相关规定，还应着重审查涉案犯罪组织是否是基于争抢势力范围、树立非法权威、攫取不法利益等非法控制目的而实施违法犯罪行为；是否在一段较长的时期内连续、多次通过实施违法犯罪行为对他人的自主性造成干扰或破坏；被侵害对象的数量以及所造成的后

① 参见最高人民法院刑事审判第一、二、三、四、五庭：《刑事审判参考》(总第107集)，法律出版社2017年版，第49页。

果是否已达到形成非法控制或重大影响的严重程度。如果以上几点都已齐备,危害性特征一般能够成立。反之,则不能认定。

4. 涉黑犯罪与暴力性经营活动的界限

货运、班车、码头、采矿等行业,容易滋生涉黑案件或者被黑社会性质组织所控制,但此领域也可能会出现暴力性经营活动——行为人在从事竞争性经营中,采取暴力手段打压竞争对手,力图获取垄断利益。暴力经营行为虽广泛存在,但能否都认定为涉黑犯罪,还应从总体上把握案件性质,再针对四特征进行具体分析:

第一,暴力性经营组织具有一定经营性,是单纯的经营组织,一般都经过合法登记,符合工商管理条例和有关法规依法成立。而黑社会性质组织一般为非法组织,但不能否认其本身可能存在合法外衣,而某些经营组织也有可能沦为黑社会性质的组织。

在经济特征方面,获取经济利益之所以能成为黑社会性质组织的特征,是因为其主要是为支持黑社会性质组织进行活动,而非单纯获取经济利益。黑社会性质组织获利后常用以雇佣打手、从事残害群众的暴力活动、收买国家工作人员对组织提供保护等。本案中也存在联营体成员为维护联营体利益而伤害他人,对入狱成员提供经济补偿的情况,容易被认定为涉黑组织,但仅看经济特征是不够的,应当结合其他方面综合考察。

第二,暴力性经营活动也存在暴力性,常会伴随强迫交易、敲诈勒索、寻衅滋事等行为,但这些暴力活动有明显经济目的性,这也与黑社会性质组织的行为特征有区别。涉黑组织的暴力一般以杀人、伤害或者其他暴力活动为表现形式,犯罪较为严重,会造成残害群众的严重后果,因此仅构成轻微伤而没有造成致人伤害或严重死亡后果的案件,难以认定为黑社会性质组织犯罪。

区分二者的关键在于犯罪的主要目的,只有当其目的是对社会进行非法控制,残害的对象是不特定的无辜群众,才符合涉黑犯罪。若仅是打击竞争对手,有目的地维护经营活动,就不能等同于黑社会性质组织所具有的行为特征。

第三，暴力性经营活动有经营组织，如有的案件中有一个联营实体，因此在司法实践中容易被理解为组织性特征，并且在有些案件中简单地把一个企业的组织机构等同于黑社会性质组织机构，这样的理解是错误的。黑社会性质组织不是一种静态的组织结构，而是有组织地实行暴力，在暴力活动中有组织、有分工，黑社会性质的组织机构是为了从事犯罪而活动，二者在性质上是有区分的。黑社会性质组织的暴力特征与一般的团伙性犯罪也有区别，后者具有分散性、随机性而缺乏组织性，动机五花八门，往往是由个别原因引起的，这与涉黑组织要求有组织性犯罪是不同的。

第四，暴力经营活动中行为人也会追求垄断经营、垄断利润，但不能把此简单混同于非法控制性特征，因为黑社会性质组织特征中非法控制性特征是其本质特征，是与合法社会相对抗的非法秩序。暴力经营组织中的垄断经营有时甚至是合法取得，不能认定为涉黑犯罪。

5. 认定非法控制特征需要注意的特殊情形

(1)将单位犯罪行为认定为黑社会性质组织的非法控制必须慎重

在实践中，有些单位实施犯罪行为，而有些黑社会性质组织也具有单位的外观，对二者需要注意区分。根据《刑法》第三十条的规定，单位犯罪具有以下特征：①实施违法犯罪行为的单位，应当是依法设立的公司、企业等合法组织，其以履行一定社会职责或者从事一定的生产经营活动为存在的前提条件。②实施了刑法明文规定为单位犯罪的危害社会行为。③行为以单位名义实施且通常是为了谋取单位的经济利益。单位犯罪与黑社会性质组织犯罪在内容与手段上存在区别。与黑社会性质组织相比，单位犯罪的危害社会行为的范围极为有限，从刑法分则的规定来看，主要存在于危害公共安全罪、破坏社会主义市场经济秩序罪、妨害社会管理秩序罪、危害国防利益罪和贪污、贿赂、挪用公款罪之中，并且手段一般不具有暴力性。而黑社会性质组织所实施的违法犯罪的范围更为广泛，主要包括故意杀人、故意伤害、绑架、抢劫、敲诈勒索、故意毁坏财物等人身犯罪、财产犯罪，而且手段主要是暴力、威胁等，犯罪活动具有经常性特征。但是以上区别不具有绝对性。

这两种组织在概念上不是对立排斥关系。实务中需要具体分析:①有些单位完全按照合法程序设立,也从事合法的经营活动,但在后来发生了变化,在遇到一些经济纠纷或者开展经营活动的时候,常常凭借暴力、威胁或者其他类似手段来解决问题,并且符合有关黑社会性质组织的其他要求,此时该组织已经演变为黑社会性质组织。②某些组织在成立之初就以暴力、威胁作为获取经济利益或者解决经济纠纷的手段,在逐渐独霸一方或者牢固控制了某个行业之后,尽管暴力色彩有所减弱,但仍然以暴力作为其后盾,在处理问题上具有浓厚的暴力色彩,或者利用国家工作人员的包庇、纵容独霸一方,具备非法控制特征的,在性质上属于黑社会性质组织。③合法成立的经济组织,在开展业务活动过程中,偶尔有暴力、威胁犯罪行为,或者具有其他非暴力犯罪行为,不能将其视为黑社会性质组织,只能视为单位犯罪。

此外,有些单位实施犯罪并不以单位犯罪论处,而以个人犯罪论处,此时如果具备了黑社会性质组织的特征尤其是非法控制特征的,也属于黑社会性质组织实施的犯罪。根据相关立法解释、司法解释,以下情形不以单位犯罪论处:①个人为进行违法犯罪活动而设立的公司、企业、事业单位,实施犯罪的,不以单位犯罪论处。②公司、企业、事业单位合法设立后,以实施犯罪为主要活动的,不以单位犯罪论处。③盗用单位名义实施犯罪,违法所得由实施犯罪的个人私分的,不以单位犯罪论处。④公司、企业、事业单位等单位实施犯罪行为,刑法分则未规定追究单位刑事责任的,对实施犯罪行为的个人追究刑事责任。换言之,单位实施只能由个人构成的犯罪的,不以单位犯罪论处。

如何准确区分单位犯罪行为和黑社会性质组织的非法控制,在实务中有时比较困难。这里结合“张更生涉嫌组织、领导黑社会性质组织案”进行讨论。

1997年1月,被告人张更生被选为闻喜县桐城镇中社村村长,1999年4月2日当选闻喜县城关镇第12届人大代表。1997年1月,被告人张更生、贾恺、王海忠、李王官当选中社村村委,研究以村委、村支委名义制作一批牌匾,由被告人张更生、陈吉云率人向驻在中社村区域内的单位送匾。次年,中社村委、村支委又成立锣鼓队,每逢节日为中社村区域内的单位敲锣鼓、闹社火,获取钱财66笔,共计人民币108,800元,收款记入村委账上后,给参加者发工资、提成共71,958.78元。张更生1997年担任村长后,研究成立村治安联防队,该队对过往该村车辆收取费用3000余元。在张更生担任村长期间,对在该村区域内的许多单位索要土地补偿费、道路维修费等,共计19万元,均入了中社村村委账。2000年4月1日,被告人张更生承包了闻喜县桐乡宾馆。其间,张更生招收、容留卖淫女并免费提供食宿,卖淫女最多时达20余人。1998年3月28日,张更生为索取债务纠集多人到刘治屹家,将刘治屹带走,非法限制其人身自由6天。

对于本案,检察机关对被告人张更生等人以组织、领导、参加黑社会性质组织罪提起公诉,法院经审理后认为,被告人张更生等人组成的中社村村委会不属于黑社会性质组织。如何区分黑社会性质组织与有违法犯罪行为的单位,是本案定性的关键。第一,成立目的不同。有违法犯罪行为的单位,一般都是依法设立的公司、企业等合法经济实体或者社会组织,从事一定的生产经营活动或者履行一定的社会职责。第二,经济特征不同。有违法犯罪行为的单位,自成立开始便有其正当的经营或职能范围以及较为稳定的运作方式和营收模式,违法犯罪所得不会成为其主要的、稳定的收入来源。第三,行为特征不同。有违法犯罪行为的单位实施违法犯罪行为一般不具有经常性,违法犯罪并非单位获取经济利益或者解决纠纷的主要手段。第四,非法控制性不同。单位犯罪通常仅谋取不法经济利益,且不通过暴力手段非法获利,当然就不可能对一定区域和行业进行非法控制。即"有违法犯罪行为的单位,并不具有非法控制社会的意图,亦无法形成对一定区域或行业内社会、经济的严重破坏"。

本案中，以被告人张更生为首的中社村村委会不属于黑社会性质组织，该村委会属于实施了违法犯罪行为的单位。首先，由张更生等人组成的中社村村委会系依据《村民委员会组织法》规定的条件和程序选举产生，具有合法的组织架构及权力运作机制。中社村村委会并不是为了实施违法犯罪而成立的。该村委会成立后不是以实施违法犯罪为主要活动。其次，张更生等人通过送匾，闹社火，收取土地补偿费、污染费、道路维修费等方式获取钱财，大多是经村委会或村支委研究决定，所得钱款绝大部分记入了村委会账，且其中多数是用于村里的公共开支，并非张更生等人从事违法犯罪活动的物质保障。最后，本案中，张更生等人所犯的组织卖淫罪、非法拘禁罪等，均是个人犯罪行为，与村委会无关。

(2)未与他人形成竞争关系的行为不可能成立非法控制

黑社会性质组织应当具备经济特征和非法控制特征，而且二者时常纠缠在一起，即为了非法取得经济利益而进行非法控制，那么，某一组织或团伙未与他人形成竞争关系的，不可能被认定为非法控制。

针对被告人傅某6年内以借款本息4000余万元的资金规模实施违法犯罪的情形，法院判决其构成组织、领导、参加黑社会性质组织罪，非法买卖枪支罪，非法持有枪支罪，故意伤害罪，寻衅滋事罪，非法拘禁罪，决定执行有期徒刑18年，并处没收非法所得4000余万元。但在本案中，被告人傅某是否与他人形成竞争关系，是否对相关特定行业真正形成了控制，值得仔细推敲。从行业特征来看，近几年民间资金活跃，民间借贷行为遍地开花，发展势头迅猛。被告人傅某的行为在当地无论是从资金量，还是就借贷次数而言，相比于其他放贷人，以及银行、小额贷公司、担保公司动辄单笔几千万元甚至上亿元的借款，其“行业影响”都可以忽略不计，更不可能对该行业形成控制，未与他人形成不正当竞争的放贷关系，未排挤他人从事高利放贷，在该领域、行业未形成垄断性地位，也没有产生非法控制和重大影响，认定其构成黑社会性质组织犯罪显得比较牵强。

(3)重大危害后果不能归属于行为人的,无法认定为非法控制

在很多案件中,尽管被告人实施的违法犯罪行为在一定程度上造成了重大危害后果,但该结果只能归属于他人的,不能认定被告人对当地的社会和经济秩序造成了组织、领导黑社会性质组织罪意义上的非法控制或重大影响。

在某一犯罪集团中,个别人的行为因为超越共同犯罪故意而实施了故意杀人、纵火等导致严重危害后果的行为的,其与犯罪集团或组织的行为之间不具有刑法上的因果关系,即便个别犯罪人故意杀人、纵火的犯罪行为系恶性刑事案件,该案也在当地造成了恶劣的社会影响,但此“影响”是指该故意杀人、纵火案的“社会危害性”这一犯罪后果,而非认定黑社会性质组织非法控制或“影响力”的依据。

超越共同犯罪故意的行为人作为一个完全刑事责任能力人,有独立的自由意志,应该对该结果负责,与该组织的行为并不具有必然联系,二者之间不成立刑法上的因果关系,故不应该将共犯个人行为造成的后果作为认定黑社会性质组织的依据。但是,在实践中存在为数不少将个人超越共同犯罪故意造成的后果不当归结到组织体身上,从而牵强地认定黑社会性质组织非法控制性的情形,这样的做法明显违背因果关系、客观归责的一般法理,并不妥当。

(4)被告人一直本着大事化小的态度处理矛盾的,难以认定具有非法控制性

在实务中,黑社会性质组织达到非法控制程度的情形通常表现为垄断了某区域或本行业的市场,使得其他企业或者市场主体无法进入,也使得政府职能部门执法威信严重受损;或者与国家机关工作人员相勾结,寻求公权力的庇护;通过一系列违法犯罪活动,在当地树立起强势地位和非法权威,建立势力范围,其犯罪行为严重影响了社会稳定和人民群众的安全感。

以此作为标尺来衡量,被告人如果一直本着大事化小的态度处理矛盾的,难以认定其具有非法控制性。

谢某经营的公司在某电厂所在区域煤炭运输行业占据了60%的份额，经营过程中多次因为超车、抢占装煤位等日常琐事而出现了寻衅滋事和故意伤害的违法犯罪行为，法院据此判定其达到非法控制一定区域或者行业的严重程度，具备了黑社会性质的组织的非法控制特征。但是，法院对于本案中非法控制特征的认定存在值得推敲之处。非法控制是指黑社会性质的组织谋求在一定区域范围内或者特定行业内形成一种非法控制或者重大影响，使正常的社会管理秩序和行业管理制度在其势力范围内不能运行，借以公然排斥、否定正常的社会秩序。本案中谢某经营的公司在从事煤炭购销、运输业务过程中，虽然出现了一些寻衅滋事的违法犯罪活动，但是这些违法犯罪活动的危害程度，远远未达到能够对一定区域内煤炭运输行业进行非法控制、使社会管理和行业管理制度无法运行的程度，也没有对当地的社会秩序造成重大影响。更为重要的是，根据判决书所列事实，谢某所在公司驾驶员在与其他驾驶员发生纠纷斗殴后，谢某通常是通过委托中间人或公安机关向被害人赔偿医药费、调解结案；谢某公司在为某电厂运煤的过程中，均依照合同履行，没有出现非法控制、强迫对方交易的情形。虽然谢某及其所在公司实施的犯罪行为会对经济秩序产生某种干扰，但是，其在具体矛盾发生后，总是试图寻求合法力量和程序进行解决，试图大事化小的，难以认定其达到了非法控制程度，不宜将被告人所在犯罪团伙“升格”为黑社会性质组织。

(5)所谓的“联营体”为维护经营活动结成联盟的，不存在非法控制

在实践中，有的被告人发现以自己个人或者所在公司名义从事经营活动缺乏竞争力而组成较为松散的“联营体”，并在其经营过程中实施了一些不法行为的，是否可能成立黑社会性质组织的非法控制？

这种联营体实施犯罪和前述的单位犯罪略有不同，但其与黑社会性质组织又有差异。黑社会性质组织本质上是通过实施违法犯罪活动称霸一方，在一定区域或行业内，形成非法控制或者重大影响，从而严重破坏经济、社会生活秩序。非法控制特征是连接其他三个特征的纽带，正是在“非法控

制”这一点上，使得黑社会性质的组织犯罪与所谓的联营体区别开来。黑社会性质组织在对内部成员进行严格控制的基础上，通过对一定行业或者区域的控制最终实现对社会的控制；而联营体并不具有非法控制社会的意图，亦无法形成对一定区域或行业内社会、经济的严重破坏。

被告人杨某等人被控以联营实体为依托从事长途货运经营，在经营过程中实施了一些不正当经营活动，法院认定其行为具备黑社会性质组织的所有特征。在本案中，联营体本身是一个合法成立的经济组织。2007年6月1日赵某等12人签订了协议书，该12人共同投资经营货运线路，其目的是提高经济效益。同日，12人还另外签订了协议，对经营方式及相关各方面的权利义务作出具体规定。在该协议中，被告人杨某被指派担任现金管理员进行财务管理。从以上事实可以看出，联营实体的成立目的在于从事长途货物经营活动，提高经营效益。在联营体中对相关人员进行职责分工，也是为了更好地对联营活动进行管理，不能因此把联营实体等同于黑社会性质组织。即使该联营体在运作中实施了一定的违法犯罪活动，也应当与黑社会性质组织加以区别，对个别违法犯罪行为加以处罚。在这里，最主要的理由是联营体不具备黑社会性质组织的非法控制特征。非法控制是黑社会性质组织的根本特征，对本行业或社会的非法控制是相对于合法控制而言的，政府对社会实施的管理是一种合法控制，而黑社会性质组织对一定行业或者区域的控制是非法控制，这种非法控制对抗合法控制并削弱合法控制，这就是黑社会性质组织犯罪的反社会性与反政府性。黑社会性质组织的组织性、经济性与暴力性都是实施非法控制的手段。在本案中，联营体并不存在非法控制的问题，其对司机没有形成实际控制；对于同业经营者没有形成实际控制；对于货主没有形成实际控制，因此不能认定联营体具备非法控制特征。对此，可以参考“张宝义等组织、领导、参加黑社会性质组织案”。在该案中，河北省石家庄市中级人民法院认定行为人对运输线路等非法控制，具体表现为强行收取“保护费”。判决指出：“该组织通过有组织活动或者其他手段获取巨额经济利差，具有一定的经济实力。该组织采取威胁、扣车等不正当手段，向河北省石家庄至保定市安新县三台镇、张家口、廊坊、唐山鸭鸿桥及山东省临清市、山西省长治市等地多条线路的客运业主强行收取‘保护费’。2003年2月，张宝义借机承包‘国贸跳舞会’。同年10月，张宝义授意高跃辉协助何丕东等人强行霸占石家庄火车站行李房至‘由由水鲜城’和‘华北鞋城’的托运生意。2006年3月，何丕东、张志玉等人对从广州发往北京、郑州、西安、太原的鲈鱼、桂鱼的价格和数量进行控制，强行提成。张宝义、高跃辉、何丕东等人利用聚敛的钱财支持其组织活动。”在以上非法控制运输线路的犯罪事实中，都包括了向客运业主收取“保护费”或者向有关营业人员强行提成等内容，这些行为是非法控制的客观表现。但在杨某被判组织、领导黑社会性质组织罪中，联营体是货运经营者自发成立，自愿提取一定费用对货物运输经营进行管理，基于自由意思的费用缴纳就谈不上被迫交“保护费”以及被非法控制的问题。即使被告人在联营体经营过程中实施了某些非法行为构成犯罪的，也应以其所触犯的罪名论处，不宜由此认为其具备黑社会性质组织的非法控制特征。

打击黑社会性质组织犯罪是一项复杂的系统工程。由于黑社会性质组织犯罪的构成要件和所涉及的法律关系较为复杂，在办案过程中对法律规定的理解不尽相同，为此，必须要严格坚持法定标准，切实贯彻落实宽严相济的刑事政策。司法机关应当严格依照刑法、刑事诉讼法及有关法律解释的规定办理案件，确保认定的事实清楚，据以定案的证据确实、充分，黑社会性质组织的认定准确无误。绝不能因为强调严厉打击而将不构成此类犯罪的一般共同犯罪案件“拔高”认定，造成新的不稳定因素。在实务中，如果被告人组织、领导、积极参加的组织不符合黑社会性质组织的特征，就将其作为黑社会性质组织加以严厉打击，会和罪刑法定原则相悖，导致刑法适用偏差。在这一前提下，深入思考黑社会性质组织的四个特征，对于确保对类似案件的慎重认定、公正查处，依法保障被告人的合法权益具有重大意义。切忌借扫黑除恶之名，将不同层次、不同性质的黑、恶、乱问题混为一谈。在司法实践中，我们要严格贯彻证据裁判、非法证据排除、疑罪从无、人权保障等法律原则和司法理念，通过程序公正实现案件办理的实体公正，有效防范冤假错案的产生，守住司法公正的底线。

第二章

黑社会性质组织的构成特征

逆向分析黑社会性质组织的构成特征的辩点及辩护思路

——王江等组织、领导、参加黑社会性质组织案①

一、基本案情

被告人王江，男，1968年11月11日出生，无业。1988年4月24日因扒窃被行政拘留10日，1991年5月15日因流氓斗殴被决定劳动教养三年，1995年7月10日因犯流氓罪被判处有期徒刑八年，1997年8月6日刑满释放，2006年9月26日因涉嫌犯故意伤害罪被逮捕。

……（其他被告人的基本情况略）

江西省上饶市人民检察院以被告人王江、秦晓凡、蒋庆文、万鸿、喻文杰、江钱平、郭宇麟等22人分别犯组织、领导、参加黑社会性质组织罪，故意杀人罪，故意伤害罪，非法买卖枪支罪，非法持有枪支罪，聚众斗殴罪，寻衅滋事罪，非法拘禁罪，赌博罪，包庇罪，向上饶市中级人民法院提起公诉。

上饶市中级人民法院经公开审理查明：

---

① 参见最高人民法院刑事审判第一、二、三、四、五庭：《刑事审判参考》（总第74集）案例第629号。

（一）组织、领导、参加黑社会性质组织事实

被告人王江自1997年以来，网罗刘永华、蒋庆文、喻文杰、谭小华、秦晓凡、刘克华等刑满释放人员和社会闲散人员，有组织地实施违法犯罪活动，逐渐形成以王江、刘永华为首，以秦晓凡、万鸿、蒋庆文、喻文杰、江钱平等人为骨干成员，以王涛、江赤兵、郭宇麟、张志明、余祖饶、李顺杰、胡锦春、江剑峰等人为一般成员的黑社会性质组织。该组织在长期的违法犯罪过程中形成服从命令、互相帮忙、用暴力解决纷争、互相包庇、禁止吸毒等不成文的纪律。该组织通过以下方式获取巨额经济利益，并用于组织活动：开设赌场，聚众赌博，在赌场放高利贷；为娱乐场所“看场子”收取保护费；强行入股，以少投资多占股份或不投资强占股份参与公司经营；采用暴力、威胁、引诱等手段串通投标等。该组织还通过实施故意杀人、故意伤害、寻衅滋事、聚众斗殴等一系列违法犯罪活动，为非作恶，欺压、残害群众，成为江西省景德镇市势力最大的黑社会性质组织；非法控制当地废旧物资拍卖、石料供应、赌博等领域，严重破坏当地的经济秩序和社会治安秩序。

（二）故意杀人事实

被告人秦晓凡因与曹弘发生纠纷而被章军开枪威胁，为此，被告人王江与秦晓凡等人商议报复，并为秦晓凡提供一支五连发猎枪。2000年2月1日，秦晓凡向王江报告章军将到景德镇市瓷都大道五十铃切诺基维修中心取车，此后与刘克华赶到维修中心对章军实施报复，王江与蒋庆文、万鸿、胡德贵随后赶到帮忙。秦晓凡、刘克华分别持枪射击章军，致章军当场死亡。

（三）故意伤害事实

1. 1999年年初，被告人王江及其组织与万勇发生纠纷。同年4月17日晚，王江、刘永华、喻文杰、谭小华等人在景德镇市广场分别持枪射击万勇，王江开枪击中万勇左大腿，致万勇重伤。在万勇住院治疗期间，王江、刘永华、蒋庆文又持枪到医院威胁万勇。

2. 1998年年底，刘永华被宋光明、欧阳文斌团伙开枪打伤。1999年3月30日，刘永华、秦晓凡、刘克华在景德镇市珠山中路发现欧阳文斌的朋友张小民，因张小民拒绝提供欧阳文斌的下落，秦晓凡等人持刀将张小民砍至

轻伤。

3. 2005年9月3日，被告人王江、刘永华带领江钱平、张志明、姚南等人携带刀枪赶到江西省九江市开枪打伤程文虎，后又持刀砍程，致程轻伤。

……（其他故意伤害事实略）

（四）非法买卖枪支及非法持有枪支事实

1. 1998年至1999年，刘永华、蒋庆文通过陈文民介绍，从九江市购得五连发猎枪一支，并将该枪交给王江保管、使用。后王江将该猎枪及一支单管猎枪通过江钱平交给胡锦春藏匿。

2. 2005年年初，被告人王江从王世金处非法获得仿“六四式”手枪一支。后王江将该枪交给王涛保管，王涛又交给万义民藏匿。

3. 2002年4月18日，被告人王江犯罪组织的成员郭宇麟携带一支自制猎枪，在景德镇市曙光路威胁、殴打熊胜宝。

（五）聚众斗殴事实

1. 1998年12月，刘永华因殴打洪显彬的亲戚贺景之而被洪显彬的同伙宋光明开枪打伤。被告人王江纠集秦晓凡、喻文杰、万鸿、蒋庆文等人持枪至洪显彬家报复，并朝洪显彬家屋顶开枪射击。

2. 刘永华被宋光明打伤后，被告人王江、刘永华等人伺机报复。1999年10月21日，刘永华纠集万鸿、蒋庆文、谭小华、刘克华、胡德贵等人在景德镇市第二人民医院门口与宋光明的同伙欧阳文斌等人持枪斗殴，致行人谭菊霜轻微伤。

（六）寻衅滋事及非法拘禁事实

1. 2004年2月22日，被告人王江与景德镇市开门子大酒店经理汪国辉发生纠纷，并与王景辉殴打汪国辉，后王江纠集刘永华、胡德贵、谭小华、蒋庆文、江钱平、王景辉等人携枪至开门子大酒店寻找汪国辉未果。次日晚，王江纠集万鸿、江钱平等人到开门子大酒店企图追打汪国辉，因汪报警而未得逞。

2. 2005年7月13日，彭从高因交通事故与出租车司机徐建军发生纠纷而请被告人王江帮忙。王江指使刘永华、江钱平带人赶到现场殴打徐建军。

徐建军家属请张国平、陶景等人帮忙。陶景等人赶到现场，与江钱平等人发生冲突。江钱平打电话叫来胡锦春等人持枪挟持、殴打陶景。后张国平经与王江淡判，并担保陶景不再找江钱平麻烦及不报案后，王江才指令江钱平等人释放陶景。

（七）赌博事实

2005年8月至2006年上半年，刘永华、王涛、蒋庆文、王景辉等人先后在刘小泉办公室、章林及洪永文家中、上海市名都城公寓酒店、胡德贵的邻居家等地开设赌场，聚众赌博，并筹集巨款在赌场发放高利贷。

二、法院判决

上饶市中级人民法院认为，被告人王江网罗蒋庆文、喻文杰、秦晓凡、万鸿、江钱平等骨干成员并带领王涛、江赤兵、郭宇麟、张志明、余祖饶、李顺杰、胡锦春、江剑峰等人，有组织地多次实施违法犯罪活动，牟取了巨额经济利益。在长期违法犯罪过程中，形成了不成文的组织纪律和规约；采取暴力、威胁或其他手段，通过实施故意杀人、故意伤害、聚众斗殴、寻衅滋事、非法拘禁、赌博等违法犯罪活动，敛取钱财，欺压百姓，称霸一方，为非作歹，非法控制当地石料供应、废旧物品拍卖、地下赌博等市场，严重破坏了当地经济、社会生活秩序，已演变为有明确的组织者和领导者，骨干成员基本固定，组织层次分明，结构稳定，人数众多的黑社会性质组织。其行为分别构成组织、领导黑社会性质组织罪，故意杀人罪，故意伤害罪，非法买卖枪支罪，非法持有枪支罪，聚众斗殴罪，寻衅滋事罪，非法拘禁罪，赌博罪。王江组织、领导黑社会性质组织并实施故意杀人、故意伤害、聚众斗殴、寻衅滋事等犯罪活动，应对其组织、领导的黑社会性质组织所犯的全部罪行负责。王江系主犯、累犯，应依法严惩。对其他被告人亦应依法惩处。据此，依照《中华人民共和国刑法》第二百九十四条第一款、第三款，第二百三十二条，第二百三十四条，第一百二十五条第一款，第一百二十八条第一款，第二百九十二条第一款第一项、第四项，第二百九十三条，第二百三十八条第一款，第三百零三条，第三百一十条，第六十五条，第六十七条，第六十八条，第四十二条，第四十八条，第六十九条，第七十条，第七十一条，第七十二条，第七十三条，第八十六条第一款，第五十六条，第五十五条，第五十七条，第二十三条，第二十五条，第二十六条，第二十七条，第六十四条之规定，判决如下：

1. 被告人王江犯组织、领导黑社会性质组织罪，判处有期徒刑八年；犯故意杀人罪，判处死刑，剥夺政治权利终身；犯故意伤害罪，判处有期徒刑十三年；犯非法买卖枪支罪，判处有期徒刑五年；犯非法持有枪支罪，判处有期徒刑四年；犯聚众斗殴罪，判处有期徒刑七年；犯寻衅滋事罪，判处有期徒刑四年；犯非法拘禁罪，判处有期徒刑一年六个月；犯赌博罪，判处有期徒刑二年，并处罚金人民币五十万元；决定执行死刑，剥夺政治权利终身，并处罚金人民币五十万元。

2. 对被告人秦晓凡、蒋庆文、万鸿、喻文杰、江钱平、郭宇麟等 21 人分别以参加黑社会性质组织罪、故意杀人罪、故意伤害罪、非法买卖枪支罪、非法持有枪支罪、聚众斗殴罪、寻衅滋事罪、非法拘禁罪、赌博罪、包庇罪，判处死刑缓期二年执行至拘役四个月不等的刑罚。

一审宣判后，被告人王江以原判认定的“黑社会性质组织”不具备法定的四个特征，其行为不构成组织、领导黑社会性质组织罪以及故意杀害章军系因秦晓凡个人恩怨引发，其没有杀死章军的故意为由提出上诉。其辩护人还提出，根据 2002 年相关立法解释，“保护伞”是认定黑社会性质组织的必要条件，王江等人在该立法解释出台前的行为因不具有“保护伞”而不构成组织、领导黑社会性质组织罪；章军被害与所谓的“黑社会性质组织”无关，上诉人在该案中是一般参与者，不应承担黑社会性质组织的组织、领导责任。

江西省高级人民法院经二审审理认为，原判认定被告人王江的犯罪事实清楚，证据确实、充分。对王江定罪准确，量刑适当，审判程序合法。依照《中华人民共和国刑事诉讼法》第一百八十九条第一项、第二项和《中华人民共和国刑法》第六十四条之规定，判决驳回上诉，维持原审对被告人王江的刑事判决部分，并依法报请最高人民法院核准。

三、最高人民法院复核

最高人民法院经复核确认：

（一）关于组织、领导黑社会性质组织事实

1997年8月，被告人王江刑满释放后，先后网罗一批劳改、劳教释放人员及社会闲散人员，逐渐形成较为稳定的黑社会性质组织。该组织以王江为首，刘永华（在逃）次之，二人负责组织、指挥该组织的活动；蒋庆文、万鸿、秦晓凡、喻文杰、江钱平、王涛及谭小华、胡德贵、刘克华（均在逃）为骨干成员；蒋庆文等人分别带领郭宇麟、张志明、胡锦春、江赤兵、江剑峰等"小弟"，郭宇麟等人又带领余祖饶、李顺杰等"小弟"。该组织内部层次分明，实行以"大哥"带"小弟"的方式逐层管理，并在长期违法犯罪中逐渐形成了一套不成文帮规。为维持组织的生存和发展，王江等人长期通过有组织地从事以下违法犯罪活动，聚敛了大量钱财，为组织的活动提供经济支持：开设赌场，聚众赌博，在赌场发放高利贷；为娱乐场所"看场子"收取保护费；强行入股或以少量投资多占股份等方式参与数家公司经营；以威胁、利诱等手段插手废旧物品拍卖等。为获取更大的经济利益，王江等人帮助江西省景德镇市兴龙商贸发展有限公司垄断景德镇市南环高速公路建设工地的石料供应，对景德镇市供电局及华意电器总公司的废旧物品控制收购，严重破坏了当地的经济秩序。为维护组织的利益，自1998年至2006年7月间，王江等人有组织地实施故意杀人、故意伤害、聚众斗殴、寻衅滋事、非法拘禁、非法买卖枪支、非法持有枪支、聚众赌博等多起犯罪，为非作恶，欺压、残害群众。通过实施一系列违法犯罪活动，该组织在景德镇市称霸一方，发展成为当地实力最强、势力最大的黑社会性质组织，严重破坏了当地的社会秩序。

（二）关于故意杀人事实

2000年1月，秦晓凡倚仗被告人王江组织、领导的黑社会性质组织的势力，欲以入股的方式参与曹弘经营的煤炭运输生意，为此与曹弘发生纠纷。为迫使秦晓凡放弃插手其生意，曹弘与被害人章军（男，殁年26岁）商量用枪威胁秦晓凡，并以约秦晓凡面谈为由将秦骗至景德镇市官庄村，与章军持枪对秦进行威胁。秦晓凡将此事告诉王江和刘克华，王江即带领谭小华、刘克华等人持枪赶到官庄村将秦晓凡接到王江团伙的聚集地景德镇市合资宾馆319房间。刘永华、蒋庆文、胡德贵、万鸿等人随后闻讯赶到。王江决定报复曹弘和章军，并将其五连发猎枪交给秦晓凡，以便秦实施报复。同年2月1日下午，秦晓凡告知王江，章军将去景德镇市瓷都大道五十铃切诺基维修中心取回其在此处维修的五十铃汽车，王江决定与秦晓凡、万鸿等人前往维修中心报复章军。秦晓凡打电话邀约刘克华和蒋庆文，并与刘克华各携猎枪先赶到维修中心大门外，王江随后带领万鸿、胡德贵赶到。秦晓凡持五连发猎枪、刘克华持双管猎枪冲进维修中心，胡德贵、蒋庆文尾随其后，万鸿持单管猎枪与王江站在维修中心大门口。正在维修中心取车的章军见状，发动其车牌号为"赣H00953"的五十铃汽车准备逃离。秦晓凡和刘克华分别冲到汽车驾驶室两侧，各朝章军开了一枪，致章头部及左肩峰处中弹，当场死亡。而后，王江让秦晓凡、刘克华逃至瓷都大桥下，指使秦晓凡、刘克华外逃，并指使刘永华为秦晓凡提供外逃资金。刘永华指使江赤兵到秦晓凡家中取走秦的照片，以防公安机关取得秦的照片用于发布通缉令。秦晓凡外逃期间及归案后，王江还多次提供资金供秦晓凡外逃及赔偿章军的亲属。

（三）关于故意伤害、非法买卖枪支、非法持有枪支、聚众斗殴、寻衅滋事、非法拘禁、赌博事实

……

最高人民法院认为，被告人王江组织、领导黑社会性质组织，以暴力、威胁或者其他手段，有组织地进行违法犯罪活动，称霸一方，为非作恶，欺压、残害群众，严重破坏经济、社会生活秩序，其行为已构成组织、领导黑社会性质组织罪。王江组织、领导的黑社会性质组织实施故意杀人1起，致1人死亡；故意伤害3起，致1人重伤、2人轻伤；聚众斗殴3起，致1人轻微伤；寻衅滋事2起，致2人轻微伤；非法拘禁1起，致1人轻微伤；非法买卖枪支1起1支；非法持有枪支3起4支及赌博多起，其行为又分别构成故意杀人罪、故意伤害罪、聚众斗殴罪、寻衅滋事罪、非法拘禁罪、非法买卖枪支罪、非法持有枪支罪、赌博罪。王江系黑社会性质组织的组织者、领导者，应按照黑

社会性质组织所犯的全部罪行处罚。在共同故意杀人犯罪中，王江决定报复被害人，为秦晓凡提供作案枪支，邀约并带领同伙赶到现场援助秦晓凡，作案后指使、资助秦晓凡等人外逃，为逃避打击与秦晓凡等人串供，起主要作用，且所起的作用大于秦晓凡等人。王江为维护其组织、领导的黑社会性质组织的利益而杀人，情节恶劣，后果严重。王江曾因违法犯罪被行政处罚及判处刑罚，在刑罚执行完毕后5年内又犯组织、领导黑社会性质组织罪，并领导该黑社会性质组织实施故意杀人、故意伤害等多起犯罪，系累犯，主观恶性极深，人身危险性和社会危害极大，犯罪后果和罪行极其严重，应依法从重处罚并数罪并罚。一、二审判决认定的事实清楚，证据确实、充分，定罪准确，对被告人王江的量刑适当，审判程序合法。依照《中华人民共和国刑事诉讼法》第一百九十九条和《最高人民法院关于复核死刑案件若干问题的规定》第二条第一款的规定，裁定如下：

核准江西省高级人民法院（2008）赣刑三终字第37号维持第一审对被告人王江以组织、领导黑社会性质组织罪判处有期徒刑八年；以故意杀人罪判处死刑，剥夺政治权利终身；以故意伤害罪判处有期徒刑十三年；以非法买卖枪支罪判处有期徒刑五年；以非法持有枪支罪判处有期徒刑四年；以聚众斗殴罪判处有期徒刑七年；以寻衅滋事罪判处有期徒刑四年；以非法拘禁罪判处有期徒刑一年六个月；以赌博罪判处有期徒刑二年，并处罚金人民币五十万元；决定执行死刑，剥夺政治权利终身，并处罚金人民币五十万元。

四、裁判理由

（一）被告人王江的行为构成组织、领导黑社会性质组织罪

为准确认定和打击黑社会性质组织犯罪，2002年4月28日全国人大常委会通过了《刑法第二百九十四条第一款的解释》，明确了黑社会性质组织应当同时具备组织结构、经济实力、非法行为及非法控制四个方面的特征。据此，要认定以被告人王江为首的犯罪集团是否是黑社会性质组织，必须审查其是否符合上述四个方面的特征。

1. 是否具备黑社会性质组织的组织结构特征

王江团伙成员多达数十人，有一定的规模；组成人员基本稳定，有明确的组织者、领导者，骨干成员固定，内部层次分明。王江和刘永华是组织者、领导者，王江地位最高，刘永华次之，二人对整个组织及其运行起决策、指挥、管理作用；蒋庆文、秦晓凡等8人是骨干成员，从王江、刘永华处接受任务并指挥和积极参与实施具体犯罪活动；蒋庆文等骨干成员手下有郭宇麟等第三层次成员，郭宇麟等人手下又有第四层次的成员。同时，王江团伙采取“大哥”带“小弟”的管理形式，并有不成文的组织纪律（如服从命令，统一行动，互相包庇，禁止吸毒等），对成员的行动进行约束。由此，可以认为，以王江为首的犯罪集团在组织结构特征上符合黑社会性质组织特征。

2. 是否具备黑社会性质组织的经济实力特征

这是黑社会性质组织区别于其他一般犯罪集团的明显特征。由于不同地区的经济发展水平、不同行业的利润空间均有很大差异，并且黑社会性质组织存在、发展的时间也各有不同，“一定的经济实力”不要求组织所具有的经济实力必须达到特定规模或特定数额，也不要求必须开办经济实体。王江团伙长期通过有组织地开设赌场，聚众赌博，在赌场发放高利贷，向娱乐场收取保护费等违法犯罪活动获取经济利益，凭借组织势力强行入股或以少量投资多占股份等方式参与数家公司经营，还通过垄断景德镇市南环高速公路建设工地的石料供应，对景德镇市供电局及华意电器公司的废旧物品进行控制收购，聚敛大量钱财，具备较强的经济实力。

3. 是否具备黑社会性质组织的非法行为特征

黑社会性质组织违法犯罪活动具有暴力性特征，除通常使用的暴力、威胁手段外，还会以暴力、威胁为基础，利用组织势力和影响，进行所谓的谈判、协商、调解，或以滋扰、哄闹、聚众等其他形式干扰、破坏正常经济、社会生活秩序。王江等人为争取、维护组织及组织成员的经济利益和其他利益，或插手他人纠纷，或报复与组织及其成员有矛盾的人，或为组织的非法经济活动清除障碍，有组织地实施了故意杀人、故意伤害、聚众斗殴、寻衅滋事等多起违法犯罪活动，欺压、残害当地群众，形成了恐怖氛围，以至于群众“谈王色变”。

4. 是否具有黑社会性质组织的非法控制特征

这是黑社会性质组织区别于一般犯罪集团的最重要特征。非法控制意味着在一定的地域范围、特定的行业领域内形成一种非法操纵、控制地位；或者施以重大影响，使正常的社会管理和行业管理不能得以运行，严重破坏正常的经济、社会生活秩序。王江团伙虽然没有“保护伞”，但通过持刀、枪实施违法犯罪行为，在景德镇市称霸一方，使当地群众产生心理恐惧和不安全感，严重破坏了当地的社会治安秩序；通过强行入股、非法参与公司经营、非法插手废旧物品拍卖，垄断景德镇市南环高速公路的石料供应，对景德镇市供电局和华意电器公司的废旧物品进行控制收购，严重破坏了当地的市场经济秩序。

（二）被告人王江应对杀害章军的犯罪承担组织、领导责任及主要罪责

在案证据证实，杀害章军是以被告人王江为首的黑社会性质组织所犯的罪行，王江起到了组织、领导作用，应当承担组织、领导责任及主要罪责。具体理由如下：

1. 秦晓凡等人杀害章军的根本目的是维护组织的利益

章军被杀的起因是秦晓凡倚仗王江为首的黑社会性质组织的势力强行插手曹弘经营的煤炭运输生意，因而与曹弘、章军产生矛盾。王江与秦晓凡等人认为章军开枪威胁秦晓凡，无视以王江为首的犯罪组织的权威与利益，故有组织地报复章军。秦晓凡供称，其与王江是一伙的，其被曹弘、章军持枪威胁后，打电话向王江报告，目的是寻求王江及其组织的支持。王江亦供认，秦晓凡和他是一伙的，秦晓凡打架输了，他们一伙人都出了丑，社会上的人会看不起他们，他希望秦晓凡能打赢挽回团伙的面子，并向秦晓凡提供作案枪支。这表明王江支持秦晓凡报复章军，不单纯是为了秦晓凡的私利，更主要的是为了维护王江组织的利益。秦晓凡是该黑社会性质组织的骨干成员，而王江是该组织的领导者，应对该起犯罪承担组织、领导责任。

2. 王江具有杀害章军的故意

秦晓凡与刘克华直接枪击章军的头、躯干部位，主观上希望章军死亡；而王江明知秦晓凡持枪报复他人会发生致人死亡的结果，仍向秦晓凡提供枪支，并带组织成员前往现场支持、援助，故应认定王江主观上有杀害章军的故意。

3. 王江在该起共同犯罪中起到了主要作用

秦晓凡被曹弘、章军开枪威胁后，为寻求组织支持而向王江报告。在王江的主持下，该组织决定报复曹弘、章军。蒋庆文供称，“大家商量后，王江决定要打回来”；胡德贵、蒋庆文、万鸿供称，商量中“大家听王江表了态，也都说要去找曹弘”；王江亦供认，“大家商量要找曹弘、章军再打一架”。可见，王江不仅参加了商量，而且起到了主持、决定作用。同时，为实施报复，王江还将自己的一支五连发猎枪交给秦晓凡使用。案发当天，秦晓凡向王江报告要去修理厂报复章军后，王江表示一同前往，并带领万鸿和胡德贵赶到现场援助秦晓凡。作案后，王江指使秦晓凡等人外逃，为秦晓凡外逃及赔偿被害人亲属提供资金，为逃避打击与秦晓凡、胡德贵、蒋庆文串供。

从王江的上述行为来看，其作为该黑社会性质组织的领导者、决策者，召集成员商议并拍板决定报复事宜，向秦晓凡提供枪支，带组织成员前往现场援助，其行为和意志对杀害章军起到了决定性作用，故应对其组织、领导的犯罪承担责任。同时，其系该起共同故意杀人犯罪中的主犯，且所起作用大于直接实施杀人行为的秦晓凡和刘克华，应承担致人死亡的主要罪责。王江为维护以其为首的黑社会性质组织的利益而杀死章军，又系累犯，最高人民法院依法核准其死刑，体现了宽严相济刑事政策中依法从严惩处首要分子的精神。

五、逆向分析辩护思路及辩护要点

根据该案的判决及述理，虽然是个案，但在犯罪特征上具有典型性，司法实践对认定要点的叙述和归纳却可以为同类案件提供辩护思路及要点，即逆向倒推分析思路。在对是否构成黑社会性质组织罪进行辩护时，可从

以下几个方面着手,具体如下:

认定涉案组织是否符合黑社会性质组织的“组织特征”“经济特征”“行为特征”“非法控制特征”,是讨论被告人是否构成组织、领导、参加黑社会性质组织罪的必要前提。

(1)认定组织特征,可以从以下几个方面来把握:第一,有组织存续时间的起点或突出的犯罪活动;第二,具有一定规模和人数,组织成员一般在10人以上;第三,组织者、领导者明确,骨干成员基本固定,层级和分工比较明确;第四,具有内部组织性、纪律性,参考要件是组织有成文或不成文的组织纪律、活动规约。从这几个方面进行阅卷分析,如证明涉案组织存在、发展时间明显过短、犯罪活动尚不突出;或者涉案组织的规模相对较小,组织成员未到10人;又或者被指控为组织者、领导者,以及对组织运行、活动起着突出作用的积极参加者等骨干成员并不固定、联系也不紧密;再者,涉案组织没有成文或者不成文的纪律、规约等,那么就可以认为黑社会性质组织的组织特征不具备。

另外,还可以就涉案组织仅为普通共同犯罪、犯罪集团而非黑社会性质组织进行补充论证。

(2)认定经济特征,可以从以下几个方面来把握:第一,涉案组织有没有通过有组织的违法犯罪或其他手段获取经济利益;第二,涉案组织的经济实力有没有超过该地区的最低数额标准;第三,涉案组织有没有将所获经济利益全部或部分用于违法犯罪活动或者维系组织的生存和发展。

因此,在阅卷和调查、会见工作中主要要分析犯罪组织的资产来源及去向,及资产来源去向之间的关系,如资产的获得方式,要结合行为特征进行分析;为控方指控为“经济实力”的资产部分,要回到资产来源来进行分析;又如,维系组织的生存、发展方面,可以统计近几年来全案中所谓的好处费、红包、奖金、丧葬费、旅游费等累计的总额,除以组织成员人数(或加计其家人人数),计算出平均每人每日可获得的经济利益,由此证明组织成员通过组织获取的经济利益没有办法维持正常的生活,更谈不上组织的发展,微薄的利润不可能使组织成员形成稳定的层级关系等。

(3)认定行为特征,可以从以下几个方面来把握:第一,涉案组织是否采用暴力及暴力程度;第二,违法犯罪活动是否以组织名义,有组织地多次实施;第三,违法犯罪活动是否与维护组织利益有关。

因此,从证据角度重点把握证据及供述中是否使用暴力或者暴力程度是否深;危害手段方面,是否有使用刀枪的情形,或者警方查获的作案工具多少,有无证据证实事件中涉案组织使用了刀具,但损害系以外原因或者受害人自身原因造成的;或者如个别被告人因临时矛盾激化的或自己预谋事实的,并未与涉案组织其他成员事先商量沟通;是否有2015年《会议纪要》所指的情况:“确与维护和扩大组织势力、实力、影响、经济基础无任何关联,亦不是按照组织惯例、纪律、活动规约而实施,则应作为组织成员个人的违法犯罪活动处理。”等等。

(4)认定非法控制特征,可以从以下几个方面来把握:第一,在一定区域或者行业内,形成非法控制或者重大影响;第二,通过实施违法犯罪活动称霸一方,而且必然要有犯罪活动;第三,利用国家工作人员的包庇或者纵容。第三点即所谓的“保护伞”,在2002年以后已经不是必备要件。

在辩护时可以结合违法犯罪活动的次数、性质、后果、侵害对象的个数、造成的社会影响及群众安全感是否下降等因素综合论证犯罪组织的控制力与影响力,以否定模糊抽象的社会负面影响的指控;或者,尽管涉案组织存在违法犯罪活动,但是未对区域内、行业内的群众形成心理强制、威慑,也没有致使合法利益遭受犯罪或者严重违法活动侵害的群众不敢通过举报、控告等正当途径维护权益。

另外,辩护人也可以充分调查取证,搜集行业状况调查报告、行业协会数据等,通过实证统计的方法,计算涉案组织相关企业的业务数据在一定区域内该行业总数据所占的比例,进而论证业务远远达不到对该区域行业产生重大影响,甚至垄断的程度。

关于是否有“保护伞”能否作为是否形成非法控制的必备条件,2000年出台的《黑社会案件解释》将“保护伞”规定为黑社会性质组织的四个特征之一,而2002年通过的《刑法第二百九十四条第一款的解释》取消了这一限定条件。本案中,王江团伙缺少“保护伞”,能否适用“从旧兼从轻”的刑法适用原则?王江在该立法解释公布前的行为不构成组织、领导黑社会性质组织罪,进而不应对秦晓凡故意杀死章军的犯罪承担组织、领导责任。

该问题涉及如何认定立法解释的溯及力,实践中有不同意见。一种观点认为,立法解释只应对发布实施以后发生的行为有效,对实施前发生的行为没有溯及力,故对发生于立法解释施行以前而在立法解释施行以后才审理的案件,不应适用立法解释。但主流观点认为,立法解释的效力应及于法律的整个施行期间,不但适用于解释实施以后的行为,对解释实施前发生的行为在解释施行后才审理的,也应按照解释办理。该案审理法院认为应适用《刑法第二百九十四条第一款的解释》对本案进行审理。主要理由有两点:第一,立法解释是对法律条文含义的阐释,在法律规定本身未发生变化的情况下,法律条文的含义自法律施行之日起即存在。立法解释公布后,除对时间效力有特别规定的以外,应及于被解释的法律的整个施行期间。因此,行为人在刑法施行以后、立法解释公布之前实施的犯罪,凡在立法解释施行后才进行审理的,均应适用该立法解释。第二,立法解释的效力高于司法解释。被告人王江等人的行为跨越了2002年通过的《刑法第二百九十四条第一款的解释》的前后时期,而2000年公布的《黑社会案件解释》与2002年《刑法第二百九十四条第一款的解释》的内容有所不同,后者未将“保护伞”规定为黑社会性质组织的特征,认定黑社会性质组织的标准宽于前者。在这种情况下,应当根据《立法法》规定的原则处理。《立法法》明确规定,立法解释与法律具有同等效力,立法解释的效力高于司法解释;因此在二者产生冲突的情况下,应直接适用《刑法第二百九十四条第一款的解释》,不存在按照“从旧兼从轻”原则的问题。当然,如果后公布的也是司法解释而不是立法解释,则依据“两高”《关于适用刑事司法解释时间效力问题的规定》,可以按照“从旧兼从轻”的原则处理。

但就辩护角度而言,我们还应倾向于对当事人有利的解释来进行辩护。

准确把握黑社会性质组织的认定标准

——牛子贤等人绑架、敲诈勒索、开设赌场、重婚案分析①

一、基本案情

被告人牛子贤，男，1967年11月23日出生。2010年6月4日因涉嫌犯绑架罪被逮捕。河南省新乡市人民检察院以被告人牛子贤犯组织、领导黑社会性质组织罪，绑架罪，敲诈勒索罪，开设赌场罪，重婚罪，向新乡市中级人民法院提起公诉。

（一）组织、领导、参加黑社会性质组织的事实

2007年以来，被告人牛子贤利用朋友、亲属、同学等关系纠集一些社会上的无业闲散人员，在新乡市区进行绑架、开设赌场、敲诈勒索等违法犯罪活动，逐渐形成了以牛子贤为首，被告人吕福秋、牛震等为骨干成员，被告人时丽、胡俊忠、李来刚、周鑫、岳静等为积极参加者的具有黑社会性质的犯罪组织。为攫取经济利益，该犯罪组织采取开设赌场、敲诈勒索等犯罪方式获取非法利益。平时，这些犯罪组织成员接受牛子贤指挥、分工，为牛子贤所开设的赌场站岗、放哨、记账、收账并从事其他犯罪活动。每次参加开设赌场等犯罪活动后，牛子贤都将非法所得以“工资”形式分给参加者，或拿钱请参加者吃饭等。在组织纪律方面，牛子贤要求组织成员按其制定的开设赌场规矩交纳“保证金”，以保证组织成员在其开设的赌场服务期间能尽职尽责，否则将没收“保证金”。由此该组织成员逐渐形成了听从牛子贤指挥、安排的习惯性行为，从而进行犯罪活动。在实施违法犯罪活动过程中，牛子贤

① 参见最高人民法院刑事审判第一、二、三、四、五庭：《刑事审判参考》（总第107集）案例第1160号。

亲自或指使组织成员多次以威胁、暴力手段从事绑架、敲诈勒索等违法犯罪活动,影响极其恶劣,给国家、集体财产和公民个人生命及财产造成了重大损失,对当地的社会生活秩序和经济秩序造成了严重破坏。

(二)绑架、非法拘禁、故意杀人、帮助毁灭证据的事实

被告人牛子贤为达到勒索财物目的,经与被告人吕福秋商量后,多次授意被告人时丽利用女色引诱他人进行绑架来勒索钱财。2010年3月30日22时许,时丽在牛子贤的授意下,将被害人李旦火诱骗至新乡市牧野区王村镇牛村建材市场南口,牛子贤指使吕福秋找人控制李旦火。吕福秋以"有人遛小燕(时丽)了,牛子贤让去打那个人一顿"为借口,纠集被告人牛震、周鑫、岳静、胡俊忠将李旦火从其车上拽下进行殴打,并用手铐将李旦火拘禁在位于王村镇牛村的牛子贤的仓库内,后周鑫、牛震、岳静、胡俊忠相继离开。牛子贤到仓库后与吕福秋采取殴打等方式逼迫李旦火向其朋友打电话索要现金,并搜走李旦火现金3000元及手机一部。后牛子贤、吕福秋担心事情败露,牛子贤决定将李旦火杀死。次日23时许,吕福秋通知牛震,牛震又通知周鑫来到仓库,吕福秋说牛子贤要将李旦火杀死,并递给周鑫一条毛巾,周鑫接过毛巾后和吕福秋一起将李旦火勒死。随后,牛子贤开车赶到仓库,从车后备厢拿出事先准备好的编织袋,和吕福秋、牛震、周鑫一起将李旦火的尸体装入编织袋,掩埋于牧野区栗屯桥北170米处的垃圾填埋场。同年4月1日晚,岳静在得知李旦火被杀死后,又和吕福秋、牛震、周鑫一起在掩埋尸体的地方压上几块水泥块以掩盖痕迹。经法医鉴定,不排除李旦火系因机械性窒息而死亡。

(三)开设赌场的事实

2007年以来,被告人牛子贤为达到敛财目的,伙同被告人李光军、李洪全、李双志、李伟、裴铮铮等人在新乡市牧野区王村镇牛村等处开设赌场,并多次组织、雇佣被告人李来刚、胡俊忠、牛震、吕福秋、岳静及被告人程新亮、李宁、赵桂宁和曹金宝(另案处理)等人充当赌场站岗、放哨、放高利贷、记账、收账人员,组织多人以麻将牌"四挂四"的形式进行赌博,牛子贤等人从中非法获利。

（四）敲诈勒索的事实

2009年1月某日21时许，被告人高志强、牛震驾驶被告人牛子贤的黑色雪佛兰轿车在新乡市人民路“金三角”市场地下涵洞，与被害人邢云康、邢云峰驾驶的拉煤货车发生碰撞，造成雪佛兰轿车右后车门及后保险杠受损。因高志强与邢云康认识，双方同意私了。邢云康因急着开车去市区卸煤便让邢云峰留下，其卸煤后来处理此事。后邢云康一直未来，高志强通知牛子贤，牛子贤便带领被告人吕福秋等人赶至现场，将邢云峰带至位于新乡市牧野区牛村一仓库内。因邢云康迟迟未来，高志强、牛震、吕福秋等人便采用殴打、威胁等手段逼迫邢云峰打电话，让其父亲及邢云康来解决此事。次日凌晨2时至3时许，牛子贤、高志强、牛震和被告人牛子良等人在新乡市环宇立交桥附近和开货车的邢云康见面，并将货车扣留，将邢云峰放回。后牛子贤等以要求赔偿车损、给手下人“发工资”为由敲诈勒索邢云康现金7849.70元。

二、法院判决

在一审中，新乡市中级人民法院认为牛子贤等人组织、领导和参加以暴力、威胁或者其他手段，有组织地进行违法犯罪活动，为非作恶，严重破坏经济、社会生活秩序的黑社会性质组织。其中，牛子贤系黑社会性质组织的组织者、领导者，其行为已构成组织、领导黑社会性质组织罪。牛子贤作为黑社会性质组织的首要分子，应当对该组织所犯的全部罪行承担刑事责任。牛子贤等人以勒索财物为目的绑架他人，并杀害被绑架人，其行为均已构成绑架罪。在绑架犯罪中，牛子贤与他人共同预谋并实施绑架，系主犯，应当按照其所参与的全部犯罪处罚。牛子贤等人以营利为目的，长期开设赌场，其行为均已构成开设赌场罪。在开设赌场犯罪中，牛子贤起主要作用，系主犯，应当按照其所参与的全部犯罪处罚。牛子贤等人敲诈勒索他人财物，数额较大，其行为均已构成敲诈勒索罪。在敲诈勒索犯罪中，牛子贤起主要作用，系主犯，应当按照其所参与的全部犯罪处罚。牛子贤有配偶而重婚，其行为已构成重婚罪。牛子贤犯有数罪，应当数罪并罚。

一审宣判后，被告人牛子贤上诉提出，其没有为绑架被害人李旦火进行预谋和准备，不应对李旦火的死亡后果负责；其不具有敲诈勒索的主观故意，也没有实施敲诈勒索的客观行为，与被害人邢云峰之间的纠纷属于普通交通事故引发的民事赔偿，不构成敲诈勒索罪；其与时丽没有以夫妻名义共同生活，不构成重婚罪；原判认定其构成组织、领导黑社会性质组织罪没有证据支持。

河南省高级人民法院经二审审理认为，以牛子贤为首的犯罪团伙具有较为明确的组织性，通过犯罪活动获取经济利益，以暴力、威胁等手段多次进行违法犯罪活动，欺压、残害群众，对当地的社会生活秩序和经济秩序造成了严重破坏，在当地具有重大影响，故牛子贤等人的行为符合黑社会性质组织犯罪的四个特征，构成黑社会性质组织犯罪。牛子贤系黑社会性质组织的组织、领导者，其行为已构成组织、领导黑社会性质组织罪。在牛子贤等人所犯的绑架罪、故意杀人罪、非法拘禁罪、帮助毁灭证据罪中，牛子贤等人预谋从被害人李旦火处勒索钱财，客观上实施了控制、拘禁李旦火并要求李旦火向亲朋要钱的行为，后又合谋杀死李旦火，符合绑架犯罪的构成要件，其行为已构成绑架罪，当场劫取财物的行为被绑架罪所吸收。关于牛子贤及其辩护人所提牛子贤不应对李旦火死亡后果负责的意见，经查，牛子贤虽未直接动手杀害李旦火，但其是绑架杀人犯罪的组织、策划、指挥者，应对李旦火死亡后果负责，且其是罪行最为严重的主犯，应依法严惩。牛子贤等人敲诈勒索他人财物，数额较大，其行为已构成敲诈勒索罪。在敲诈勒索犯罪中，牛子贤等人强行扣留并殴打被害人邢云峰，逼迫邢云峰打电话让亲属解决问题，后扣留车辆，向邢云峰、邢云康索要超出修车费用近 5 倍的赔偿款，其行为符合敲诈勒索罪的构成要件，且牛子贤系主犯。牛子贤的行为还构成开设赌场罪、重婚罪。原判定罪准确，量刑适当，审判程序合法。依照《中华人民共和国刑事诉讼法》第二百二十五条第一款第一项之规定，裁定驳回上诉，维持原判，并依法报请最高人民法院核准。

最高人民法院经复核确认的被告人牛子贤实施绑架、开设赌场、敲诈勒索、重婚犯罪的事实与一、二审认定一致，但认为，黑社会性质组织应当同时具备组织特征、经济特征、行为特征和非法控制特征，本案并无充分证据证实牛子贤为首的犯罪团伙同时具备上述“四个特征”，故依法不能认定为黑社会性质组织。由于一、二审法院认定牛子贤犯罪团伙系黑社会性质组织及牛子贤等人的行为构成涉黑犯罪不当，且是否认定涉黑犯罪对多名同案被告人的定罪量刑均有影响，故依法不予核准牛子贤死刑，将本案发回河南省高级人民法院重新审判。

三、律师观点

本案的核心要点是如何准确把握黑社会性质组织的认定标准？

最高人民法院、最高人民检察院、公安部、司法部在2018年1月16日联合出台了《指导意见》，要求各级司法机关对黑恶势力犯罪，注意串并研判、深挖彻查，防止就案办案，依法加快办理。坚持依法办案，坚持法定标准，坚持以审判为中心，加强法律监督，强化程序意识和证据意识，正确把握“打早打小”与“打准打实”的关系，贯彻落实宽严相济刑事政策，切实做到宽严有据，罚当其罪，实现政治效果、法律效果和社会效果的统一。

全国人大常委会于2002年4月28日通过了《刑法第二百九十四条第一款的解释》明确规定，“黑社会性质的组织”应当同时具备以下特征：(1)形成较稳定的犯罪组织，人数较多，有明确的组织者、领导者，骨干成员基本固定；(2)有组织地通过违法犯罪活动或者其他手段获取经济利益，具有一定的经济实力，以支持该组织的活动；(3)以暴力、威胁或其他手段，有组织地多次进行违法犯罪活动，为非作恶，欺压、残害群众；(4)通过实施违法犯罪活动，或者利用国家工作人员的包庇或者纵容，称霸一方，在一定区域或者行业内，形成非法控制或者重大影响，严重破坏经济、社会生活秩序。由此，认定黑社会性质组织所必备的“四个特征”，即组织特征、经济特征、行为特征和非法控制特征正式确立。2011年5月1日起施行的《刑法修正案(八)》，将《刑法第二百九十四条第一款的解释》规定的黑社会性质组织的认定标准直接写入刑法。至此，黑社会性质组织的四个特征即组织特征、经济特征、行为特征、危害性特征是认定黑社会性质组织犯罪时必不可少、缺一不可的法定要求。

随着司法实践的发展，黑社会性质组织犯罪不断表现出新变化、新特点，各级公、检、法机关对于黑社会性质组织认定标准等具体问题依旧存在争议。最高人民法院、最高人民检察院、公安部于2009年12月联合印发了《座谈会纪要》，重点对过去七八年间司法实践中争议较为集中的黑社会性质组织的认定等问题进行了说明，细化了“四个特征”的具体认定标准，增加了可操作性。最高人民法院刑三庭结合审判实践，2010年4月14日制定了《宽严相济刑事政策》。在准确认定黑社会性质组织方面，最高人民法院刑三庭作出阐释：黑社会性质组织犯罪由于其严重的社会危害性，在打击处理上不能等其坐大后进行，要坚持“严打”的方针，坚持“打早打小”的策略。但黑社会性质组织的认定，必须严格依照刑法和全国人民代表大会常务委员会《刑法第二百九十四条第一款的解释》的规定，从组织特征、经济特征、行为特征和非法控制特征四个方面进行分析。认定黑社会性质组织犯罪四个特征必须同时具备。实践中许多黑社会性质组织并不是四个特征都很明显，在具体认定时，应根据立法本意，认真审查、分析黑社会性质组织四个特征相互间的内在联系，准确评价涉案犯罪组织所造成的社会危害。既要防止将已具备黑社会性质组织四个特征的案件“降格”处理，也不能因为强调严厉打击将不具备四个特征的犯罪团伙“拔高”，认定为黑社会性质组织。最高人民法院于2015年研究制定了2015年《会议纪要》。该纪要对司法实践中反映较为突出，但2009年《座谈会纪要》未作规定或者有关规定尚需进一步细化的问题进行了补充和完善，使黑社会性质组织“四个特征”的认定标准更加清晰。

司法实践中对于证据标准要求严格，但黑社会性质组织犯罪由于时间长、人数多、隐蔽性强等问题，在黑社会犯罪的四个特征的认定上，在言词证据、传来证据等证据方面存在薄弱环节，在证据审查时存在诸多难点。在本案中，最高人民法院经审理后认为，并无证据证明被告人牛子贤犯罪团伙同时具备组织特征、经济特征、行为特征和非法控制特征等“四个特征”，故依法不能认定为黑社会性质组织。

第一，认定被告人牛子贤犯罪团伙具备组织特征的证据不充分。黑社会性质组织的成立，首先必须确实存在一个组织实体。如果没有形成一个组织实体，就没有必要讨论是否构成黑社会性质组织的问题。组织性是黑社会性质组织的基础特征。对此，《刑法》第二百九十四条第五款第一项规定，“形成较稳定的犯罪组织，人数较多，有明确的组织者、领导者，骨干成员基本固定”。据此，黑社会性质组织的组织特征的核心要求是“形成较稳定的犯罪组织”。这里强调的是“较稳定”，说明黑社会性质组织的存在往往需要较长的时间，这就划清了黑社会性质组织与那些临时纠合在一起的违法犯罪团伙的界限，也划清了黑社会性质组织与那些存在时间不长的恶势力违法犯罪团伙的界限。2015 年《会议纪要》规定，“黑社会性质组织应当具有一定规模，人数较多，组织成员一般在 10 人以上”。2018 年《指导意见》规定，“黑社会性质组织一般在短时间内难以形成，而且成员人数较多，但鉴于‘恶势力’团伙和犯罪集团向黑社会性质组织发展是一个渐进的过程，没有明显的性质转变的节点，故对黑社会性质组织存在时间、成员人数问题不宜作出‘一刀切’的规定”。一般来说，黑社会性质组织自身的组织结构是较为严密的，组织、领导者处于绝对权威的地位，下面成员之间的层级、分工也较为明确，也往往存在一定的组织纪律约束其组织成员，对违反组织纪律的成员甚至有一套帮规、“家法”予以伺候，因为如果黑社会性质组织的自身组织过于松散，没有形成凝聚力，就很难有组织地进行违法犯罪活动，而如果黑社会性质组织对于其组织成员都没能进行有效地约束、控制，就更不可能对外在一定区域或者行业内形成非法控制。具有一定的组织纪律或者活动规约，虽然不是黑社会性质组织的必要条件之一，但却是认定组织特征时的重要参考依据。综观本案，虽然公诉机关指控牛子贤等 8 人系组织成员，人数较为接近前述要求，但时丽、周鑫、岳静、胡俊忠、李来刚等人多系基于某种犯罪的需要而临时纠合过来的，与牛子贤合伙经营赌场的李光军、李洪全、李双志、李伟、裴铮铮等人均不属于组织成员，涉案人员尚没有形成稳定的组织体系。牛子贤、吕福秋、牛震、周鑫、时丽、岳静等人之间并不存在明显的严格等级关系，相互之间并非管理与被管理的上下级，也没有明确固定的职责分工，反映不出组织性。因此，现有证据不能认定牛子贤犯罪团伙具备黑社会性质组织的组织特征。

第二，认定被告人牛子贤犯罪团伙具备经济特征的证据不充分。共同经济利益驱使，既满足黑社会性质组织各成员的个人追求欲望，又为维系黑社会性质组织赖以存在、发展提供了经济基础和保障。黑社会性质组织的经济特征，是指有组织地通过违法犯罪活动或者其他手段获取经济利益，具有一定的经济实力，以支持该组织的活动。“一定的经济实力”，是指黑社会性质组织在形成、发展过程中获取的，足以支持该组织运行、发展以及实施违法犯罪活动的经济利益。“一定的经济实力”必须达到多少数额，2015年《会议纪要》规定，“各高级人民法院可以根据本地区的实际情况，对黑社会性质组织所应具有的‘经济实力’在20万~50万元幅度内，自行划定一般掌握的最低数额标准”。2009年《座谈会纪要》、2018年《指导意见》规定，“由于不同地区的经济发展水平、不同行业的利润空间均存在很大差异，加之黑社会性质组织存在、发展的时间也各有不同，在办案时不能一般性地要求黑社会性质组织所具有的经济实力必须达到特定规模或特定数额”，故“一定的经济实力”只要足以支持黑社会性质组织从事违法犯罪活动或者维系其生存和发展即可，不必一般性地要求必须达到特定规模或特定数额。值得关注的是，黑社会性质组织所获取的经济利益，是否必须由黑社会性质组织成员共同管理或者由组织成员中的专人负责管理，黑社会性质组织所获取的经济利益是否必须全部用于黑社会性质组织的违法犯罪活动或者维系黑社会性质组织的存在和发展。《刑法》第二百九十四条第五款第二项只是要求黑社会性质组织必须“具有一定的经济实力，以支持该组织的活动”，而并没有要求黑社会性质组织必须具有相对独立的财产，也并没有要求黑社会性质组织在形成、发展过程中所获取的经济利益必须全部用于支持该组织的活动。黑社会性质组织之所以能够成立，关键是组织者、领导者的组织、领导行为所起的作用，而黑社会性质组织得以继续存在和发展，关键也在于组织者、领导者的组织、领导行为所发挥的作用。这也是组织者、领导者一直成为黑社会性质组织犯罪的打击重点的原因所在。组织者、领导者在实施组织、领导黑社会性质组织违法犯罪活动过程中需要一定的经济支出，例如，为笼络组织成员而带领组织成员去旅游、去娱乐场所消费、举办各种酒宴，购买作案工具，提供作案经费，为受伤、死亡的组织成员提供医疗费、丧葬费，为组织成员及其家属提供工资、奖励、福利、生活费用，为组织寻求非法保护以及其他与实施有组织的违法犯罪活动有关的费用支出等。黑社会性质组织在形成、发展过程中所获取的经济利益并不一定要由各成员共同管理或者由成员中的专人负责管理，不要求存在与黑社会性质组织成员的个人财产相对独立的组织共同体的财产，但必须由组织者、领导者掌控。2018年《指导意见》规定，“有组织地通过违法犯罪活动或者其他手段获取的经济利益，即使是由部分组织成员个人掌控，也应计入黑社会性质组织的‘经济实力’”。黑社会性质组织在形成、发展过程中所获取的经济利益也不需要全部用于黑社会性质组织所实施的违法犯罪活动之中或者全部分配给各组织成员，即使该大部分经济利益最终流入组织者、领导者手中，只要有部分经济利益用于维系黑社会性质组织的存在和发展，也不影响对黑社会性质组织的经济特征的认定。至于黑社会性质组织在形成、发展过程中所获取的经济利益用于维系黑社会性质组织的存在和发展所需要的财产规模或者数量，也应当不作绝对的划定，只要事实上足以支持黑社会性质组织的生存和发展即可。本案证据反映，牛子贤获取经济利益的主要途径是开设赌场，但赌场收入一般由各合伙人按出资比例分配，并非由牛子贤全权支配或者独享。赌场的部分收入用于支付雇员工资，也并非由牛子贤决定，不能认定其以此方式豢养组织成员。牛子贤在3年多时间内从赌场获利几十万元，经济实力相对薄弱，且所获赃款基本上用于其个人及家庭支出，尚无证据证实牛子贤将所获取的上述不义之财用于保持组织稳定、实施其他违法犯罪、支持组织活动或者维系组织的生存与发展。也就是说，牛子贤既没有为有组织地实施违法犯罪活动提供经费，出资购买刀具、枪支等作案工具，也没有为组织成员发放福利、奖励或者为帮助组织成员逃避法律追究而支付必要的费用，等等。因此，现有证据不能认定牛子贤犯罪团伙具备黑社会性质组织的经济特征。

第三,认定被告人牛子贤犯罪团伙具备行为特征的证据不充分。黑社会性质组织的行为特征,是指以暴力、威胁或者其他手段,有组织地多次进行违法犯罪活动,为非作恶,欺压、残害群众。“有组织地多次进行违法犯罪活动”是认定黑社会性质组织的必要条件之一,涉案犯罪组织实施的犯罪活动不多,仅触犯少量具体罪名的,是否应认定为黑社会性质组织,要结合组织特征、经济特征和非法控制特征综合判断,严格把握。从本案具体犯罪事实来看,牛子贤等人仅实施了3起犯罪,且目的均是图财,与追求非法控制无关。其中,只有开设赌场犯罪具有一定的持续性,而敲诈勒索犯罪发生于2009年1月,纯属偶发案件,牛子贤等人所实施的绑架犯罪又与敲诈勒索犯罪相隔一年两个月之久。侵害对象特定,并非为组织利益而实施的犯罪行为。本案仅有开设赌场犯罪具有持续性特征,尚无证据明确认定该犯罪团伙长期为非作恶,欺压、残害无辜群众,也无证据证实牛子贤为树立在犯罪团伙的社会地位而与其他人员或组织争权夺利或发生冲突。因此,本案认定符合黑社会性质组织的行为特征的证据不充分。行为特征是涉黑性质组织犯罪的最重要特征,要依据是否代表组织意志、是否使用组织名义、是否维护组织利益等方面进行论证,对于确与维护组织利益无关的偶发行为,应当提出不能作为组织犯罪处理。虽然本案从形式上看基本符合“多次实施违法犯罪活动”的条件,但这些违法犯罪活动既不能反映牛子贤等人长期欺压、残害无辜群众,也不能反映牛子贤等人有逞强争霸、争抢势力范围、确立“江湖”地位等目的,故现有证据不能认定牛子贤犯罪团伙具备黑社会性质组织的行为特征。

第四,认定被告人牛子贤犯罪团伙具备非法控制特征的证据不充分。根据刑法的规定,“通过实施违法犯罪活动,或者利用国家工作人员的包庇或者纵容,称霸一方,在一定区域或者行业内,形成非法控制或者重大影响,严重破坏经济、社会生活秩序”是黑社会性质组织的非法控制特征。对于“非法控制”,是指一定区域或者行业内的人们由于害怕对方采取殴打、伤害、杀害、毁坏财物等报复手段,而被迫按照对方的要求实施一定的行为或者不实施一定的行为,或者被迫接受对方提出的条件,或者对于对方的违法犯罪活动不敢举报。黑社会性质组织的非法控制性既可以是基于组织成员所实施的违法犯罪活动而形成，也可以是基于国家工作人员的包庇或者纵容而形成，“保护伞”只是构成黑社会性质组织的选择要件之一，而且，存在“保护伞”的情况下，其前提也必须存在组织成员所实施的违法犯罪活动。对于“一定区域”，面积不是决定因素，主要应当考量该区域内受控制和影响的人口情况，进而判断是否已达到严重破坏经济、社会生活秩序的程度。因此，一个自然村、一个贸易市场、一条街道等面积可能不大的区域，只要其能容纳足够多的人口，对该区域进行非法控制足以严重破坏经济、社会生活秩序，就可以认定符合黑社会性质组织“称霸一方”的区域要件。2018 年《指导意见》规定，“鉴于黑社会性质组织非法控制和影响的‘一定区域’的大小具有相对性，不能简单地要求‘一定区域’必须达到某一特定的空间范围，而应当根据具体案情，并结合黑社会性质组织对经济、社会生活秩序的危害程度加以综合分析判断”。“一定行业”，既包括合法行业，也包括卖淫、赌博、毒品等非法行业，而且，“一定行业”也必须是在“一定区域内”的行业，足以容纳足够多的人口，对该行业的非法控制足以达到严重破坏经济、社会生活秩序。“重大影响”，是指对于一定区域或者行业内的人们虽然还没有达到非法控制的程度，但也已造成了很大的影响，该区域或者行业内的人们之所以会按照对方的要求实施一定的行为或者不实施一定的行为，或者接受对方提出的条件，或者对于对方的违法犯罪活动不举报，很重要的原因也是由于害怕对方会采取殴打、伤害、杀害、毁坏财物等报复手段。因此，这里的“重大影响”不是侧重从违法犯罪活动所造成的客观危害结果上来说的，而是侧重从对一定区域或者行业内的人们的心理影响程度上来说的。该特征是黑社会性质组织的本质特征，也是该组织区别于一般犯罪集团的关键所在。从本案情况来看，首先，虽然牛子贤等人在 3 年多时间里多次非法开设赌场并获利数十万元，但并无扩张地盘和势力范围的行为或意图，在案证据不能证明牛子贤等人对当地的其他地下赌场有任何影响。其次，牛子贤等人所实施的绑架、敲诈勒索犯罪均具有随机性、任意性，案件缺乏关联性，侵害对象有限且犯罪目的单一，既没有对当地群众形成心理强制或者威慑，也没有表现为"称霸一方";既不属于插手民间纠纷、经济纠纷,也不属于干扰破坏他人正常生产、经营。换言之,并无确实、充分的证据证实牛子贤犯罪团伙对当地经济、社会生活秩序造成了严重破坏,现有证据不能认定牛子贤犯罪团伙具备黑社会性质组织的非法控制特征。综上,由于本案不符合黑社会性质组织的认定标准,牛子贤等人的行为依法不构成组织、领导、参加黑社会性质组织罪,故最高人民法院复核后认为"一、二审认定的部分事实不清、证据不足",依法将案件发回重审。

最高人民法院在作出拟不核准死刑的复核决定之前,曾依法向最高人民检察院通报了本案有关情况。最高人民检察院经审查,亦认为一、二审认定被告人牛子贤等人构成黑社会性质组织犯罪的事实不清、证据不足,且是否认定涉黑犯罪对被告人牛子贤及同案其他被告人的定罪量刑均有影响,故同意最高人民法院不核准牛子贤死刑,将案件发回二审法院重新审判的决定。二审法院对本案重新审理后,直接予以改判,对原判牛子贤的组织、领导黑社会性质组织犯罪不予认定,并以绑架罪等其他犯罪再次报送核准死刑,最高人民法院经再次复核,依法核准了被告人牛子贤死刑。

第三章

黑社会性质组织的组织特征

如何准确认定黑社会性质组织的成员

——陈垚东等人组织、领导、参加黑社会性质组织案①

一、基本案情

被告人陈垚东，男，1971 年 7 月 16 日出生。2012 年 1 月 29 日因本案被逮捕。

被告人文稳权，男，1965 年 6 月 23 日出生。2012 年 1 月 29 日因本案被逮捕。

……

广东省深圳市人民检察院以被告人陈垚东、文稳权、伍健东、陈锦田、赖庆棠、王文明、陈诺强、陈伟明、曾庆发、曾鸿辉、易亚胡、潘永钊、宁注作、林波、岳彪、曾玉新、曾细苓、刘志清、谢春山、陈惠芳、潘泽勇、陈嘉祺、陈卓峰、陈展斌、应春秋、文迎新、陈伟洪、曾柏球、周梁、李朝阳、曾庆华、江沛华、黎进成、江锦平、陈法军、陈平右、刘少雄、文永峰、郑剑宏、曾炯贤，被告单位深圳市万丰(集团)股份有限公司等分别犯组织、领导、参加黑社会性质组织

① 参见最高人民法院刑事审判第一、二、三、四、五庭：《刑事审判参考》(总第 107 集)案例第 1152 号。

罪,故意杀人罪,绑架罪,故意伤害罪,非法拘禁罪,抢劫罪,敲诈勒索罪,强迫交易罪,交通肇事罪,虚报注册资本罪,非法倒卖土地使用权罪,聚众扰乱社会秩序罪,聚众斗殴罪,寻衅滋事罪,纵容黑社会性质组织罪,提供伪造的出入境证件罪,赌博罪,开设赌场罪,贩卖毒品罪,容留他人吸毒罪,组织卖淫罪,行贿罪,单位行贿罪,受贿罪,向深圳市中级人民法院提起公诉。

被告人文稳权辩称没有参加任何黑社会性质组织。其辩护人提出:文稳权未单独或与陈垚东共同发起、创建黑社会性质组织,没有在组织中起决策、指挥、协调、管理作用,也没有带领、引导、领导行为,其和陈垚东之间没有经济合作之外的其他经济联系,所做经济决策不必听取陈垚东的命令,经济合作中的利益分配和风险承担根据股权的多少依照民事法律原则进行,文稳权的行为不构成领导黑社会性质组织罪。

深圳市中级人民法院经审理查明:

(一)组织、领导、参加黑社会性质组织的事实

被告人陈垚东自20世纪80年代末开始,纠集"沙皮狗"等社会闲杂人员,在广东省宝安县沙井镇(现广东省深圳市宝安区沙井街道)一带逞勇斗狠、为非作恶,成为当地颇具声名的恶势力。自1994年以来,陈垚东通过笼络乡邻、招纳小弟、聘用员工、纠集同道等途径,逐步建立起以其本人为组织者、领导者,以被告人伍健东、陈锦田、赖庆棠、王文明、陈诺强、曾庆发、曾鸿辉、易亚胡、潘永钊、宁注作等人为积极参加者,包括被告人陈伟明、林波、岳彪、曾玉新、曾细苓、刘志清、谢春山、陈惠芳、潘泽勇、陈嘉祺、陈卓峰、陈展斌、陈伟洪、文迎新、曾柏球、周梁、李朝阳、曾庆华、江沛华、黎进成、江锦平、陈法车、陈平右以及另案处理的数十人组成的骨干成员固定、层级结构明确、人数众多、势力庞大、在沙井街道经济、社会生活中具有重大影响的黑社会性质组织。该组织按照"江湖规矩"管理组织成员,维系组织架构。盘踞沙井街道一带,长期通过非法手段经营废品收购、码头运输、房地产等行业,实施了故意伤害、绑架、非法拘禁、抢劫、敲诈勒索、开设赌场、赌博、聚众斗殴、寻衅滋事、强迫交易、容留他人吸毒、贿赂国家工作人员、非法倒卖土地使用权等大量违法犯罪活动,攫取了巨额非法财富,严重破坏了当地的经济、社会生活秩序。

（二）以被告人陈垚东为首的黑社会性质组织实施犯罪的事实

容留他人吸毒的事实：1999年12月，被告人陈垚东与被告人文稳权等人合伙在深圳市宝安区沙井街道黄埔路口原新桥客运站一、二楼开办创世纪娱乐城。陈垚东、文稳权明知所经营的场所内存在吸毒行为，为招揽生意，非但不予制止，而且长期为顾客提供吸食K粉的吸管、碗、碟等工具。创世纪娱乐城在经营期间，多次被公安机关查获有容留他人吸毒的违法犯罪活动，其中公安机关仅2004年9月30日就一次查获吸毒人员213人。

……（故意伤害、绑架、非法拘禁、抢劫、敲诈勒索、赌博、聚众斗殴、寻衅滋事、强迫交易、行贿、非法倒卖土地使用权的事实略）

（三）黑社会性质组织成员及本案其他被告人实施犯罪的事实

被告人文稳权寻衅滋事的事实：2003年年底，被告人文稳权等人获得779路、780路、782路公交路线的承包经营权，由文稳权具体经营。2004年年初，文稳权认为其承包经营的公交线路的客源不如谭忠启承包经营的781路公交线路的客源丰富，遂擅自改变规定的行驶路线，与781路公交车队并线竞争揽客。同时，文稳权授意手下人员多次拦停营运的781路公交汽车，驱赶乘客，殴打司机，打砸汽车，逼迫781路公交车队改变规定的行驶路线或退出沙井客运市场。谭忠启被逼在2004年3月初将781路公交车队18台公交车全部停止营运。在沙井街道办和沙井运输公司介入协调下，781路公交车队恢复营运，并作出让步，改道走客源较少的路段。其后，因谭忠启未退出沙井客运市场，781路公交车队仍不时遭遇文稳权等人的暴力滋扰。

……（其他事实略）

二、法院判决

深圳市中级人民法院认为，以陈垚东为首的犯罪组织形成了较稳定的黑社会性质组织结构，组织成员加入时具有一定形式，有一定的组织纪律和活动规约并较为明确地划定势力范围；该组织通过违法犯罪活动或者其他手段获取经济利益，具有一定的经济实力，并以经济实力支持该组织的活动;该组织成员利用组织势力和影响,有组织地实施故意伤害、绑架、非法拘禁、抢劫、敲诈勒索、赌博、聚众斗殴、寻衅滋事、强迫交易、行贿、非法倒卖土地使用权等违法犯罪活动,并腐蚀、拉拢国家工作人员,称霸沙井街道一带,为非作恶,欺压、残害群众,造成群众心理恐慌,安全感下降;该组织以暴力、威胁为基础,利用组织势力和影响,为组织成员划分势力范围,垄断沙井街道一带的大宗废品收购、沙石运输等行业,在一定区域和行业内均形成了非法控制和重大影响,严重破坏了沙井街道一带经济、社会生活秩序。公诉机关指控陈垚东等31人分别构成组织、领导、参加黑社会性质组织罪,事实清楚,证据确实、充分,指控罪名成立……被告人文稳权虽然曾与陈垚东合作开办创世纪娱乐城、共同承包经营公交线路等,也有同案被告人指认文稳权与陈垚东私交颇好,但无证据证明文稳权参与发起、创建以陈垚东为首的黑社会性质组织,无证据证明文稳权以何种方式参加该组织,无证据证明文稳权在组织层级结构中处于何位置,无证据证实文稳权对该组织及其运行、活动起到决策、指挥、协调、管理作用以及曾发展下线成员,依法不能认定文稳权为黑社会性质组织的领导者,亦不能认定其参加黑社会性质组织,公诉机关指控文稳权犯领导黑社会性质组织罪,事实不清,证据不足,不予支持;文稳权为争抢客源而授意他人随意拦截公交汽车,殴打司乘人员,情节恶劣,其行为已构成寻衅滋事罪,应当依法予以惩处;公诉机关指控文稳权犯容留他人吸毒罪,已过追诉时效期限,并且不是必须追诉,已另行裁定终止审理……依照《中华人民共和国刑法》第二百九十四条第一款、第三款、第四款、第五款,第一百三十三条,第二百三十四条,第一百五十八条第一款,第二百二十六条第一项,第二百二十八条,第二百三十二条,第二百三十八条第一款、第三款,第二百三十九条第一款,第二百六十三条第四项,第二百九十条第一款,第二百九十二条第一款第二项、第四项,第三百一十九条第一款,第三百五十四条,第三百零三条,第三百五十九条第一款,第三百八十五条第一款,第三百八十六条,第三百八十三条第一款第一项、第二款,第三百九十条第一款,第三百八十九条第一款,第三百九十三条,第十二条第一款,第九十七条,第三十条,第三十一条,第二十三条,第二十五条第一款,第二十六条,第二十七条,第六十五条,第六十七条第二款、第三款,第六十一条,第四十八条,第五十七条第一款,第五十六条第一款,第五十二条,第五十九条,第六十九条,第七十条,第七十七条第一款,第七十二条第一款、第三款,第七十三条,第三十七条,第八十七条,第六十四条,第三十六条第一款;1997年修订的《中华人民共和国刑法》第二百七十四条,第二百九十三条第一项、第二项、第三项;《中华人民共和国民法通则》第一百一十九条、第一百三十条;《中华人民共和国刑事诉讼法》第九十九条第一款、第一百零二条;《中华人民共和国民事诉讼法》第六十四条、第二百五十三条;《全国人民代表大会常务委员会关于〈中华人民共和国刑法〉第二百二十八条、第三百四十二条、第四百一十条的解释》;《最高人民法院关于审理黑社会性质组织犯罪的案件具体应用法律若干问题的解释》第三条第一款、第五条第二款、第六条第四项;《最高人民法院、最高人民检察院关于办理行贿刑事案件具体应用法律若干问题的解释》第一条、第四条第一项、第五条;《最高人民法院关于审理破坏土地资源刑事案件具体应用法律若干问题的解释》第二条第三项、第四项;《最高人民法院关于审理交通肇事刑事案件具体应用法律若干问题的解释》第一条、第二条、第三条;《最高人民法院关于处理自首和立功具体应用法律若干问题的解释》第二条、第三条、第四条;《最高人民法院关于审理人身损害赔偿案件适用法律若干问题的解释》第三条第一款、第十九条、第二十条、第二十一条、第二十二条、第二十三条、第二十四条、第二十六条、第二十七条、第二十八条、第三十五条;《最高人民法院关于适用〈中华人民共和国刑事诉讼法〉的解释》第一百三十八条,第一百四十三条第一款第一项,第一百五十五条第一款、第二款,第一百五十七条的规定,判决如下:

1. 被告人陈垚东犯组织、领导黑社会性质组织罪,判处有期徒刑十五年,并处没收个人全部财产;犯故意伤害罪,判处无期徒刑,剥夺政治权利终身;犯绑架罪,判处有期徒刑十年,并处罚金人民币三百万元;犯非法拘禁罪,判处有期徒刑一年;犯抢劫罪,判处有期徒刑十年,剥夺政治权利三年,并处罚金人民币二十万元;犯敲诈勒索罪,判处有期徒刑十年;犯赌博罪,判处有期徒刑二年,并处罚金人民币一百八十万元;犯聚众斗殴罪,判处有期徒刑三年;犯寻衅滋事罪,判处有期徒刑二年;犯强迫交易罪,判处有期徒刑六年,并处罚金人民币九千万元;犯容留他人吸毒罪,判处有期徒刑二年,并处罚金人民币一百五十万元;犯行贿罪,判处无期徒刑,剥夺政治权利终身,并处没收个人全部财产;犯非法倒卖土地使用权罪,判处有期徒刑七年,并处罚金人民币三千万元;犯虚报注册资本罪,判处有期徒刑六个月,并处罚金人民币五十万元。数罪并罚,决定执行无期徒刑,剥夺政治权利终身,并处没收个人全部财产,罚金人民币一亿二千七百万元。

2. 被告人文稳权犯寻衅滋事罪,判处有期徒刑一年六个月。

……(其他被告人、被告单位的判决情况略)

宣判后,被告人陈垚东等提出上诉,文稳权未提出上诉。

广东省高级人民法院经审理,依法驳回陈垚东等人的上诉,并依法对5名同案被告人改判。

三、主要问题

本案中,文稳权最终未被认定为黑社会性质组织中的成员,因而引发了这样的问题:在黑社会性质组织犯罪案件中,应如何准确认定被告人是否为黑社会性质组织的成员。

四、裁判理由

我国刑法采用行为与地位、作用相结合的划分标准,将黑社会性质组织的成员分为组织者、领导者、积极参加者、其他参加者(又称"一般参加者")等不同类型,并且规定了不同的刑罚。被指控为黑社会性质组织成员的被告人,能否认定其具有组织、领导、参加行为是一个基础性问题,不仅关乎事实认定,更关乎罪与非罪以及如何判处刑罚,必须严格加以区分。2009年《座谈会纪要》对黑社会性质组织的组织者、领导者、积极参加者、其他参加者均作出了较为明确的界定。2015年《会议纪要》进一步采用反向列举的方式,明确了以下三类人员不属于黑社会性质组织的成员:(1)主观上没有加入黑社会性质组织的意愿,受雇到黑社会性质组织开办的公司、企业、社团工作,未参与或者仅参与少量黑社会性质组织的违法犯罪活动的人员;(2)因临时被纠集、雇佣或受蒙蔽为黑社会性质组织实施违法犯罪活动或者提供帮助、支持、服务的人员;(3)为维护或扩大自身利益而临时雇佣、收买、利用黑社会性质组织实施违法犯罪活动的人员。同时规定:"上述人员构成其他犯罪的,按照具体犯罪处理。"通观两份纪要中关于认定黑社会性质组织成员的相关规定,既强调"主客观相一致"的刑法原则,要求审判时应当着重审查行为人主观上有无参加黑社会性质组织的认识因素和意志因素,同时又从客观方面对认定"组织、领导、参加"行为提出了具体标准。从 2009 年《座谈会纪要》的规定来看,组织者是指黑社会性质组织的发起者、创建者;领导者是指实际居于领导地位,并对整个组织及其运行、活动起着决策、指挥、协调、管理作用的组织成员。由于该定义十分清楚,组织者、领导者所需具有的客观行为也一目了然。对于积极参加者、其他参加者的认定,2009 年《座谈会纪要》除了要求"明知而参加"之外,还要求行为人"接受黑社会性质组织的领导和管理"。应当说,此处的"接受"一词有着主客观两方面的含义:一方面是指主观上有将自己置于黑社会性质组织管控之下的意愿;另一方面也是指客观上有接受黑社会性质组织领导和管理的事实。2015 年《会议纪要》继承了上述精神,仔细分析后不难发现,所列举的三类人员都是因为在主观或者客观方面尚未达到认定标准而被排除在黑社会性质组织成员之外。

当前,黑社会性质组织犯罪呈现出多样化、复杂化、隐蔽化、"黑白"结合等特征。司法实践中,认定被告人有无组织行为、领导行为相对容易,而认定被告人是否有参加黑社会性质组织行为时,情况则显得比较复杂。一般来说,可以将是否举行专门的参加仪式作为重要的认定依据。但当前的实践中多数黑社会性质组织在发展成员时并无此类程序,这就需要综合其他各类因素进行把握。具体到本案,以陈垚东为首的黑社会性质组织发展时间较长,层级分明,组织纪律明确,成员多达数百人(本案是主案)。长期盘踞在深圳市宝安区沙井街道,通过实施违法犯罪活动和依靠个别国家工作人员的非法保护,欺压、残害群众、称霸一方。不仅获取了巨额经济利益,而且已对沙井地区的经济、社会生活以及当地的大宗废品收购、沙石运输等行业形成了非法控制或重大影响。应该说，该黑社会性质组织具有一定的典型性，且其运行模式、获利方式在同类型案件中也显得相对更为有效和广泛。虽然陈垚东黑社会性质组织的成员互称“公司的人”，但该犯罪组织并不是单纯以某一个经济实体作为依托。陈垚东本人主要是通过自己经营与非法控制的房地产、大宗废品回收业务以及其他投资来获取利益，而陈垚东手下的主要成员则各有独自染指的行业和势力范围，该犯罪组织的成员相互之间在获利渠道方面基本互不交叉。而且，陈垚东一般只直接管理骨干成员，通过调解纠纷、划分地盘和惩戒处罚等手段来避免手下的各个团伙相互发生冲突，骨干成员则负责管理各自手下的“小弟”。正因如此，该黑社会性质组织层级较多、势力庞大，触角几乎伸向了沙井地区的每一座村庄、每一个行业。在这种情况下，当地从事生产、经营活动的人员难免会与该黑社会性质组织存在这样那样的联系。其中一些人不仅与该黑社会性质组织或者组织成员有经济往来，甚至还参与了该组织的违法犯罪活动。可否将这些人员认定为黑社会性质组织成员，在司法实践中存在一定争议。

本案检察机关以领导黑社会性质组织罪对被告人文稳权提起公诉，并在起诉书中将其列为第二被告人。文稳权及其辩护人均不认可该项指控，提出其系“六无人员”（无组织、无纪律、无大哥、无马仔、无仪式、无行为），不是黑社会性质组织成员的辩解和辩护意见。从审理查明的案情来看，由于受香港地区有组织犯罪亚文化的影响，以陈垚东为首的黑社会性质组织在吸收、发展组织成员时一般需要举行一定的仪式，或是敬酒、敬茶，或是奉上红包。如本案骨干成员曾庆发、曾鸿辉在20世纪90年代中期开始追随陈垚东时，就分别采用了前述方式。但是，在案证据并不能证明文稳权曾向陈垚东或陈的“黑道”前辈举行过“拜大佬”仪式，也不能证明其以其他形式表达过加入意愿。因此，在认定文稳权有无领导、参加行为时，还需要结合其是否参与实施黑社会性质组织的违法犯罪活动、是否与黑社会性质组织存在相对固定的从属关系来审查分析。

法院经审理后认定了两起与文稳权有关的犯罪事实，其中第一起系黑社会性质组织实施的容留他人吸毒犯罪，第二起系文稳权个人实施的寻衅滋事犯罪。应该说，除了陈垚东曾在公交线路经营初期有过短暂投资（约半年后撤资）之外，第二起犯罪与涉案黑社会性质组织并无其他关联。但是，第一起犯罪却有所不同。陈垚东、文稳权于1999年与他人共同投资开办创世纪娱乐城。开业之初，凭借陈垚东的关系请来香港黑社会组织头面人物及娱乐明星助阵，故当地皆知该娱乐城有陈垚东的股份，无人敢来闹事。创世纪娱乐城由文稳权出面经营直至2006年，陈垚东从中分红获利。这段时间正值以陈垚东为首的黑社会性质组织扩张时期，该娱乐城的经营对于该黑社会性质组织壮大声势、扩充经济实力客观上起到了不可低估的作用。那么，是否可以因文稳权参与了该起黑社会性质组织的犯罪活动便认定其具有领导或参加行为？从相关证人及各同案被告人的供述来看，文稳权与陈垚东是相识已久的朋友关系，私交甚好。文稳权虽长期与陈垚东共同经营生意，且颇受陈垚东手下“马仔”尊重，但没有证据证明其接受某一组织成员的管理或者对某一组织成员起着领导作用，也就是说，文稳权在陈垚东黑社会性质组织内既无上级，也无下属。虽然文稳权经营创世纪娱乐城达7年之久，客观上为陈垚东黑社会性质组织的发展提供了重要的帮助、支持，但其主观上并没有为黑社会性质组织存在、发展服务的意图，除了出面经营娱乐城之外，文稳权未曾介入陈垚东黑社会性质组织的决策、指挥、协调、管理等内部事务，也未参与其他有组织的违法犯罪活动。因此，其与陈垚东的经济合作实际上只是二人相互借助、各为其利。这一点，从陈垚东与文稳权共同投资经营公交路线后因无利可图便很快撤资的事实也可看出。文稳权确曾利用陈垚东黑社会性质组织的成员为其解决纠纷，但相关同案被告人均否认自己是文稳权的下属，且有其他证据表明文稳权借助该犯罪组织势力是经过陈垚东事先默许的，其既无自行决定的行为，也无自行决定的权力。因此，文稳权与该黑社会性质组织之间并不存在相对固定的从属关系，不应认定其领导或者参加了陈垚东黑社会性质组织。

五、律师辩点

根据《刑法》第二百九十四条的规定，黑社会性质组织的成员分为组织者、领导者、积极参加者和其他参加者。被告人在组织中的地位不同，其罪名和可能被判处的刑罚就会不同。由于之前缺乏明确的标准，实践中存在将被告人的组织地位“拔高”或“降格”认定的情况。为了解决这一问题，2009 年《座谈会纪要》规定了以下内容：

一是关于积极参加者、其他参加者。“接受黑社会性质组织的领导和管理”，是认定积极参加者、其他参加者时需要审查的主观意志要素。对于那些主观上并无加入意图，因被纠集、雇佣、收买、威逼或者受蒙蔽为黑社会性质组织实施违法犯罪活动或者提供帮助、支持、服务的人员，不应以参加黑社会性质组织罪定罪处罚。另外，从实践情况看，黑社会性质组织在吸纳成员时，一般都不会举行仪式或者办理手续，这使得“参加”行为难以通过充分的证据被客观地反映出来，往往只能依据犯罪嫌疑人、被告人加入犯罪组织后所实施的具体违法犯罪活动来认定。基于以上考虑，同时也是为了贯彻落实“宽严相济”的刑事司法政策，分化瓦解犯罪分子，2009 年《座谈会纪要》要求办案时应正确适用《黑社会案件解释》第三条第二款的规定，即“对于参加黑社会性质的组织，没有实施其他违法犯罪活动的，或者受蒙蔽、威胁参加黑社会性质的组织，情节轻微的，可以不作为犯罪处理”。2009 年《座谈会纪要》从客观行为方面将积极参加者划分为三种类型：第一种是“多次积极参与黑社会性质组织违法犯罪活动的犯罪分子”。此类积极参加者不仅要求其多次积极参与实施违法犯罪活动，而且在其参与实施的违法犯罪活动中一般应起主要作用。第二种是“积极参与较严重的黑社会性质组织的犯罪活动，且作用突出的犯罪分子”。此处“较严重的黑社会性质组织的犯罪”，既包括故意杀人、故意伤害、绑架等严重暴力犯罪，也包括其他一些已造成重大财产损失或者恶劣社会影响的犯罪。第三种是“其他在黑社会性质组织中起重要作用的犯罪分子”。实践中，一些具体主管黑社会性质组织人、财、物等事项的组织成员虽然很少参与，甚至从不参与违法犯罪活动，但这些成员往往与组织头目有着某种特殊关系，相互联系密切。而且，这些成员由于直接掌控犯罪组织的“生命线”，对于组织的维系、运行、发展实际上起着非常重要的作用，理应认定为积极参加者。需要强调的是，此类积极参加者应是对犯罪组织的人、财、物等事项具有“主要管理职权”，且对犯罪组织的维系、运行、活动确实起到重要作用的成员，不能把凡是参与前述事务的组织成员均认定为积极参加者。

二是关于主观明知。定罪时，并不要求行为人确知其所参加的是黑社会性质组织。对于主观明知问题应重点把握以下两方面：第一，行为人知道或者应当知道其所参加的是由多人组成、具有一定层级结构的组织群体；第二，行为人知道或者应当知道其所参加的组织主要是从事违法犯罪活动，或者该组织虽有形式合法的生产、经营活动，但仍是以有组织地实施违法犯罪活动为基本行为方式，欺压、残害群众。应当注意的是，对于那些明知是黑社会性质组织开办的公司、企业、社团，仍受雇佣到这些单位工作的人员，只要其未参与有组织的违法犯罪活动，也不应将其认定为是黑社会性质组织的成员，要切实防止扩大打击面。

2015 年《会议纪要》规定，黑社会性质组织成员一般在 10 人以上。同时也规定了特殊情形：成员人数接近 10 人且具备严重的危害性，也可认定为黑社会性质组织。在 2015 年《会议纪要》中，对成员构成标准要求较宽，根据具体情节不作为犯罪处理的也属于组织成员。所以在成员人数这一点上，辩护时可将“不作为犯罪处理”的成员从组织中去除，从而减少组织人数，使其不满足规定的人数条件。不作为犯罪处理的成员往往参与程度较轻，共同点在于均参加了涉案组织，重点把握对“参加”的理解：一是将“参加”辩为客观结果，主观上没有加入黑社会性质组织的意愿，可排除其“参加”组织。如主观不明知、参与次数少且仅是偶然实施，主观不愿加入组织。二是将“参加”辩为形式加入，也可排除其“参加”组织。如组织未对其分配任务，其也未对组织做贡献，未受组织约束。三是分辨“参加”时间点，该点主要针对早期脱离组织的人群，虽有参加，但在组织成形之前已经脱离组织，可排除其“参加”组织。

2018 年《指导意见》对此作出了规定：（1）为该组织争夺势力范围打击竞争对手、形成强势地位、谋取经济利益、树立非法权威、扩大非法影响、寻求非法保护、增强犯罪能力等实施的；（2）按照该组织的纪律规约、组织惯例实施的;(3)组织者、领导者直接组织、策划、指挥、参与实施的;(4)由组织成员以组织名义实施,并得到组织者、领导者认可或者默许的;(5)多名组织成员为逞强争霸、插手纠纷、报复他人、替人行凶、非法敛财而共同实施,并得到组织者、领导者认可或者默许的;(6)其他应当认定为黑社会性质组织实施的。因此排除涉案组织的违法犯罪活动可归纳为三类:一是组织者、领导者对该违法犯罪活动不知情。2018年《指导意见》规定,如果成员是为壮大组织、依照组织规约惯例等“组织目标”实施违法犯罪活动,则不需组织者、领导者认可,成员所作行为均是涉案组织实施的违法犯罪活动。也就是说,组织成员为“组织目标”以外的目的实施违法犯罪活动的,如果组织者、领导者不知情,便能排除涉案组织的违法犯罪活动。二是组织者、领导者对该违法犯罪活动表示过反对。组织者、领导者对违法犯罪活动知情,但明确表示反对,也可排除涉案组织的违法犯罪活动。如组织者、领导者在事前对成员表露的违法犯罪意向直接表明反对、对成员实施的违法犯罪行为未提供任何支持并组织成员继续实施、得知成员实施违法犯罪行为后进行违反组织规定的处置等。三是组织成员所做违法犯罪活动的原因非为“组织目标”。如果组织成员是按组织本身确立的“组织目标”进行的违法犯罪活动,不需组织者、领导者同意就能算作该组织实施的行为,在此种情况下,要着重把握的是组织成员实施该违法犯罪活动的原因,如果是个人因素引发,则不是为“组织目标”进行违法犯罪活动。

律师在辩护时,审慎地结合以下两个方面来判别被告人是否有参加黑社会性质组织的行为:

第一,是否参与实施了黑社会性质组织的违法犯罪活动。黑社会性质组织区别于其他犯罪组织的本质特征,就是依靠有组织的违法犯罪活动来达到对经济、社会生活进行非法控制并进而攫取非法利益的目的。黑社会性质组织的生存离不开有组织的违法犯罪活动,而是否参与有组织的违法犯罪活动又是表明被告人与涉案黑社会性质组织之间存在关系的重要标志。因此,这一点自然是判断参加行为的重要依据。

第二,与涉案黑社会性质组织之间有无相对固定的从属关系。所谓相对固定的从属关系,是指在黑社会性质组织中组织者、领导者居于核心地位,积极参加者和其他参加者较稳定地处于被领导、被管理的地位。其中,有些人是直接听命于组织者、领导者,更多的则是在分级管理的体系内听命于其他组织成员。但不管怎样,组织成员在黑社会性质组织中均应具有相对固定的位置,如果与黑社会性质组织没有任何从属关系,如只是临时受邀或基于个人意愿参与某起犯罪,即便其参与了有组织的违法犯罪活动,也不能将其认定为是黑社会性质组织的成员。换言之,如果在黑社会性质组织中找不到可以对应的位置,就说明被告人与该犯罪组织没有从属关系;如果与黑社会性质组织的某一成员之间没有服从与被服从、管理与被管理关系,就不能认定其有参加黑社会性质组织的行为。

当前,涉黑组织的成员构成,通常还会以其他形式出现,如企业员工、同亲源的村民(居民)、非本地户籍的同乡等,他们往往基于共同生活圈子、有亲属关系或者在同一行业或关联行业的工作关系。对于这类人员,可以进一步分析以否定其成员特征:

1. 企业人员

控方认定的涉黑成员以公司为形式的组织架构,一方面,公司本来就是企业管理层的架构,上下级关系和权责分配是出于经营管理层面的需要而设置的,不存在严密的、为进行违法犯罪活动的组织分工;组织架构及工作分工以公司章程及工作制度为依托,该等制度与帮规条约截然不同,企业在近年来有人员自由出入,人员的进入是通过正规的聘用流程,人员的退出并没有被限制;企业有合法的经营范围,企业人员的工作内容符合法律规定;另一方面,其组成人员的应聘方式是否为公开社会招聘,员工进入单位的时间,主观上没有加入涉黑组织的意愿,受雇到黑社会性质组织开办的公司、企业、社团工作,未参与或者仅参与少量黑社会性质组织的违法犯罪活动,也有主观上不知或受骗而为单位提供劳动等,这类成员即使公司、单位构成黑社会性质组织,他们也不应认定为组织成员。

2. 同亲源的村民(居民)

成员之间称兄道弟是基于相互间是同一姓氏的同宗兄弟,而且当中不乏存在亲属关系的情形,在这种情况下,虽然成员相对固定,但相互间关系松散,日常的联系和聚会没有固定时间地点,或有相对固定的时间,但是基于共同爱好聚集,如侃茶打牌。成员间不存在严密的、为进行违法犯罪活动的组织分工,也无严格的帮规条约,相互独立无依附关系。有些人为了兄弟情义或者亲属关系或因抹不开情面而临时参与某个或某几个犯罪活动的,也不能认定为组织成员。

3. 非本地户籍的同乡

成员通过老乡会、聚餐等形式聚集,以共同工作生活圈为纽带。根据现有案例,同乡类型的组织往往会出现不同地域老乡之间的打斗事件。可通过分析打斗事件发生的原委论证该事件的偶发性;证明人员并不是为了争夺组织在该地区的利益及控制力而集结;虽然事件中有带头的成员,但该成员是由于个人原因才主导违法犯罪,然而其在组织中地位并不固定;参与者仅是基于面子、义气、起哄的心理参与违法犯罪活动,本来就没有抱团称霸的想法等。

对于"积极参与者"(骨干)成员的辩护,可以从以下方面进行:在组织中的地位、位置(如果一个人在"组织"中既没有上级也没有下级,就无法认定其是组织成员),具体违法犯罪事实是否成立,在具体违犯罪事实中的地位、作用,是否受到威胁、胁迫,犯罪背景、获得报酬(黑恶犯罪的成员,大多文化程度不高、年纪较轻、没有技能或者有前科背景。这种前科背景虽然显示了其主观恶性更深,但也可能由于早期的长期服刑经历使其与社会脱节,失去依靠正当途径工作生存生活的能力和技能。还有些成员有需要抚养照顾的家庭成员,为了较少的报酬参与其中)。

对于"其他参与人员"的辩护,除参照"积极参与者"的辩护要点之外,由于其他参与人员与"组织"的联系比较不紧密,作用也更轻,参与的方式、次数、程度、时间都各不相同,可从主观认识和意志、具体行为各方面详加辨别,判断是否构成"涉黑"犯罪还是十分必要的。如果证据表明有以下情况的,不能认定其构成参加黑社会性质组织罪;如果行为构成其他具体犯罪的,应当以其他具体犯罪定罪量刑,而不是与参加黑社会性质组织罪数罪并罚:一是认识要素方面是否认识到是“涉黑”组织。二是意志要素方面是否自愿接受组织、领导或骨干力量的领导,有无受欺骗、蒙蔽、胁迫参与违法犯罪活动。三是参与具体违法犯罪行为的次数少、情节轻。如果认识到是违法犯罪活动 组织或团伙,也表达了加入意愿,但没有实施具体违法犯罪行为的,不能轻易认定其构成参加黑社会性质组织罪,否则就是主观归罪。四是是否雇佣或利用黑恶势力为自己解决矛盾或经营行为扫除障碍。同单位犯罪的认定标准类似,没有反映和贯彻组织意志、追求组织利益包括经济利益和非法影响力,不能视为组织行为。依组织惯例实施的行为,或者组织者、领导者没有明确禁止、没有以任何方式表达过反对,客观上为壮大组织“威望”起到作用的行为,视同组织行为。五是是否属于情节显著轻微。比如,受雇佣从事劳务工作或辅助工作。仅参与做饭、清扫等纯粹劳务性工作,获取少量报酬的,不宜认定为本罪。再如,在具体违法犯罪行为中作用较小的,如临时被纠集参加某次违法犯罪行为的。2015 年《会议纪要》规定:因临时被纠集、被雇佣参加黑社会性质组织的某次犯罪的,或者雇佣黑社会为自己服务的,不能认定参加黑社会性质组织犯罪。2018 年《指导意见》删除了这部分内容,扩大了涉黑犯罪的打击范围,但仍然要善于运用 2015 年《会议纪要》的解释精神,对那种“一把一结”的,不接受管理、领导的,不能认定是“参加黑社会性质的组织”;要同那种与黑社会性质组织长期、稳定合作的结合形式区别开。

黑社会性质组织中骨干成员的认定

——朱光辉等人组织、领导、参加黑社会性质组织案①

一、基本案情

2000年年初,被告人朱光辉刑满释放后,预谋通过对武汉市硚口区宗关客运站运营车辆收取"保护费"的形式达到非法敛财的目的。为此,朱光辉先后纠集被告人易三云及"红强""在在"(前述二人均另案处理)等人以驱赶黑车、协调发班、维持秩序为由对宗关客运站的个体营运车辆多次敲诈勒索。2005年年底至2006年年初,宗关客运站与水厂客运站合并后搬迁至水厂客运站,各营运线路车主陆续成立了联营体。朱光辉随即大肆招揽劳改释放人员和社会闲散人员,将被告人朱文力、朱宏、郑秦缘、陈才、余志雄、江国亮、许还爽、陈家福、管后贤、刘超、易修、彭兴元、林菲及陶家鸣、周天、王前进、万威、殷创露、"郭胖子""付麻子""大雄雄"(前述八人均另案处理)等人网罗进组织扩充组织规模。自2006年以来,朱光辉带领朱文力、易三云、朱宏等人以收线路牌、抢车钥匙、扎汽车轮胎、"撞猴子"、暴力、威胁、恐吓等方式向各联营体收取"保护费"。

至此该团伙已发展成为以朱光辉为首,以朱文力、易三云、朱宏、刘超、陈家福为骨干,以管后贤、余志雄、许还爽、林菲、郑秦缘、江国亮、彭兴元、陈才、易修、陶家鸣、周天、殷创露、王前进、"郭胖子""大雄雄"等为成员的人数达20余人的犯罪组织。2011年5月,朱光辉为进一步扩张其势力范围,达到非法敛财目的,又指使朱宏、余志雄、江国亮等人,利用其淫威控制雪花啤

---

① 参见最高人民法院刑事审判第一、二、三、四、五庭:《刑事审判参考》(总第107集)案例第1153号。

酒销售商在武汉市硚口区水厂一带的经营销售，同时收取“保护费”。2011年7月，朱光辉还指使刘超、林菲、陶家鸣、殷创露等人，控制武汉市康之福消毒餐具有限公司在武汉市硚口区水厂一带的胖胖大酒楼、吟诗酒楼、草根生活、香辣虾酒楼、可可酒楼、潮兴粥府6家餐馆一次性消毒餐具的使用并收取“保护费”。2012年6月，朱文力等人为了控制武汉市硚口区水厂一带的游戏机室的经营，对该地区的游戏机经营者进行骚扰和敲诈。朱光辉对其组织成员采取恩威并施的管理手段，通过日常管理和有组织实施一系列违法犯罪活动，逐步形成了一套约定俗成和普遍认同的组织纪律，并以组织成员集中就餐、固定发放工资、节日派发红包、坐牢安抚、实施违法犯罪活动给予奖励等方式对该组织成员予以拉拢、控制。

在该犯罪组织中，朱光辉是组织成员公认的组织者、领导者。为了便于管理控制其手下，朱光辉将自己租住的武汉市硚口区汉西北路67附6荣冠花园A座2单元404室作为其“地下公司”，在此对其手下成员进行统一管理、指挥并发号施令。其中，朱宏负责对水厂客运站的部分线路及水厂地区一带餐馆的啤酒供应商收取“保护费”；易三云、朱文力负责对水厂客运站大部分线路收取“保护费”；刘超负责对水厂地区一带餐馆消毒餐具供应商收取“保护费”；陈家福负责该组织的后勤保障。他们按照朱光辉的安排各负其责，并分别带领余志雄、郑秦缘、陈才、江国亮、彭兴元、林菲、许还爽、管后贤、易修及陶家鸣等人实施违法犯罪活动。

该犯罪组织在朱光辉的组织、领导下，以暴力手段为依托，通过有组织地实施一系列违法犯罪活动，非法收取硚口区水厂客运站个体营运车主及周边一次性餐具、啤酒供应的“保护费”，截至案发时，非法聚敛钱财达人民币260余万元。同时，为支撑组织运转，进一步增强其犯罪实力，朱光辉花钱购买了大量枪支、砍刀、棍棒、弓弩等作案工具；为拉拢和收买人心，朱光辉向其手下提供伙食，每月发放工资，过年、过节聚餐派发红包，组织成员因为组织利益被判刑，朱光辉多次到羁押场所探视等，此类支出已达人民币190余万元。

2005年以来，该犯罪组织在朱光辉的指使下，通过有组织实施的故意伤害、寻衅滋事、非法拘禁、敲诈勒索、绑架等违法犯罪活动，致1人死亡、3人轻伤、6人轻微伤，涉案枪支4支。该犯罪组织通过实施一系列违法犯罪活动，在武汉市硚口区水厂路一带称霸一方，对水厂客运站的个体长途车辆营运线路及周边的餐饮相关行业（啤酒、消毒餐具供应）形成非法控制，严重破坏了当地的经济、社会生活秩序。特别是在对水厂客运站各线路联营体、车主的敲诈过程中，朱光辉等人一方面以暴力、威胁、恐吓为手段；另一方面以驱赶站外“黑车”、协调发班、维持秩序等为由，霸占客运站的办公室作为其团伙的“办公室”，公开收取“保护费”，其行为非法取代了客运站、运管、交管等相关单位、部门的管理职能，对客运行业形成了非法控制。2007年4月，朱光辉为进一步树立自己的淫威，还组织多人堵截应山线路的客车，造成该线路停运，引起了武汉市主流媒体《楚天都市报》以及北京《法制与社会》杂志的关注，并以“汉口至广水的客车七天内五次遭拦停”为题进行了报道，社会影响极其恶劣。

二、法院判决

被告人朱光辉纠集、网罗被告人易三云、朱文力、陈家福、朱宏、刘超、余志雄、陈才、管后贤、许还爽、江国亮、郑秦缘、林菲、彭兴元、易修等人，形成较为稳定的犯罪组织，人数众多，有明确的组织者、领导者，骨干成员基本固定；通过有组织地实施违法犯罪活动获取经济利益，以支持该组织的活动；通过暴力、威胁等手段，有组织地多次进行违法犯罪活动，为非作恶，欺压、残害群众；通过有组织地实施犯罪活动，逐步对武汉市硚口区水厂客运站营运车主以及周边餐饮、啤酒行业形成非法控制和重大影响，严重破坏当地经济、社会生活秩序。朱光辉犯罪组织符合《刑法》第二百九十四条规定的黑社会性质组织的四个特征，依法应当认定为黑社会性质组织。

被告人朱光辉组织、领导黑社会性质组织，系组织者、领导者；直接参与并组织、指挥组织成员等人实施故意伤害1起，致1人死亡、1人轻伤，情节恶劣，后果严重；直接参与或指使组织成员任意损毁财物，持械随意殴打他人3起，致2人轻伤，6人轻微伤，情节恶劣；直接参与并指使组织成员敲诈勒索他人财物13起，数额260余万元，犯罪数额特别巨大；指使组织成员以勒索财物为目的绑架他人1起，索取赎金9000元，情节较轻；违反枪支管理规定，非法持有枪支3支，情节严重。其行为分别构成组织、领导黑社会性质组织罪，故意伤害罪，寻衅滋事罪，绑架罪，敲诈勒索罪，非法持有枪支罪。被告人朱光辉系黑社会性质组织的首要分子，依法应当按照该组织所犯的全部罪行处罚；被告人朱光辉在敲诈勒索、寻衅滋事共同犯罪中均起主要作用，系主犯，依法应当按照其参与的或者组织、指挥的全部犯罪处罚；被告人朱光辉曾因故意犯罪被判处有期徒刑，刑满释放后5年内再犯应当判处有期徒刑以上刑罚之罪，系累犯，依法应当从重处罚；被告人朱光辉一人犯数罪，依法应当数罪并罚……被告人朱文力积极参加黑社会性质组织，系骨干成员；邀约并指使他人持械故意伤害1起，致1人死亡，1人轻伤，情节恶劣，后果严重；伙同组织成员敲诈勒索他人财物1起，数额24万余元，犯罪数额巨大；其行为分别构成参加黑社会性质组织罪、敲诈勒索罪。被告人朱文力在敲诈勒索共同犯罪中起主要作用，系主犯，依法应当按照其参与的或者组织、指挥的全部犯罪处罚；被告人朱文力在宣判前一人犯数罪，依法应当数罪并罚。被告人易三云积极参加黑社会性质组织，系骨干成员；伙同组织成员持械随意殴打他人2起，致1人轻伤，3人轻微伤，情节恶劣；伙同组织成员敲诈勒索他人财物8起，数额164万余元，犯罪数额特别巨大，其行为分别构成参加黑社会性质组织罪、寻衅滋事罪、敲诈勒索罪。被告人易三云在敲诈勒索共同犯罪中起主要作用，系主犯，依法应当按照其参与或组织、指挥的全部犯罪处罚。被告人易三云一人犯数罪，依法应当数罪并罚……被告人朱宏积极参加黑社会性质组织，系骨干成员；伙同组织成员敲诈勒索他人财物5起，数额39万余元，犯罪数额巨大。其行为分别构成参加黑社会性质组织罪、敲诈勒索罪。被告人朱宏在敲诈勒索犯罪中起主要作用，系主犯，依法应当按照其参与的或者组织、指挥的全部犯罪处罚。被告人朱宏一人犯数罪，依法应当数罪并罚。被告人刘超积极参加黑社会性质组织，系骨干成员，伙同组织成员持械任意损毁他人财物，随意殴打他人1起，致1人轻伤，情节恶劣，造成财产损失5万余元，情节严重；伙同组织成员敲诈勒索他人财物1起，数额10万元，犯罪数额巨大。其行为分别构成参加黑社会性质组织罪、寻衅滋事罪、敲诈勒索罪。被告人刘超在敲诈勒索共同犯罪中起主要作用，系主犯，依法应当按照其参与的或者组织、指挥的全部犯罪处罚。被告人刘超一人犯数罪，依法应当数罪并罚。被告人陈家福积极参加黑社会性质组织，系骨干成员；伙同组织成员持械任意损毁他人财物，随意殴打他人1起，致1人轻伤，情节恶劣，造成财产损失5万余元，情节严重；以勒索财物为目的绑架他人1起，索取赎金9000元，情节较轻；违反枪支管理规定，非法持有枪支1支。其行为分别构成参加黑社会性质组织罪、寻衅滋事罪、绑架罪、非法持有枪支罪。被告人陈家福在绑架共同犯罪中起主要作用，系主犯，应当按照其参与的或者组织、指挥的全部犯罪处罚。被告人陈家福案发后自动投案并如实供述犯罪事实，是自首，依法可以从轻处罚。被告人陈家福一人犯数罪，依法应当数罪并罚。

依照《中华人民共和国刑法》第二百九十四条一款、第五款，第二百九十三条第一款第一项、第三项，第二百三十四条第二款，第二百七十四条，第二百三十九条第一款，第一百二十八条第一款，第二十五条第一款，第二十六条，第二十七条，第四十八条第一款，第五十五条第一款，第五十六条第一款，第六十七条第一款，第六十五条第一款，第六十九条，第六十四条，第三十六条；《最高人民法院关于审理非法制造、买卖、运输枪支、弹药、爆炸物等刑事案件具体应用法律若干问题的解释》第五条第一款第二项、第二款第二项；《最高人民法院关于审理刑事附带民事诉讼范围的规定》第一条、第四条的规定，判决如下：

1. 被告人朱光辉犯组织、领导黑社会性质组织罪判处有徒刑十年，剥夺政治权利一年，并处没收个人财产人民币十万元；犯故意伤害罪判处死刑，缓期二年执行，剥夺政治权利终身；犯寻衅滋事罪判处有期徒刑五年六个月，并处罚金人民币三万元；犯敲诈勒索罪判处有期徒刑十三年，剥夺政治权利二年，并处罚金人民币十三万元；犯绑架罪判处有期徒刑六年，并处罚金人民币四万元；犯非法持有枪支罪判处有期徒刑五年。决定执行死刑，缓期二年执行，剥夺政治权利终身，并处没收个人财产人民币十万元，罚金人民币二十万元。

2. 被告人朱文力犯参加黑社会性质组织罪判处有期徒刑五年，并处罚金人民币五万元；犯故意伤害罪判处有期徒刑十三年，剥夺政治权利二年；犯敲诈勒索罪判处有期徒刑六年，并处罚金人民币六万元。决定执行有期徒刑十七年，剥夺政治权利二年，并处罚金人民币十一万元。

3. 被告人易三云犯参加黑社会性质组织罪判处有期徒刑五年，并处罚金人民币五万元；犯寻衅滋事罪判处有期徒刑二年；犯敲诈勒索罪判处有期徒刑十年，并处罚金人民币十万元。决定执行有期徒刑十二年，并处罚金人民币十五万元。

黑社会性质组织应当具备“形成较稳定的犯罪组织，人数较多，有明确的组织者、领导者，骨干成员基本固定”的组织特征。其中“骨干成员”所指为何并无明确规定，导致司法实践中在这个问题上出现了一定混乱。在有些黑社会性质组织犯罪案件的裁判文书中可以看到，“骨干成员”一词要么被回避，要么与积极参加者混为一谈、互相替代。不仅社会公众不明其意，许多办案法官也说不清“骨干成员”与法定的三类组织成员有何区别、是何关系。

三、律师观点

本案中的核心争议点在于应如何认定黑社会性质组织成员中的“骨干成员”？

“骨干成员”一词最早出现于 2000 年 12 月出台的《黑社会案件解释》。该解释规定，“黑社会性质的组织”一般应具备以下组织特征：组织结构比较紧密，人数较多，有比较明确的组织者、领导者，骨干成员基本固定，有较为严格的组织纪律。2002 年出台的《刑法第二百九十四条第一款的解释》虽对组织特征的认定标准作出调整，但关于“骨干成员基本固定”的要求并未改变，即“形成较稳定的犯罪组织，人数较多，有明确的组织者、领导者，骨干成员基本固定”。之后，该规定又被《刑法修正案（八）》吸收，并沿用至今。根据这一界定，在认定“骨干成员”时应分以下三个层次来把握：

第一,骨干成员是积极参加者中的一部分,应当满足积极参加者的认定条件。2009 年《座谈会纪要》已经从主客观两方面明确了积极参加者的认定标准。主观方面是指"明知而接受黑社会性质组织的领导和管理"。客观方面需要符合三种情形:第一种是"多次积极参与黑社会性质组织违法犯罪活动的犯罪分子"。此类积极参加者不仅要求其多次积极参与实施违法犯罪活动,而且在其参与实施的违法犯罪活动中一般应起主要作用。第二种是"积极参与较严重的黑社会性质组织的犯罪活动,且作用突出的犯罪分子"。此处"较严重的黑社会性质组织的犯罪",既包括故意杀人、故意伤害、绑架等严重暴力犯罪,也包括其他一些已造成重大财产损失或者恶劣社会影响的犯罪。第三种是"其他在黑社会性质组织中起重要作用的犯罪分子"。实践中,一些具体主管黑社会性质组织人、财、物等事项的组织成员虽然很少参与,甚至从不参与违法犯罪活动,但这些成员往往与组织头目有着某种特殊关系,相互联系密切。而且,这些成员由于直接掌控着犯罪组织的"生命线",对于组织的维系、运行、发展实际上起着非常重要的作用,理应认定为积极参加者。需要强调的是,此类积极参加者应是对犯罪组织的人、财、物等事项具有"主要管理职权",且对犯罪组织的维系、运行、活动确实起到重要作用的成员,不能把凡是参与前述事务的组织成员均认定为积极参加者。对于"骨干成员"应当首先根据上述规定进行初步判断,不符合积极参加者认定条件的应直接被排除在外。

第二,"骨干成员"应当是直接听命于组织者、领导者的积极参加者。当时在全国人大法工委工作的黄太云同志在解读《刑法第二百九十四条第一款的解释》时指出,"骨干成员,通常是指从组织者、领导者那里受领任务又指挥和积极参与实施具体的犯罪活动的人",这一解读清晰地传达出了立法本意。《刑法》第二百九十四条第一款中对组织者、领导者、积极参加者、一般参加者(其他参加者)分别设置了不同的法定刑。实践中将骨干成员、积极参加者互相替代使用的情况时有出现。骨干成员只是积极参加者中较为核心的一部分,直接听命于组织者、领导者。因为骨干成员与积极参加者属于包含与被包含的关系,积极参加者包含骨干成员。而《刑法》第二百九十四条设定不同量刑标准时,并没有单独规定骨干成员的量刑标准,只有对于组织、领导者、积极参加者和其他参加者的量刑表述。在司法实践中,因为骨干成员的作用往往会和领导者的角色相互混淆,有些“小弟”往往也将骨干成员误认为是领导者,因此在量刑上辩护人要做的就是不要让骨干成员变成了黑社会性质组织的组织者或者领导者。在辩护时应当紧紧把握“直接听命于组织者、领导者”这一限定条件,将一般的积极参加者从“骨干成员”中剔除出去。

第三,“骨干成员”在黑社会性质组织中所起的作用应当大于一般的积极参加者。在认定“骨干成员”时,仅仅具备“直接听命于组织者、领导者”这一条件还是不够的。既然是“骨干”,所起的作用自然是要比一般的积极参加者更大。只有是“多次指挥或积极参与实施有组织的违法犯罪活动或者其他长时间在犯罪组织中起重要作用”的积极参加者,才能被认定为“骨干成员”。也就是说,只要未达到“多次”,即便“积极参与实施较严重的黑社会性质组织的犯罪活动,且作用突出”,也不能认定。同理,只要未达到“长时间”,即便是对黑社会性质组织的人、财、物等重要事项具有主要管理职权,亦不能认定。

本案中,被告人朱光辉不仅是涉案犯罪组织的发起者,也是组织中公认的最高领导者,全体组织成员均以朱光辉为“带头大哥”,不仅在实施违法犯罪活动时听其号令,而且不管“保护费”是谁负责收取,都必须全部交给朱光辉管理,之后再由其为组织成员统一发放“工资”、提供物质支持。因此,朱光辉显然系黑社会性质组织的组织者、领导者。本案认定的骨干成员共有5人,分别是朱文力、易三云、朱宏、刘超和陈家福,他们当中加入涉案黑社会性质组织时间最短的,也已在组织中发展了一年以上,还有些则是从组织创建之初便已跟随朱光辉。从这5人加入组织后所指挥或积极参与实施的违法犯罪活动来看,易三云、朱宏、陈家福均是“多次指挥或积极参与实施有组织的违法犯罪活动”,朱文力、刘超虽未达到“多次”,但二人均加入组织多年,且与易三云、朱宏、陈家福一样,都是在朱光辉的直接领导和管理下,分别负责一部分“组织事务”,并各自带领和管理一伙“小弟”,在组织中发挥着承上启下的重要作用。其中，朱宏负责对水厂客运站的部分线路及水厂地区一带餐馆的啤酒供应商收取“保护费”，易三云、朱文力负责对水厂客运站大部分线路收取“保护费”，刘超负责对水厂地区一带餐馆消毒餐具供应商收取“保护费”，陈家福主要负责该组织的后勤保障。因此，上述5人不仅符合2009年《座谈会纪要》关于积极参加者的规定，也符合2015年《会议纪要》关于骨干成员的规定，一、二审法院认定上述5人为骨干成员是正确的。

如何认定黑社会性质组织的形成时间

——史锦钟等人组织、领导、参加黑社会性质组织案①

一、基本案情

被告人史锦钟，男，1979年3月25日出生。2007年10月9日因犯故意伤害罪被判处有期徒刑二年，2008年8月23日刑满释放。2012年4月13日因本案被逮捕。

……（其他被告人基本情况略）

江西省吉安市人民检察院以被告人史锦钟、尹忠华、龙武、刘晓武、龚鹏、沈卫、尹卫民、尹友朵、刘海清、高远宇、张江华、皮文林、刘峰、李泽明、刘东东、雷作、周江维、吕金伟、廖红旗分别犯组织、领导、参加黑社会性质组织罪，故意伤害罪，以危险方法危害公共安全罪，开设赌场罪，赌博罪，非法持有枪支罪，非法拘禁罪，强迫交易罪，窝藏罪，向吉安市中级人民法院提起公诉。

史锦钟及其辩护人提出：史锦钟的行为不构成组织、领导黑社会性质组织罪。

吉安市中级人民法院经公开审理查明：

（一）组织、领导、参加黑社会性质组织的事实

被告人史锦钟原为江西省永新县恶势力团伙头目刘文广的手下。2004年10月，史锦钟伙同沈卫等人持枪伤害在永新县有名的恶势力头目夏永东，迫使夏永东离开永新县。因此事件，史锦钟名声大震，并先后网罗社会闲散

---

① 参见最高人民法院刑事审判第一、二、三、四、五庭：《刑事审判参考》（总第107集）案例第1154号。

人员沈卫、尹卫民、高远宇、刘海清、张江华、黄建军、尹忠华、尹友朵等人听其差遣。2006年刘文广死后，该恶势力团伙演变为分别以史锦钟为首和以姜小伟为首的两个犯罪组织，相互之间因争霸立势而产生矛盾，互有摩擦。2006年6月，史锦钟为打压姜小伟一方，指使沈卫、刘海清等成员携带枪支、刀具在永新县高桥楼镇将姜小伟手下成员龙海涛等人打伤。为此，史锦钟手下的大部分成员入狱服刑，史锦钟也于2007年10月在浙江省宁波市因犯故意伤害罪被判刑入狱。2008年8月，史锦钟出狱后，继续网罗先前的组织成员，又发展了刘晓武、龙武、龚鹏、尹忠华等骨干成员。该组织通过暴力、威胁或其他手段，实施了大量的有组织犯罪活动，形成了一个以永新县城为主要活动区域，以史锦钟为组织者、领导者，以尹忠华、龙武、刘晓武、龚鹏、沈卫、尹卫民、尹友朵、刘海清、高远宇为积极参加者，张江华、皮文林、刘峰、李泽明、刘东东、雷作、周江维、吕金伟、廖红旗、黄建军（另案处理）、尹志权（另案处理）为一般参与者，组织严密、层级清晰、结构稳定的黑社会性质组织。

该犯罪组织先后在江西省永新县、吉安市，利用组织的恶名和强势地位，有组织地通过暴力、威胁等手段，开设赌场、经营客运班线、插手工程，以获取非法利益。其中，仅在永新县、吉安市开设赌场便获利300余万元，还通过入股永新至安福等客运班线和强行夺取永新县站前西路工程获取利益。该组织在聚敛财富的同时，还通过利益纽带维系组织的生存、发展和壮大。一方面，该组织平时作案所用经费、购置作案工具（砍刀、枪支）、车辆的费用，组织成员作案后用于逃匿、摆平关系的费用，交纳取保候审保证金、支付赔偿金等费用均由组织统一支付，总计支出20余万元。另一方面，史锦钟通过强迫转让方式获取站前西路工程后，安排骨干成员刘晓武担任项目经理，负责工程日常建设等事宜；还将班线中的股权分配给刘晓武、龙武、尹卫民、刘峰等人，形成利益共同体；并通过给沈卫、雷作、龚鹏等人发工资、发红包、食宿全包等方式笼络组织成员。

该犯罪组织为了排除异己、聚敛钱财，使用暴力、威胁和其他手段，或者利用组织的强势地位，大肆实施有组织的违法犯罪活动。其中，故意伤害案

7起，共造成1人死亡，1人重伤，7人轻伤；以危险方法危害公共安全案1起，造成1人重伤，2人轻伤；开设赌场案2起；赌博案2起；非法持有枪支案4起；非法拘禁案1起；强迫交易案2起；窝藏案1起，另外，该组织还有数起寻衅滋事等违法行为。史锦钟利用该组织的势力和影响，指使或纵容组织成员寻衅滋事、冲击赌场、逼取赌债，以达到让赌客到该组织开设的赌场进行赌博的目的；使用暴力、威胁或其他手段插手工程建设，纵容组织成员插手茶麸生意，意图垄断永新县茶麸收购市场；利用组织恶名或强势地位，充当打手，随意插手他人纠纷，在永新县称霸一方，极大地破坏了当地的经济秩序和社会生活秩序，严重危害群众生命财产安全。

（二）故意伤害的事实

1. 被告人史锦钟与姜小伟素有积怨。自2006年起，分别以两人为首的犯罪组织之间多有矛盾。为打压对方，提高自己威望，史锦钟多次纠集组织成员殴打姜小伟。2011年，史锦钟以刘文飞拖欠其赌债不还为由，多次安排组织成员刘晓武、龚鹏、尹忠华等人找刘索要赌债。刘文飞因与姜小伟系亲戚，便找到姜出面帮忙。史锦钟认为是姜小伟从中作梗，多次扬言若姜小伟插手此事，就先将其“搞掉”。随后，史锦钟多次指使组织成员龙武、皮文林等人殴打姜小伟直至最终将其伤害致死。具体事实如下：

2011年3月的一天，史锦钟在永新县城开心100宾馆安排皮文林（已判刑）去打姜小伟，并给皮文林一把猎枪和一把仿制手枪，还安排吕金伟协同实施，吕金伟带廖红旗从安福县赶至永新县与皮文林会合。3月15日，皮文林和吕金伟持枪、廖红旗持刀蹲守在永新县才丰乡姜小伟女朋友家附近伺机作案。待姜小伟出门后，皮文林、吕金伟先后开枪，由于吕金伟所持枪支未击发，姜小伟随即躲避。皮文林追上后又朝姜小伟连开两枪，击中姜小伟腿部，该伤情经鉴定为轻伤乙级。

2011年10月的一天，史锦钟在永新县城开心100宾馆安排龙武去打姜小伟，并交给龙武一把仿六四手枪。龙武与李泽明、刘东东下楼准备去打姜小伟时，因姜已开车离去而未实施。此后，史锦钟多次交代龙武一定要打到姜小伟。

2011年11月6日,龙武听从史锦钟指示,安排李泽明、刘东东(二人均已判刑)去打姜小伟。龙武带李、刘二人指认姜小伟后,把史锦钟给的仿制手枪交给李泽明,并购置了两把不锈钢菜刀交给李、刘二人。随后龙武躲在永新县城茗园街一灯具店附近负责接应,李泽明先持枪朝站在店门口的被害人贺珂开枪(枪未击发),后李、刘二人分别持刀将贺珂砍伤。李、刘二人事后才得知,误将贺珂当作姜小伟砍伤。作案后,史锦钟安排龙武等人到自己位于吉安市青原区的出租房内躲避。经鉴定,被害人贺珂的伤势为轻伤甲级。

2012年1月,史锦钟多次指示龙武要在过年前打到姜小伟。1月17日下午,龙武在永新县城茗园街发现姜小伟的行踪后,随即赶到史锦钟的哥哥史锦明家中纠集尹友朵、龚鹏去砍姜小伟。龚鹏找来3把菜刀,后3人驾驶一辆小轿车前往茗园街寻找姜小伟。在“日丰管业”店门口发现姜小伟后,龙武先持刀砍向姜小伟腿部,姜随即往店内躲避,龚鹏、尹友朵、龙武3人持刀朝姜小伟头部、背部、手臂、腿部等处乱砍。见姜小伟被砍倒在地,3人驾车逃离。龙武向史锦钟报告已经砍到姜小伟,史锦钟便要3人先返回史家,然后交给龙武2000元,并先后安排刘晓武、尹忠华等人帮助3人逃匿。被害人姜小伟经医院抢救无效死亡。经鉴定,姜小伟系失血性休克死亡。

2. 被害人夏永东曾打过被告人史锦钟。2004年,夏永东因琐事在史锦钟经营的发廊里打了一个人,史锦钟要求夏永东赔偿未果,便决意报复。2004年10月10日晚,史锦钟纠集被告人沈卫和“小飞”“飞侠”(二人均另案处理),四人持两把仿六四手枪、一把猎枪、一把砍刀,在永新县城品牌街开枪击伤夏永东。经鉴定,夏永东的伤势为轻伤乙级。

3. 2006年6月,被告人史锦钟组织成员被姜小伟手下打伤。6月29日,史锦钟邀集沈卫、尹卫民、高远宇、刘海清(均已判刑)等骨干成员商议报复。在发现被害人龙海涛等人行踪后,尹卫民带上一支六连发转盘枪,纠集尹忠华、尹友朵、贺小云(均已判刑)驾车跟踪,沈卫驾车纠集黄建军(已判刑)等人、刘海清驾车纠集吴小园(已判刑)等人、高远宇驾车纠集尹志权(已判刑)等人均朝高桥楼方向追去。在永新县高桥楼派出所地段,尹卫民等人驾车合围被害人黄小康、龙海涛等人驾驶的车辆，尹卫民下车持枪威胁黄小康等人，尹忠华、贺小云分别持马刀、锁具砍砸被害人驾驶汽车的玻璃，黄建军、尹志权、龙风荣（已判刑）持刀将被害人砍伤。经鉴定，被害人黄小康、龙海涛、刘路平为轻伤甲级，田志强为轻伤乙级。经鉴定，尹卫民所持枪支具有杀伤力。

……（其他故意伤害事实，开设赌场、赌博、非法持有枪支、非法拘禁、强迫交易、窝藏事实以及其他违法事实略）

二、法院判决

吉安市中级人民法院经审理认为，被告人史锦钟的行为已构成组织、领导黑社会性质组织罪、故意伤害罪、以危险方法危害公共安全罪，开设赌场罪、赌博罪、非法持有枪支罪、非法拘禁罪、强迫交易罪，依法应数罪并罚。史锦钟在黑社会性质组织中起组织、领导作用，系首要分子。其在刑罚执行完毕后五年以内再犯应当判处有期徒刑以上刑罚之罪，系累犯，应当从重处罚……依照《中华人民共和国刑法》第二百九十四条第一款、第五款，第二百三十四条，第一百一十五条第一款，第三百零三条，第一百二十八条第一款，第二百三十八条第一款，第二百二十六条，第三百一十条第一款，第二十五条第一款，第二十六条第一款、第三款，第四十八条第一款，第五十二条，第五十六条第一款，第五十七条第一款，第六十五条第一款，第六十七条第一款、第三款，第六十八条，第六十九条，第七十条，第三十六条第一款的规定，判决如下：

被告人史锦钟犯组织、领导黑社会性质组织罪，判处有期徒刑九年，并处没收财产人民币五万元；犯故意伤害罪，判处死刑，缓期二年执行，剥夺政治权利终身；犯以危险方法危害公共安全罪，判处有期徒刑十年；犯开设赌场罪，判处有期徒刑三年，并处罚金人民币三万元；犯赌博罪，判处有期徒刑二年，并处罚金人民币二万元；犯非法持有枪支罪，判处有期徒刑四年；犯非法拘禁罪，判处有期徒刑二年；犯强迫交易罪，判处有期徒刑二年，并处罚金人民币一万元。决定执行死刑，缓期二年执行，剥夺政治权利终身，并处没收财产人民币五万元,罚金人民币六万元。

……(其他被告人判决情况略)

一审宣判后,吉安市人民检察院以被告人史锦钟到案后无悔罪表现,一审法院判处史锦钟死缓,属于适用法律不当,导致量刑畸轻,应当判处死刑为由提出抗诉。

被告人史锦钟、尹忠华、龙武、尹友朵、龚鹏、刘晓武、沈卫、尹卫民、刘海清以其行为不构成组织、领导、参加黑社会性质组织罪分别提出上诉。

江西省高级人民法院经审理后认定,2004 年 10 月 10 日晚,被告人史锦钟伙同他人故意伤害夏永东一案不属于黑社会性质组织所实施的犯罪,系史锦钟等人实施的个人犯罪。

江西省高级人民法院经审理认为,上诉人史锦钟的行为已构成组织、领导黑社会性质组织罪、故意伤害罪、以危险方法危害公共安全罪、开设赌场罪、赌博罪、非法持有枪支罪、非法拘禁罪、强迫交易罪,依法应数罪并罚。史锦钟在黑社会性质组织中起组织、领导作用,系首要分子其在刑罚执行完毕后五年以内再犯应当判处有期徒刑以上刑罚之罪,系累犯,应当从重处罚。考虑到史锦钟有一定的认罪悔罪表现,对其可酌情从轻处罚,对其所犯故意伤害罪可判处死刑,但不必立即执行。同时考虑史锦钟系黑社会性质组织的组织者、领导者,人身危险性极大,对其应限制减刑。对江西省人民检察院支持抗诉意见书和出庭意见中关于一审对史锦钟判处死缓,量刑畸轻,应当判处死刑立即执行的意见不予采纳……依照《中华人民共和国刑事诉讼法》第二百二十五第一款第一项、第二项,第二百二十六条第二款,第二百三十七条和《中华人民共和国刑法》第二百九十四条第一款、第四款、第五款,第二百三十四条,第一百一十五条第一款,第三百零三条,第一百二十八条第一款,第二百三十八条第一款,第二百二十六条,第三百一十条,第二十五条第一款,第二十六条第一款、第三款、第四款,第四十八条第一款,第五十条第二款,第五十二条,第五十六条第一款,第五十七条第一款,第六十五条第一款,第六十七条第一款、第三款,第六十八条,第六十九条,第七十条之规定,判决如下:

1. 维持一审判决对上诉人史锦钟的定罪量刑。

2. 对上诉人史锦钟限制减刑。

……(其他上诉人、原审被告人的定罪处刑情况略)

三、裁判理由

黑社会性质组织的形成有无明确的时间节点?如果无法判断时间节点,那么,黑社会性质组织成员在较早之前实施的违法犯罪行为,能否认定为组织的违法犯罪行为?对于该问题司法实践中有不同的认识。具体到本案,发生在2004年的史锦钟纠集沈卫故意伤害夏永东的犯罪行为能否认定为黑社会性质组织的犯罪行为?该问题需要通过明确黑社会性质组织形成的时间节点才能解决。

黑社会性质组织一般都会有一个从产生、发展到逐步壮大的过程。随着组织的发展演变和犯罪行为的积累,其组织特征、经济特征、行为特征和非法控制特征逐渐形成、完备。严格来说,前述四个特征都具备了,才可称为黑社会性质组织,但正如2009年《座谈会纪要》所指出的,普通犯罪集团、恶势力团伙向黑社会性质组织发展是一个渐进的过程,没有明显的性质转变的节点,审判中也难以判明四个特征何时均已具备,认定标准无法统一。2015年《会议纪要》规定:“黑社会性质组织存续的起点,可以根据涉案犯罪组织举行成立仪式或者进行类似活动的时间来认定。没有前述活动的,可以根据足以反映其初步形成核心利益或者强势地位的重大事件发布时间进行审查判断。没有明显标志性事件的,也可以根据涉案犯罪组织为维护、扩大组织势力、实力、影响、经济基础或者按照组织惯例、纪律、活动规约而首次实施有组织的犯罪活动的时间进行审查判断。”该规定不仅体现了在审判实践中认定黑社会性质组织形成时间的必要性、重要性,同时也确定了可供操作的具体标准,对于准确适用法律,切实做到罚当其罪,维护公平正义有重要意义。

从司法实践情况来看,尽管举行成立仪式也并不意味着黑社会性质组织的四个特征都已具备,但由于此类活动往往带有明确组织层级、结构、宗旨、目标的性质,故将举行成立仪式作为黑社会性质组织形成时间的起点很少会引起争议。不过,由于黑社会性质组织的成熟程度、严密程度毕竟不同于典型的黑社会组织,通过举行专门仪式来宣告成立的为数很少,故仅此一个判断标准尚不足以应对实践中各类复杂情况。审判时可以发现,有相当多的黑社会性质组织在发展过程中,都存在对其树立非法权威、争夺势力范围、获取稳定经济来源具有重要意义的违法犯罪活动或其他重大事件。这些违法犯罪活动或重大事件的具体情形和后果不尽相同:有的是击垮主要竞争对手、有的是抢得重要资源、还有的是制造重大社会影响并极大提升了犯罪组织的知名度。但其相同之处在于,它们都会对黑社会性质组织的发展、升级产生显著的推动或催化作用。将这些违法犯罪活动或重大事件作为黑社会性质组织的形成起点,不仅易于判断,而且也符合黑社会性质组织的成立宗旨和发展规律。当然,确实也有一些案件中不存在明显的标志性事件。在此情况下,可以按照2015年《会议纪要》的规定,将首次实施有组织犯罪活动的时间作为形成起点。应当注意的是,"首次实施有组织犯罪活动"并非仅指实施犯罪的方式具有组织性,更重要的是看该犯罪是否为了组织利益、按照组织意志而实施,以及犯罪能否体现该组织追求非法控制的意图。认定黑社会性质组织的违法犯罪活动,并非只有那些直接体现组织利益和组织意图的违法犯罪活动才能构成,只要符合组织惯例、纪律、活动规约,或者客观上起到维护和扩大组织势力、实力、影响、经济基础作用的也可认定。但是,在判断黑社会性质组织形成时间起点时,难点在于还没有所谓的惯例、纪律、活动规约可供参照,反映非法控制意图的事实尚不充分,如果作为判断依据的"首次实施有组织犯罪活动"不能体现组织利益、意图,则会失去应有的作用和意义。

结合本案事实,以史锦钟为首的犯罪组织,通过多年的发展,组织者、领导者明确,基本骨干一直稳定,而且不断发展其他成员,人数多达20余人。该组织不仅层级分明,且内部已形成一系列成员必须遵守的不成文的规矩,如不准吸毒、接受指令后必须执行且不得问原因、成员之间不允许发生矛盾等。该组织在永新县等地实施了一系列违法犯罪活动,涉及9项罪名、19起犯罪事实、7起违法事实，其中仅开设赌场一项便获利数百万元。该犯罪组织虽尚未能完全控制当地某个行业，但在赌博等非法行业内，对其他存在竞争关系的违法犯罪者不断进行打击，追求非法控制的意图十分明显，且在当地赌博行业内已形成重大影响。为谋取更大的非法利益，该组织还不断拓展涉足的领域，追求对当地工程招投标市场、茶麸收购市场的非法控制，对永新县的经济、社会生活秩序形成重大影响，已具备黑社会性质组织的四个特征。

该黑社会性质组织的形成、发展具有一定的代表性，经历了从恶势力团伙逐步发展为黑社会性质组织的过程。从时间上看，大致分为前后两个阶段:2004年至2006年是第一个阶段。在该阶段内，史锦钟依附于当地恶势力头目刘文广手下，团伙成员还有本案被害人姜小伟。在追随刘文广期间，史锦钟因私人恩怨，于2004年10月纠集沈卫等人持枪打伤另一恶势力团伙头目夏永东，迫使夏永东离开永新县，此举为史锦钟积累了个人“声望”，史锦钟也借此开始组织、网罗多名社会闲散人员直接受其差遣。第二个阶段是自2006年刘文广死后直至本案案发。刘文广之死导致以其为首的恶势力团伙开始分裂，史锦钟自立门户，并居于新的犯罪组织核心。随着沈卫、尹卫民、高远宇、刘海清、刘晓武、张江华、龙武、尹忠华、尹友朵、黄建军、尹志权等人的加入，以史锦钟为首的犯罪组织势力日渐增大，追求非法控制的意图日益明显。从此时开始，史锦钟一方面积极为该组织的发展积蓄经济实力，通过有组织地开设赌场、聚众赌博谋取非法利益；另一方面为确立其所领导的犯罪组织在永新县区域内的强势地位，有目的、有计划地打压与其有竞争关系的姜小伟犯罪组织。2006年6月29日，史锦钟指使沈卫、刘海清、高远宇、尹卫民、尹忠华、黄建军及尹志权等组织成员携带枪支和刀具在永新县高桥楼镇将姜小伟团伙成员龙海涛、黄小康等人打伤。该次犯罪，史锦钟犯罪组织的成员几乎全部参加，并将姜小伟一方的数名骨干成员打伤打残，致使姜小伟犯罪组织在此后实力大为减弱。此次犯罪不仅是典型的带有“争霸”性质的有组织犯罪，而且对史锦钟犯罪组织排除竞争对手、确立非法权威产生了重要影响。虽然在司法机关的打击下，史锦钟犯罪组织大部分成员或入狱或潜逃,在一段时间内呈分散解体状态,但该组织的恶名和史锦钟的个人权威已经形成,并对之后该组织的死灰复燃起到了重要作用。2008 年史锦钟刑满释放后,该组织成员又迅速聚拢到其身边,其间又发展了刘晓武、龙武、龚鹏和尹忠华等骨干成员,社会闲散人员雷作、廖红旗、刘峰、皮文林、周江维、吕金伟等纷纷加入,组织规模不断巩固和扩大。至此,该犯罪组织以暴力、威胁或其他手段,实施了大量有组织的违法犯罪活动,大肆敛财、壮大经济实力,并将所得财产:部分用于违法犯罪活动和维系组织的生存发展,形成了一个以永新县城为地域基础,以史锦钟为组织者、领导者,以尹忠华、龙武、刘晓武、龚鹏、沈卫、尹卫民、尹友朵、刘海清、高远宇为积极参加者,张江华、皮文林、刘峰、李泽明、刘东东、雷作、周江维、吕金伟、廖红旗、黄建军和尹志权为一般参与者,组织架构完整、层级清晰、结构稳定的黑社会性质组织。综上,2006 年 6 月,史锦钟指使组织成员在永新县高桥楼故意伤害黄小康、龙海涛等人一案可视为该黑社会性质组织的形成起点。

四、律师观点

黑社会性质组织形成并不是一蹴而就,通常有一个由犯罪团伙发展到犯罪集团进而转变为黑社会性质组织的演化进程,准确界定和把握恶势力团伙向黑社会性质组织转化的时间节点,直接决定该时间节点之前违法犯罪不属于有组织违法犯罪活动,也不应以组织、领导、参加黑社会性质组织犯罪定罪量刑。所以,该时间节点在司法实践中非常重要。

在认定黑社会性质组织形成时间时需要掌握以下几点内容:

一是不宜将黑社会性质组织形成时间"一刀切"。毕竟有组织犯罪是一个逐步演化的过程,随着人员不断增加,组织势力不断壮大,社会影响不断增强 ,到了一定时候之后就从量变转化为质变,也就是说,由恶势力转化为了黑社会性质组织。所以,认定有组织犯罪要坚持具体情况具体分析,而不可能直接采取"一刀切"的方法,将某一个特点或者某几个特征作为认定所有黑社会性质组织形成的时间点。

二是重点考察经济特征和非法控制性特征。不可否认恶势力团伙经常实施犯罪目的也是为谋取一定经济利益,但对谋取经济利益后的用途恶势力团伙和黑社会性质组织明显不同。恶势力团伙具有临时性和随意性特征,如在实施犯罪获得财产之后,往往就地分赃,而且一般都出于江湖义气,人人有份,见面分一半。这些赃款赃物分配之后,一般都用于共同挥霍或各自消费使用。当犯罪所得财物挥霍一空之后,这些人又聚集在一起,准备实施下一次犯罪。恶势力团伙虽然实施犯罪攫取了巨额经济利益,但并没有像黑社会性质组织经济特征所要求的“以商养黑、以黑护商”,也就是说,恶势力团伙犯罪所得经济利益根本没有用于维护组织壮大和发展。所以,仅仅是谋取一定的经济利益,但是并没有将获取的经济利益用于维护组织壮大和发展,显然这个阶段也只能算是恶势力团伙,并没有转化成黑社会性质组织。黑社会性质组织之所以要重点打击,就是因为该组织具有一定非法控制性,一旦具有非法控制性之后,不但对当地经济、社会秩序造成严重影响,而且会严重残害当地群众,严重危害当地群众正常生产、生活。所以在界定黑社会性质组织形成时间节点时,要格外关注该组织实施犯罪是否对一定区域形成了非法控制。如果犯罪组织实施多种犯罪,造成了非常严重的后果,却并不存在非法控制性特征,则此阶段犯罪组织只能称作是恶势力团伙。也就是说,恶势力团伙的犯罪手段、犯罪次数、危害后果足以使当地的老百姓闻风丧胆、谈之色变,受到伤害的是一个个孤立的个人。如果犯罪组织对一定的区域形成了控制,比如控制当地一定产业、制定一定的竞争制度和商业进入模式,操控当地公共资源,左右当地公权力,已经到达了真正的一手遮天的地步,这时才能认定该犯罪组织具备了危害性特征,对当地一定区域和产业形成控制。

三是关于活动纪律和组织规约的参考价值。黑社会性质组织具有严密的纪律性,违法犯罪都是统一指挥、统一行动,犯罪危害性大,反侦查能力强。所以黑社会性质组织一般都要具备一定的活动纪律或者组织规约。一旦有了组织规约或者活动纪律,比如组织成员之间不准互相打架、打架时统一戴头套和手套、组织成员不准吸毒、赌博等,这些看似并不严厉的组织规约或者活动纪律,却在具体的犯罪活动中产生巨大的威力。因此,一旦恶势力团伙制定严格的活动纪律或者组织规约，则就意味该恶势力团伙向黑社会性质组织转化。

四是黑社会亚文化的出现与形成也是认定黑社会性质组织形成的时间节点佐证。所谓黑社会的亚文化特征突出，就是形成黑道价值观、黑道文化。犯罪亚文化是黑社会性质组织的精神支柱，对黑社会性质组织有深刻的影响，黑社会的形成本身就是其共同价值观的体现。有的黑社会性质组织有统一的黑西服着装、代号，每个组织成员还有固定的"外号"，有的黑社会性质组织有特定的黑话、暗语等。

2015 年《会议纪要》指出："黑社会性质组织存续时间的起点，可以根据涉案犯罪组织举行成立仪式或者进行类似活动的时间来认定。没有前述活动的，可以根据足以反映其初步形成核心利益或强势地位的重大事件发生时间进行审查判断。没有明显标志性事件的，也可以根据涉案犯罪组织为维护、扩大组织势力、实力、影响、经济基础或按照组织惯例、纪律、活动规约而首次实施有组织的犯罪活动的时间进行审查判断。存在、发展时间明显过短、犯罪活动尚不突出的，一般不应认定为黑社会性质组织。"

上述规定是在 2009 年《座谈会纪要》基础上将黑社会性质组织成立时间节点进一步明确，更加具有可操作性，对评判黑社会性质组织成立时间秉承以下的递进方式，具体详细论述如下：

1. 举行成立仪式或者进行类似活动时间作为黑社会性质组织成立的时间节点

黑社会性质组织与恶势力团伙的最大区别并不是组织成员的人数，关键是要看犯罪组织是否具有一定的规程或组织纪律。制定组织纪律往往要举行一定的仪式，比如召开一定的会议，采取结拜或者其他的方式，加强组织紧密性或者团队的凝聚力。所以，举行一定的仪式是制定和发布组织纪律最佳表现。恶势力团伙虽然是团伙犯罪具有一定的紧密性，犯罪首要分子和主要成员都是经常聚集在一起，但因聚集在一起的目的是共同犯罪，而犯罪之后往往都解散，继而再一起实施犯罪，再散开，周而复始。也就是说，看似组织紧密、结构严谨，实则是没有体现出壮大犯罪组织的意图。虽然在恶势力团伙中也有大哥小弟的称呼，但并没有形成一定的组织纪律，规约层级并不明显。为了壮大组织力量，为了凝聚人心笼络更多人来加入犯罪团伙，恶势力团伙在组织犯罪发展到一定程度之后，就开始向更高层级发展，即举行一定的仪式，树立某个人或者某几个人的权威。举行仪式的目的就是让更多的人凝集在一起，加强组织紧密性，层级更加分明，等级森严，成员必须要遵守组织纪律。当犯罪组织以举行仪式或者采取类似活动加强对组织成员管理时，则就意味着恶势力团伙已经转化为黑社会性质组织。所以举行成立仪式或者类似的活动，是认定黑社会性质组织成立最明显的时间节点。但是在实践中，举行成立仪式并不意味黑社会性质组织的四个特征均已经具备，但由于此类活动往往带着明确的组织层级、结构、宗旨、目标等性质，故将举行成立仪式作为黑社会性质组织形成时间的起点很少引起争议。

需要注意的是，目前黑社会性质组织相对比较隐蔽，根本不可能大张旗鼓地举行仪式来宣告黑社会性质组织成立。不可否认类似的活动还是经常存在，比如恶势力团伙犯罪到一定阶段之后，为加强管理专门成立合法公司来掩盖犯罪目的，将组织成员都在公司任职，按照公司化管理模式来管理犯罪成员，比如按照地位和作用大小在公司中定职定级，并且按照各自的级别分赃。制定公司工作的规章制度，将公司分为多个产业、多个部门，不同部门之间的业务互不交叉，不允许互相打听其他部门的业务情况等。故从这个角度看，公司成立的时间完全可以作为黑社会性质组织成立的标志。

2. 发生标志性事件的时间作为界定黑社会性质组织成立时间

所谓标志性事件，是指黑社会性质组织在发展过程中，为树立非法权威、争夺势力范围、获得稳定经济来源而实施的具有重要意义的违法犯罪活动或者其他重大事件。在犯罪组织没有举行成立仪式或者有类似活动的情况下，在界定是恶势力团伙还是黑社会性质组织时，则需要考察该犯罪组织实施的具有重大意义的标志性事件。标志性事件应当具备以下特征：

一是能够反映犯罪组织初步形成核心利益的事件。毕竟有组织犯罪具备长期、持续不断地危害社会的特征。相反，在恶势力团伙最初违法犯罪活动中可能更多地显示出危害行为特征,并不体现为维护组织的核心利益,犯罪成员之间都是基于各自的谋财或者其他目的,之所以要结合在一起形成犯罪集团就是为更好地将犯罪实施下去,更好地实现各自的犯罪目的。所以,恶势力团伙将犯罪实施完毕之后,都是为自己利益要求就地分赃,之后就作鸟兽散。当然从客观上看犯罪组织实施的违法犯罪活动也造成严重的后果,甚至比黑社会性质组织犯罪造成的后果还要严重,但就是因为在实施犯罪的过程中并不能反映组织的核心利益,即使实施社会影响大、后果极其严重、性质极其恶劣的事件,也不能认定为标志性事件。比如,组织成员为报私仇纠集多人共同将被害人殴打致死的,在当地造成极其大的影响,但毕竟是个人恩怨,不能成为反映组织核心利益的标志性事件。

二是要体现组织的强势地位。所谓组织强势地位,是指违法犯罪的目的是壮大组织的实力,展示组织的强势地位,通过犯罪活动让社会知道该组织的强势地位。通过某一起违法犯罪活动,直接导致犯罪组织在社会上一举成名。故标志性事件都是以组织名义实施,为了展示组织的强势地位,标志性事件一旦实施,该组织的社会地位马上得到提升。

标志性事件的表现形式有以下几类:

其一是击垮竞争对手,即常说的"黑吃黑"。之所以将"黑吃黑"作为黑社会性质组织成立的标志性事件,是因为在一定区域内往往存在多个恶势力团伙,这些犯罪团伙之间为了各自的利益,经常互相摩擦甚至是打斗。应当明确,并不是恶势力团伙之间的打斗犯罪活动都可以成为黑社会性质组织成立的标志性事件,而是要根据双方之间打斗的目的进行判断,如果恶势力团伙某个成员为了自己个人恩怨而借用团伙的力量,显然不能成为黑社会性质组织的标志性事件。必须是犯罪团伙为将与之竞争的另一团伙彻底击垮,树立一家独大的场面。

其二是抢夺重要资源。"抢夺资源",包括控制一定的产业、垄断一定的市场,能够在当地经济活动中享有控制权和话语权。这往往涉及与其他犯罪团伙竞争的问题,毕竟对于社会资源控制也是其他犯罪分子的目标。黑社会性质组织必须具备经济特征,而当前黑社会性质组织都体现谋取经济利益特征，如以公司化运作、渗透各个职能部门等，当然已经不再像之前赤裸裸额暴力掠夺。所以，不管是采取暴力犯罪手段将竞争对手击垮，还是采取其他手段霸占重要资源，只要是因为获得资源而导致其实力大增或者竞争优势大增，就是黑社会性质组织成立的标志性事件。当然这里的资源不仅是指自然资源，也包括社会资源，如腐蚀一定的国家机关工作人员等，使竞争对手或者老百姓都知道犯罪组织因为得到一定的资源而形成了控制，并且社会上名声大振，实力大增。

其三是控制一定的产业。其实控制一定产业是黑社会性质组织犯罪的目的和追求目标。要想非法控制一定的产业，则必须要打击竞争对手，排挤其他竞争者，这样才可以对该产业准入、退出制定规则，才能限制其他人的竞争，进而壮大自己的实力。一旦对一定产业形成非法控制，则必定会在社会上会产生巨大的影响，所以将犯罪组织控制一定产业作为黑社会性质组织成立的标志性事件是非常恰当的，这完全符合黑社会性质组织犯罪的非法控制性特征。一定产业既包括政府允许合法经营的产业、市场等，也包括违法犯罪的行业，如赌博、放高利贷、非法采矿等，这些行业虽然不是政府允许的，是国家要打击的行业，但这些行业却一直存在，而且往往成为犯罪团伙集中抢夺的产业，是否参与和控制这些产业往往成为是否具备经济实力的标志，故成为犯罪团伙经常涉足的行业。对于这些违法犯罪行业的控制，不仅能够使犯罪组织具有一定的经济实力，更能在社会上形成一定的影响，制造一定的气氛，彰显组织的实力，表达出组织的核心利益或者强势地位。

其四是制造重大的社会影响。所谓重大社会影响，是指犯罪组织为提高知名度或者树立强势地位，制造事端使该犯罪组织的声名鹊起。比如，公然对抗政府、抗拒缴税、聚众围攻游行、公然殴打国家工作人员等，这些事件虽然并不一定导致人身伤亡的严重后果，但因为这些事件容易引起群众的关注，一旦敢公然对抗政府、辱骂政府工作人员，就是在侮辱政府形象，挑战政府权威，很轻松地就能树立江湖地位。

3. 首次实施有组织犯罪活动作为黑社会性质组织的成立时间

首次实施有组织犯罪活动，并非仅指实施犯罪的方式具有组织性。恶势力团伙实施的犯罪也是有预谋、有计划和有组织的。恶势力团伙也有组织者、领导者和指挥者，而且在犯罪过程中经常有统一的安排和指挥，组织严密，犯罪强度大，危害性强。所以，作为认定黑社会性质组织犯罪成立标志的“首次实施有组织犯罪活动”必须要具备以下条件：

第一，实施犯罪是为了组织利益。虽然恶势力团伙的成员经常聚集在一起实施违法犯罪活动，但都是为了各自利益，在获得经济利益或者其他利益之后往往是集体挥霍或就地分赃，根本不存在为了组织利益，同时在犯罪成员的心中也没有组织存在，犯罪根本不是为组织壮大和发展。所以，恶势力团伙实施的有组织犯罪只要不是为了组织利益，就不能认定是黑社会性质组织成立的标志。因为此时的犯罪成员心目中根本没有组织的概念，更谈不上维护和壮大组织的实力。

第二，按照组织意志实施的犯罪。既然按照组织意志实施犯罪就已经说明犯罪成员对于有组织存在是认可的，事实上恶势力团队就是一个组织，而且该组织也是结构紧密、人员固定、层级鲜明，但恶势力团伙在犯罪时并不是为团伙的利益，也就是说，犯罪成员跟着去实施犯罪真正的犯罪目的和犯罪动机并不清楚是为壮大组织，至于实施违法犯罪是否会壮大组织的实力，是否为奠定组织的江湖地位，则不是犯罪成员要考虑的。所以，按照组织意志去实施犯罪活动，就是组织者和领导者已经明确了犯罪目的就是壮大犯罪组织，奠定江湖地位，形成非法控制，即要维护组织的利益。所以按照组织意志实施的犯罪可以作为黑社会性质组织犯罪成立的时间节点。

第三，犯罪具有追求非法控制的意图。是否具有非法控制性特征其实是恶势力团伙和黑社会性质组织犯罪的最本质的区别。前面已经论述黑社会性质组织的前三个特征与恶势力的区别不是特别明显，而非法控制性特征是否存在往往成为区别恶势力团伙和黑社会性质组织的关键所在。当犯罪组织实施犯罪活动的目的是为实现非法控制时，则该犯罪组织已经不满足于之前的为非作恶、欺压百姓，而是要向有组织犯罪的更高形态转变，即目的就是实现组织的非法控制能力，要凸显危害性特征。故对犯罪组织实施为了实现非法控制目的犯罪活动，当然可以作为认定黑社会性质组织犯罪成立的时间节点。

就本案而言,2004 年 10 月史锦钟、沈卫等人故意伤害夏永东一案,虽然是由史锦钟与涉案黑社会性质组织成员沈卫等人共同有组织地实施,客观上也提升了史锦钟的恶名,但该起犯罪是因个人恩怨而引发,既不涉及组织利益,也无法反映追求非法控制的意图。况且,当时史锦钟只是刘文广恶势力团伙的一名成员,尚未创建由其自己领导的犯罪组织,因此,不能据此认定涉案黑社会性质组织始于 2004 年 10 月,该起犯罪也不能认定为黑社会性质组织的犯罪,二审法院予以纠正是正确的。

第四章

黑社会性质组织犯罪的经济特征

以高利放贷方式牟利的黑社会性质组织经济性特征

——郑某等组织、领导参加黑社会性质组织案①

一、基本案情

被告人郑某，男，1976 年 3 月 13 日出生，经商，因涉嫌盗窃罪，被拘传，于 2017 年 7 月 3 日因涉嫌寻衅滋事罪、盗窃罪、非法侵入住宅罪被逮捕。

……（其他被告人的基本情况略）

淮阳县人民检察院以被告人郑某、郑晓磊、王兴旺、刘华、刘静等 12 人犯组织、领导黑社会性质组织罪，非法吸收公众存款罪，诈骗罪，盗窃罪，虚假诉讼罪，寻衅滋事罪，非法侵入住宅罪，向淮阳县人民法院提起公诉。

淮阳县人民法院经公开审理查明：

（一）组织、领导、参加黑社会性质组织罪

2012 年以来，被告人郑某成立并经营白癜风医院和淮阳县商贸有限公司，招收郑晓磊、刘华、王兴旺、刘静等人为公司员工。为谋取更大利益，郑某以该公司为依托，非法吸收公众存款，采取签空白合同、低收高放的方式向社会不特定人员放贷。为保证高息等非法利益顺利回收，拉拢公司员工

① 淮阳县人民法院（2017）豫 1626 刑初 745 号。

郑晓磊、刘华、王兴旺、刘静等人，纠集笼络有前科劣迹人员及社会闲散人员，雇佣残疾人等加入该团伙。

在郑某的组织领导下，该团伙成员不断增多，实力不断扩大，在淮阳县城内及周边乡镇大肆实施非法吸收公众存款、盗窃、寻衅滋事、非法侵入住宅、诈骗、虚假诉讼等违法犯罪活动，逐步形成一个结构清楚、层次分明、骨干成员基本固定、管理有序的犯罪组织。

被告人郑某为谋取组织或个人利益，组织、指挥多起违法犯罪活动，系该组织的组织、领导者；被告人郑晓磊、刘华等积极参加该组织并多次实施有组织的违法犯罪活动，为该组织的积极参加者和骨干成员；被告人刘静等参加该组织并实施了一定的违法犯罪行为，为一般参加者。

该团伙以郑某为组织、领导者，成员之间目标一致，即通过对社会闲散资金的"低收高放"营造实力强、放款快的假象，通过对债务人实施拦截辱骂、侵宅毁物、滋事殴打及向法院提起虚假诉讼等违法犯罪活动。

被告人郑某及其团伙通过有组织的违法犯罪活动或者其他手段所获取的经济利益；为该组织的违法犯罪活动提供资金支持。在该组织发展过程中实施了非法吸收公众存款、虚假诉讼、寻事滋事等违法犯罪活动。

（二）非法吸收公众存款罪

2014 年以来，被告人郑某以郑某商贸有限公司为依托，许以高息，通过口口相传的形式，向史家奎、刘美英、李铮等社会不特定人员非法集资人民币 935.9 万余元。

（三）盗窃罪

2016 年 7 月，被告人郑某指使郑晓磊、王兴旺、刘静等人，到淮阳县"梦洁家纺店"内，在被害人雷长春不知情的情况下，将家纺店内的商品等物品拉走变卖。经鉴定，被盗物品价值人民币近 49 万元。

（四）寻衅滋事罪

1. 2015 年 10 月左右，被告人郑某为迫使霍其还款，指使郑晓磊等去霍其前妻张玉红家中滋事，其中一次，郑晓磊将张玉红家大门门锁踹坏，将储物间玻璃砸烂，霍其的孩子受到严重惊吓。

2. 2016年二三月,被告人郑某为迫使张伟震还款,指使郑晓磊、王兴旺等人多次到张伟震的担保人徐克林的单位和家中,对其拦截、辱骂,迫使其替张伟震还款15万元。其间,被告人郑晓磊、王兴旺还在商贸有限公司门口拦截并殴打张伟震。

3. 2016年4月8日14时许,被告人方万领、郑晓磊受郑某的指使,去刘念位于淮阳县西城区的"洋河红色经典"店内要账。其间,被告人方万领、郑晓磊无故殴打并用电棒电击正在店内喝茶的李好忠,致其受伤。经鉴定,被害人李好忠左侧眼眶内壁骨折、眼睑软组织肿胀、积气,构成轻微伤。

4. 2015年6~9月,被告人郑某为迫使李祥斌还款,指使郑晓磊、方万领、王兴旺等人,多次到李祥斌家中,实施辱骂、锁门、喷涂红漆、强行将李祥斌的摩托车开走等滋事行为。其间,被害人李祥斌被逼无奈,自己用刀朝自己腿部扎了一刀,方万领等人才离开。

5. 2015年8~10月,被告人郑某为迫使雷长春还款,指使郑晓磊、方万领、刘华等人,多次到雷长春的梦洁家纺店内,起哄闹事,威逼雷长春夫妇,并指使郑现心晚上住到梦洁家纺店内数日。其间,在淮阳县人民法院审理刘静诉雷长春借款纠纷一案开庭时,被告人郑某又指使郑晓磊等人在法院门口拦截雷长春,威胁并将其车钥匙强行拔走。

6. 2016年二三月,因张静未及时还款,被告人郑某指使郑晓磊、王兴旺等人多次到张静的担保人张艳萍公司及家中,实施拦截辱骂、起哄闹事等滋事行为,迫使张艳萍于2016年3月9日替张静还款19万元。

2016年夏天,又指使郑晓磊、方万领等人多次到另一担保人常萌萌公司及家中,实施拦截辱骂、起哄闹事等滋事行为,2016年8月8日,被告人郑某又指使郑晓磊将常萌萌起诉至淮阳县人民法院。调解结案后,常萌萌被迫于2017年4月交执行款5万元。

7. 2015年2月,被告人郑某为迫使张绍庆还款,带领和指使郑晓磊、刘华等人,多次到张绍庆的门面房,对王慧在此经营的水饺店,实施毁物、恐吓等滋事行为,导致其停业搬迁。

水饺店搬迁后,张绍庆儿子张猛重新装修经营了拉面馆。2015年5~10

月，被告人郑某又指使郑晓磊等人到面馆实施毁物、锁门、恐吓等滋事行为。其间郑某还安排郑现心在面馆居住了二十余天，导致其关门停业。

8. 2015 年 8 月 12 日晚，被告人郑某为迫使李玉生还款，指使郑晓磊带领残疾人员到李玉生的天天宾馆堵门闹事，干扰其正常营业。李玉生得知消息赶回宾馆的路上，又遭到郑某、王兴旺、郑晓磊等人的拦截，并发生肢体冲突，致李玉生受伤住院。

2015 年 8 月，被告人郑某又指使郑晓磊、王兴旺等人多次到担保人龙新启家及货运部中，实施堵门、辱骂、威胁等滋事行为。其中一次还强行将货运部的电脑显示器、电话等物拿走。

9. 2015 年四五月，被告人郑某为迫使陈晓伟还款，指使郑晓磊、刘华等人，多次到陈晓伟的洗涤厂，实施毁物、锁门、威胁等滋事行为，阻挠经营，经鉴定，被毁玻璃、水质软化器等物品价值人民币 8587 元。其间，被告人郑某还多次指使郑晓磊等人骚扰担保人卢玉东。

10. 2014 年 7 ~ 9 月，因丁吉利未及时还款，被告人郑某指使郑晓磊等人多次到担保人郑侨生的妗子王静经营的农药店里，实施毁物、起哄闹事等滋事行为，迫使郑侨生替丁吉利还款 5.25 万元。其间，还多次对另一担保人朱威进行骚扰、威胁、逼迫其替丁吉利还款 5.5 万元。

11. 2011 年，被告人郑某和李勇等人合伙成立李师傅食品有限公司，2013 年 12 月 26 日李勇去世后，公司因经营不善倒闭，被告人郑某为迫使李勇妻子苏艳退还入伙投资款，于 2017 年 3 月，指使郑晓磊等人多次到苏艳经营的酱菜厂，实施堵门、拦截等滋事行为，妨害其生产经营。

12. 2015 年 10 月，被告人郑某为迫使常福星、朱世丽夫妇还款，带领、指使郑晓磊等人多次到朱世丽经营的超市，实施拦截辱骂、威胁恐吓等滋事行为，导致超市被迫关门。2016 年 6 月 22 日上午，被告人郑某又指使郑晓磊等人在淮阳县人民法院门口拦截、辱骂参加庭审的朱世丽。朱世丽向朱邦军法官寻求帮助，李霞等人又阻拦并辱骂法官，致动用法警才得以维持秩序。

2015 年 12 月，因常福星未及时还款，被告人郑某指使郑晓磊等人，多次到担保人龚学礼工作的电信营业厅内实施拦截辱骂、强关店门、起哄闹事等滋事行为，严重影响经营活动，导致其停业转让。

13. 2015年下半年，被告人郑某为迫使孙奎还款，指使郑晓磊等人多次到孙奎所在公司及其妻子查勤所在营业厅实施拦截辱骂、锁门闹事等滋事行为，并将其"福特"轿车强行开走，致孙奎的公司关门停业。其中一次在追要欠款的过程中，被告人郑晓磊等在淮阳县陈楚古街拦截下孙奎，对其辱骂侮辱并向其脸上吐口水，给孙奎的人身和精神造成极大伤害。

(五)非法入侵住宅

2016年6～9月，被告人郑某指使被告人郑晓磊等人多次到淮阳县查勤家，趁查勤不在家之际，剪断门锁、任意毁损财物。其间被告人郑某安排刘台澎在查勤家居住长达十多天。

二、一审法院观点及判决

经查，被告人在侦查阶段均不同程度地供述了以郑某为首团伙的组织成员、结构层级、规约纪律、行为方式、经济来源、社会影响等，且有被害人供述、证人证言、书证等证据予以证明，供述之间、供证之间均相互印证，足以证实，被告人郑某、郑晓磊、王兴旺、刘静等人在被告人郑某的带领下，从事违法犯罪活动，形成了一定的规模，人数较多，各被告人均有分工，各负其责，形成了较为固定的组织形式，有明确的组织、领导者，骨干成员基本固定，该组织层次清晰，分工明确；该组织通过吸收公众存款等违法犯罪获取非法经济利益，具有一定的经济实力，以支持该组织的活动；以暴力、胁迫或者其他手段进行违法犯罪活动；通过实施违法犯罪活动，称霸一方，为非作恶，欺压、残害群众，在社会上造成重大影响，该组织符合黑社会性质的组织特征、经济特征、行为特征、危害特征，故上列被告人的辩解及辩护意见与查明事实不符，其意见法院不予采纳。

被告人郑某为谋取组织或个人利益，组织、指挥多起违法犯罪活动，系该组织的组织者、领导者；被告人郑晓磊、刘华、王兴旺积极参加该组织并多次参加实施有组织的违法犯罪活动，为该组织的积极参加者和骨干成员；被告人刘静、卢艳等参加该组织并实施了一定的违法犯罪行为,为一般参加者。

在实施盗窃犯罪过程中,被告人郑某起主要作用,是主犯;被告人郑晓磊、王兴旺、刘静、卢艳是受被告人郑某的指使,起次要作用,是从犯,应当减轻处罚。

经讨论,依照《中华人民共和国刑法》第二百九十四条第一款、第五款,第一百七十六条第一款,第二百六十四条,第二百九十三条第一款、第二款,第二百四十五条第一款,第二十五条,第二十六条,第二十七条,第六十五条第一款,第六十七条第三款,第五十二条,第五十三条,第五十四条,第六十九条,第六十四条之规定,判决如下:

(1)被告人郑某犯组织、领导黑社会性质组织罪,判处有期徒刑七年零六个月,剥夺政治权利五年,并处没收个人全部财产;犯非法吸收公众存款罪,判处有期徒刑三年,并处罚金人民币五万元;犯盗窃罪,判处有期徒刑十年,并处罚金人民币五万元;寻衅滋事罪,判处有期徒刑五年;犯非法侵入住宅罪,判处有期徒刑一年零三个月;总和刑期二十六年零九个月,剥夺政治权利五年,并处罚金人民币十万元,并处没收个人全部财产,数罪并罚决定执行有期徒刑二十年,剥夺政治权利五年,并处罚金人民币十万元,并处没收个人全部财产。

(2)被告人郑晓磊、王兴旺、刘华、卢艳等分别以参加黑社会性质组织罪、盗窃罪、寻衅滋事罪、非法侵入住宅罪被判处总和刑期十四年到三年不等的刑罚。

一审宣判后,被告人郑某、郑晓磊、王兴旺等 12 名被告人均不服判决,提出上诉。

三、法院判决评析

关于是否构成黑社会性质组织罪,淮阳县人民法院判决主要也是从该罪的四大特征,即组织特征、经济特征、行为特征、非法控制特征,判定被告人构成黑社会性质组织罪。

1. 关于组织特征方面,法院认定:“被告人郑某、郑晓磊、王兴旺、刘静等人在被告人郑某的带领下，从事违法犯罪活动，形成了一定的规模，人数较多，各被告人均有分工，各负其责，形成了较为固定的组织形式，有明确的组织、领导者，骨干成员基本固定，该组织层次清晰，分工明确。”但却没有区分该“组织”的层级关系与公司员工层级关系的区别。本案的涉案人员基本为郑某商贸公司的员工，所谓的层级也是其工作职位。

2. 关于经济特征方面，法院认为：“该组织通过吸收公众存款等违法犯罪获取非法经济利益，具有一定的经济实力，以支持该组织的活动。”该判决没有对非法吸收公众存款罪进行判定，能否构成此罪尚且不论，即使构成，是否能够提供供组织发展的经济来源。且被告人有正当的公司，有正常的收入来源，且不能排除其生产经营只是为了盈利，而不是为了发展“组织”。

3. 关于行为特征方面，法院认为：“以暴力、胁迫或者其他手段进行违法犯罪活动。”法院认定过于笼统，对于暴力程度、暴力所造成的非法控制程度及影响均没有论述。

4. 关于非法控制特征方面，法院认为：“通过实施违法犯罪活动，称霸一方，为非作恶，欺压、残害群众，在社会上造成重大影响。”法院判决并没有具体对该团伙的“非法控制”特征进行分析，是否达到“称霸一方”或造成“重大影响”，是否能够达到非法控制某一区域或者行业的程度。

但综观淮阳县人民法院的一审判决，并没有提到郑某与所谓的受害人之间合法债权债务关系。郑某等人虽多次高利放贷，但均同时通过司法途径追债，并有多份生效判决予以印证，多名所谓的受害人为法院列入失信被执行人名单。该情节对黑社会性质组织罪的认定会有何影响？以高利放贷方式牟利的涉黑案件该如何辩护？

四、辩护思路及辩点

（一）关于黑社会性质组织罪

1. 没有形成固定的组织，只是雇佣关系，内部没有严格的纪律约束制度，不具备黑社会性质组织的组织特征

依法设立的公司、企业等合法经济实体或者社会组织，从事一定的生产

经营活动或者履行一定的社会职责，虽有可能在经营过程中实施其他违法犯罪行为，但与黑社会性质组织还是有本质的区别。黑社会性质组织系为了实施违法犯罪而成立的非法组织。

辩点 1：控方认定的涉黑成员所形成的组织架构，本来就是公司内部员工的上下级关系和权责分配，是出于经营管理层面的需要而设置的，不存在严密的、为进行违法犯罪活动的组织分工；而黑社会性质组织，其内部严密的组织结构、细致的职能分工、帮规纪律等，均是为了有组织地实施违法犯罪活动而设立。

辩点 2：可以论证组织架构及工作分工以公司章程及工作制度为依托，该等制度与帮规条约截然不同，证明公司在近年来有人员自由出入，人员的进入是通过正规的聘用流程，人员的退出并没有被限制；企业有合法的经营范围，企业人员的工作内容符合法律规定。

2. 被告人郑某团伙的收入来源是合法的，并非以黑社会性质组织的形式统一收取、分配、使用，不具备黑社会性质组织的经济特征

2015 年《会议纪要》规定："'一定的经济实力'，是指黑社会性质组织在形成、发展过程中获取的，足以支持该组织运行、发展以及实施违法犯罪活动的经济利益。包括：1. 有组织地通过违法犯罪活动或其他不正当手段聚敛的资产；2. 有组织地通过合法的生产、经营活动获取的资产；3. 组织成员以及其他单位、个人资助黑社会性质组织的资产。通过上述方式获取的经济利益，即使是由部分组织成员个人掌控，也应计入黑社会性质组织的'经济实力'。因此，要否定被指控为"经济实力"的资产部分，关键要回到资产来源进行分析。"

辩点 3：论证经济实力并非来源于所谓非法吸收公众存款行为，非法吸收公众存款行为不仅没有能够形成经济实力，反而还外债累累。

淮阳县人民法院认定其经济来源是非法吸收公众存款，但这部分不仅是需要归还本金的，还计以高息，故至今尚欠二百多万元（如郑某共吸收融资款 9,359,643 元，尚欠本金 2,200,000 元）。无法支持该组织的运行、发展，更不能形成一定的经济实力。因此，所谓"非法吸收公众存款"并非其

"经济实力"的来源。

辩点4:被告人高利放贷并不必然构成违法犯罪。

司法实践中,通常会将通过高利放贷方式收取利息的方式认定为以违法犯罪方式获取经济利益以维系组织的生存发展。但根据《最高人民法院关于审理民间借贷案件适用法律若干问题的规定》,对于年利率24%至年利率36%区间的利息,该部分利息属于自然债务的性质,如果借款人本息已经履行完毕的,借款人不得再要求退还;对于超过年利率36%的部分,属于法律不予保护的利息,应当按照不当得利予以返还。因此被告人放贷并不必然构成违法犯罪。

辩护人可以统计近几年来被告人借款往来的人次,通过比对出借本金和实际收回的本息,论证获取的经济利益极低甚至亏本,低回报低收益与黑社会性质组织图谋的目的与手段不相符合,无法为其提供主要的、稳定的收入来源,在经济实力方面不能对当地实现非法控制。

辩点5:可以论证涉案组织并没有将获取的收入(不论是非法收入还是合法收入)用于发展组织成员、购置犯罪工具、扩展非法获利途径等方面,以发展壮大组织;或者将获取的非法收入投入市场,通过各种洗钱手段转化为合法收入;或者用于寻求非法保护,等等。

被告人郑某有合法经营的诊所和商贸公司,并正常经营。可以通过公司进出会计账册、银行流水、货物存量等证明资金链条和资金流转是用作公司经营运作。

3.本案涉案行为均事出有因,皆涉及与郑某有真实债权债务关系的特定人,而并非不特定的群众,也没有为了实现一定的组织利益而欺压、残害群众,不具备黑社会性质组织的行为特征

根据2009年《座谈会纪要》、2015年《会议纪要》的规定,行为特征的构成具有三个必备要件:所实施的违法犯罪活动一般应有一部分能够较明显地体现出暴力或以暴力相威胁的基本特征;有组织地多次进行违法犯罪活动;违法犯罪活动确与维护组织利益相关,才能作为组织犯罪处理。

辩点6:涉案组织并没有采用暴力或以暴力相威胁的手段,或者虽然存

在暴力手段但次数甚少、程度不深。危害手段方面，不存在任何使用刀枪的情形，或者警方查获的作案工具仅少量刀具，没有枪支弹药，且刀具由团伙中极少部分人持有，没有证据证实事件中涉案组织使用了刀具；危害后果方面，未造成轻伤及轻伤以上的人身损害，或者虽然造成了轻伤，但组织成员实施犯罪行为暴力程度不深，损害是由于意外原因或受害人自身原因所造成的。

本案中，每一起寻衅滋事都没有造成轻伤及以上的伤害，暴力程度不深。没有使用枪支弹药或者管制刀具等。而且事出有因，有时候是被害人主动挑衅，甚至被害人自残。

辩点7：在目的方面，辩护人可以论证实施的手段没有干扰、破坏正常经济、社会生活秩序为目的。

本案中，每一起“寻衅滋事”都是事出有因，基于合法债权债务关系，被害人均为债务人或担保人，其目的是主张债权，而非基于破坏经济、社会生活秩序。

辩点8：辩护人可以列出被告人通过合法司法途径主张债权的例子，可以侧面论证该涉案组织更多的是使用合法手段解决纠纷。

如果该组织习惯以暴力、威胁或者其他手段多次进行违法犯罪活动，则组织成员根本没有必要通过沟通对话、耗费漫长的起诉、上诉、执行的时间维权，由此反证涉案组织并没有为非作恶，偶发的几次违法犯罪行为并不是常态。同时，本案的数名被害人已被法院征信系统列入“老赖”名单，被告人轻微的违法行为可以认定为“私力救济”。

辩点9：辩护人可以论证“欺压、残害群众”中的“群众”应具有不特定性。

“群众”依据字面含义理解，指的是普通大众，不包括与涉案组织成员发生斗殴、因债务纠纷被拘禁或滋事等的特定主体。如果组织成员采用暴力或以暴力相威胁的手段是由于对方存在过错，则不应将控方认定的受害者类推为被欺压、残害的群众。因此，涉案组织没有为非作恶，欺压、残害群众。

4. 郑某等人在政治、经济、生活上均没有形成垄断地位和重大影响力,其实施的行为与称霸一方无关,也没有形成重大影响,达不到非法控制某一区域或者行业的程度

辩点 10:2009 年《座谈会纪要》中强调:"即使有些案件中的违法犯罪活动已符合'多次'的标准,但根据其性质和严重程度,尚不足以形成非法控制或者重大影响的,也不能认定为黑社会性质组织。"因此,在对非法控制或重大影响这种实质要件进行辩护时,要结合上面论述的三大特征,综合论证是否达到了控制或重大影响的程度。如统计控方所指控的"经济实力",补充说明该组织历年来缺乏达到称霸一方的经济基础。

辩点 11:2015 年《会议纪要》将"一定区域"解释为具有承载一定社会功能的空间范围,既包括一定数量的自然人共同居住、生活的区域,如乡镇、街道、较大的村庄等,也包括承载一定生产、经营或社会公共服务功能的区域,如矿山、工地、市场、车站、码头等。从辩护角度要否定这一要件,应论证涉案组织的控制和影响仅局限于一家会所、一处娱乐中心等空间范围有限的场所或者人口数量、流量、经济规模较小的其他区域。

就本案而言,可从被告人、被害人生活的空间范围、被害人的特定性等来否定"非法控制"。

辩点 12:尽管涉案组织存在违法犯罪活动,但是未对区域内、行业内的群众形成心理强制、威慑,也没有致使合法利益遭受犯罪或者严重违法活动侵害的群众不敢通过举报、控告等正当途径维护权益。

就本案而言,辩护人可以通过调查、阅卷探究案发事由(如因群众举报盗窃而被拘传;被害人利用媒体舆论造势等)、统计涉案的几起寻衅滋事,被害人报警的次数等,从侧面反映对区域内群众造成的影响和控制程度。

辩点 13:涉案组织所引发的事件在相关区域或者行业内没有造成严重影响。

2015 年《会议纪要》将"严重影响"界定为"具有致人重伤或致多人轻伤、通过违法犯罪活动或以其他不正当手段敛财数额巨大、造成直接经济损失 100 万元以上、多次引发群体性事件或引发大规模群体性事件等情节之

一”。本案中,郑某成立郑某白癜风医院和商贸有限公司,其成员系郑某公司的员工,虽有较为稳定的组织机构,但所实施的违法犯罪活动均与收取放贷款项有关,也未造成人身重大伤害,尚未达到为非作恶、欺压、残害群众的严重程度,论证现有证据不能证实被告人郑某等人组织的收贷款等违法犯罪活动已在当地或者行业内形成垄断或非法控制,并达到称霸一方,严重破坏本地经济、社会生活秩序的程度。

因此,郑某不构成领导、组织黑社会性质组织罪;其他被告人亦不构成参加黑社会性质组织罪。

(二)关于盗窃罪

辩护人可以从犯罪行为和主观目的角度进行论证:一方面,其系白天实施,并不具备秘密窃取的行为要件;另一方面,其并没有非法占有的目的,而是用于抵债的行为。另外,本案存在真实债务关系,郑某采取的手段是自力救济行为,应属民事纠纷,尚不足以上升到刑法范畴。

一方面,刑法理论认为,在存在债权债务关系的情况下,基于债权难以实现的风险,债权人在未经债务人同意而取得债务人财物的,可以排除债权人的非法占有目的,从而认定债权人不构成盗窃罪。这主要是因为,债务人本来就有义务交付财物,而债权人取走财物,这与实质上被承认和支持的财产秩序是相符合的,因而不存在违法性的问题。行为人根据债权而取得财物,在民法上这仅仅是确立了一个本该如此的状态,如果提起民事诉讼,根据合同也应当得到支持。在这样的情况下,行为人在对方不知情的情况下取得他人财物,由于存在正当的债权请求为基础,而未产生对刑法而言具有重要意义的、对财产秩序的实质性破坏。如果对这类行为按犯罪处理,事实上是偷偷地把社会危害性较为严重的盗窃罪,置换成了一种禁止不当行为的低门槛犯罪。

另一方面,这种观点也得到我国刑事立法和司法解释的支持。我国《刑法》第二百三十八条第三款规定,“为索取债务而非法扣押、拘禁他人的”,按非法拘禁罪处理。根据《最高人民法院关于对为索取法律不予保护的债务非法拘禁他人行为如何定罪问题的解释》的规定,“行为人为索取高利贷、赌债等法律不予保护的债务,非法扣押、拘禁他人的",仍按非法拘禁罪处理。这说明,行为人以非法拘禁的暴力手段向他人索要财物,但是只要在实质上存在真实的债务,甚至是法律不予保护的债务关系,也不能以抢劫罪或者绑架罪论处。这是因为,债权债务关系的存在,作为一种局部的正当化事由,排除了行为人对他人财产的非法占有目的,消除了财产部分的不法性,从而只对剩下的侵犯人身部分的行为单独论处。

根据同样的法理基础,只要双方存在真实的债权债务关系(本案中已经得到法院判决的认可),那么,作为债权人的郑某,在得知债务人雷某的房屋被查封因而自己的债权存在难以实现的风险的情况下,未经雷某同意而取走其财物变卖抵债,主观上应排除其非法占有目的,不构成盗窃罪,仅仅是一种基于债权的自救行为。

第五章

黑社会性质组织犯罪的行为特征

如何把握黑社会性质组织行为特征中的暴力性

——符青友等人敲诈勒索、强迫交易、故意销毁会计账簿等案[①]

一、基本案情

2003年，旌德县人民政府对旌阳镇北门旧城区进行改造，被告人符青友等人成为失地农民。同年年底，符青友、汪利群、刘道财合伙购买了一台挖掘机，并邀请了旌德县旌阳镇新光村书记冯德田隐名合伙，以"三友公司"名义在北门范围内承揽土方工程。符青友提议以"当地事应当由当地人做"为由垄断北门范围内土方工程，汪利群、刘道财表示同意。之后，符青友等3人采取暴力、威胁、围堵等手段先后强行承揽利民安置区土方工程、中易公司在北门范围内的土方工程、解放北路道路工程，从此确立了符青友等人在北门建筑劳务市场的强势地位。

2002年3月，旌阳镇原新光村北门劳务队成立，由吕宽仂任队长，成员主要是北门村民组有运输机械的农民。2007年10月，符青友邀集吕宽仂、符青红、谢观宏、黄国有、王文宾、张国庆等18人以入股形式筹集资金，将北

① 参见最高人民法院刑事审判第一、二、三、四、五庭：《刑事审判参考》（总第107集）案例第1157号。

门村民组范围内的建筑劳务一次性"买断",成立了新的北门劳务组。符青友实际控制该劳务组,决定人员安排、价格确定、纠纷解决等重大事项。在劳务组内部,吕宽仂、谢观宏、黄智勇、符青红、黄国有、张国庆、王文宾等有明确分工。2008 年,该劳务组扩大组织成员吸收符腊美加入,并进而扩大范围,买断和平、老伍村民组在旌阳镇中易文锦苑二期建设工程中的劳务。2010 年 6 月,符青友邀集汪利群、吕宽仂、谢观宏、符青红、黄国有、王文宾、张国庆、符腊美等共计 16 人买断窑上、汪家村民组在旌阳镇中易文锦苑三期建设工程中的劳务。北门劳务组成为符青友所领导组织的另一重要组成部分。

自 2003 年起,符青友、汪利群、刘道财通过有组织地实施强迫交易,敲诈勒索,向公司、企业人员行贿等违法犯罪活动,获取非法利益。其中,三人在承揽的北门土方工程中非法获利 1,067,721.36 元。2007 年至 2011 年,符青友控制的北门劳务组,通过强迫交易手段在沙石供应方面非法获利 1,927,023.54元。此外,符青友等人通过敲诈勒索手段获取补偿款共计 343,660 元。北门劳务组将上述违法所得在劳务组成员之间平均分配,已查明的分红金额达 210 万元。

为维系组织的生存和发展,该组织将非法聚敛的经济利益部分用于为组织成员提供工资、福利、生活费用;部分用于购买机械设备、承揽工程;部分用于支付医疗费、行政罚款等;部分用于"买断"其他村民组劳务,扩大势力范围、攫取更大的非法经济利益,从而使该组织进一步坐大成势,称霸一方。

以符青友为首的犯罪组织以暴力、威胁手段为基础,在利用组织势力和影响已对他人形成心理强制的情况下,除有组织地实施强迫交易,敲诈勒索,抽逃出资,故意销毁会计账簿,向公司、企业人员行贿,行贿等犯罪活动外,还组织实施强行索要补偿费、无施工资质及未取得工程施工许可证进行施工等违法活动。

该组织通过多次有组织地实施强迫交易、敲诈勒索等违法犯罪活动,给在旌阳镇北门社区生活的群众及生产经营者形成心理强制和威慑,致使合法利益受损的群众及生产经营者不敢要账，或放弃工程，或不敢控告；致使开发商、承建商不能自主选择土方施工者及建筑材料供应者，被迫接受三友公司及北门劳务组提供的劳务。该组织严重危害了旌德县建筑领域持证经营、自由交易、公平竞争等市场秩序和社会公共秩序，极大地危害了旌德县经济发展和社会稳定。

……（强迫交易、敲诈勒索等事实略）

旌德县人民法院认为，以被告人符青友为组织者、领导者，以被告人汪利群、吕宽仂为积极参加者，以被告人谢观宏、符青红、黄国有、王文宾、张国庆、符腊美、刘道财为一般参加者的团伙，人数较多，分工明确，骨干成员基本固定，结构稳定，组织成员均服从符青友指挥。该组织以三友公司和北门劳务组为依托，以恐吓、滋扰、围堵、哄闹、聚众等胁迫性手段，欺压群众，确立称霸北门劳务市场的强势地位，对北门区域内劳动群众、开发商、建筑商、建筑材料供应商等形成心理强制和威慑，长时间非法控制和垄断北门土方工程，沙石、砖块供应及运输等劳务市场，采用所谓的"谈判""协商""调解"等非暴力手段，有组织地大肆实施强迫交易、敲诈勒索等违法犯罪活动，非法获取巨额经济利益。这些经济利益或用于进行购买机械设备、"买断劳务"等犯罪准备，或用于为组织成员提供工资福利和生活费用，笼络组织成员，或用于行贿牟利等违法犯罪活动，以维系组织的生存、发展，坐大成势，称霸一方。该组织的行为严重破坏了北门劳务市场交易秩序，对旌德县房地产开发行业的正常秩序产生了恶劣影响，损害了旌德县的经济发展环境。被告人符青友的行为已构成组织、领导黑社会性质组织罪。被告人汪利群、吕宽仂、谢观宏、符青红、黄国有、王文宾、张国庆、符腊美、刘道财的行为已构成参加黑社会性质组织罪……数罪并罚。判决如下：

被告人符青友犯组织、领导黑社会性质组织罪，判处有期徒刑七年，并处没收财产人民币二百万元；犯强迫交易罪，判处有期徒刑五年，并处罚金一百五十万元；犯敲诈勒索罪，判处有期徒刑四年，并处罚金三十万元；犯故意销毁会计账簿罪，判处有期徒刑一年，并处罚金五万元；犯对公司、企业人员行贿罪，免予刑事处罚；犯行贿罪，判处有期徒刑一年。数罪并罚，决定执行有期徒刑十五年,并处没收财产人民币二百万元,罚金人民币一百八十五万元。

……(其他被告人判决情况略)

宣判后,犯罪嫌疑人符青友、汪利群、吕宽仂、谢观宏、符青红、黄国有、王文宾、张国庆、符腊美提出上诉,均认为其行为不构成组织、领导、参加黑社会性质组织罪。

宣城市中级人民法院经审理查明:

2003年,旌德县人民政府对旌阳镇北门旧城区进行改造,被告人符青友等人成为失地农民。2004年,旌德县县城北门街区改造建设指挥部在旌北改〔2004〕3号会议纪要中要求在价格、质量、服务效果同等的情况下,由所在地村级劳务组织优先承揽劳务。

2003年年底,符青友、汪利群、刘道财合伙购买了一台挖掘机,在北门范围内承揽土方工程。为便于承接工程和解决纠纷,三人邀请了旌德县旌阳镇新光村(2005年并入北门社区)书记冯德田隐名合伙,以"三友公司"(当时未注册)名义承揽工程。2004年年初,符青友、汪利群、刘道财以土地被征用,需要寻找生活出路为由,向旌德县政府提出申请,要求以"三友公司"的名义承包北门旧城改造中的各项劳务,得到"在同等条件下优先安排"的批示。2006年3月符青友、汪利群、刘道财注册成立了三友公司,符青友任法定代表人,全面负责公司经营及重要事项的决策;汪利群负责该公司财务;刘道财负责工程施工。其间,符青友、汪利群、刘道财三人利用旌德县北门旧城区改造之机,为强揽工程,共同实施强迫交易、敲诈勒索等犯罪而组成较为固定的犯罪组织,并以三友公司为依托,大肆实施强迫交易,敲诈勒索,抽逃出资,故意销毁会计账簿,对公司、企业人员行贿,行贿等行为,对旌德县城北门范围内的土方工程形成较大影响。自2003年至案发,该犯罪组织在北门土方工程中非法获利1,067,721.36元,上述非法获利已作为三友公司利润在股东间按出资比例分配。

2002年3月,为加强城区建筑劳务市场管理工作,旌阳镇原新光村成立了新光村劳务市场管理领导组,所辖的北门、老伍、窑上等村民组分别成立劳务队，从事建筑工地运输业务。其中，北门劳务队由吕宽仂任队长，成员主要是北门村民组有运输机械的农民。2007年10月，符青友出面将北门村民组范围内的建筑劳务一次性“买断”，吸收吕宽仂、符青红、谢观宏、黄国有、王文宾、张国庆等十八户入股参加，形成买断后的北门劳务组。符青友等人为强揽沙石、红砖供应及运输劳务，以买断后的北门劳务组为依托，为共同实施强迫交易、敲诈勒索犯罪而组成较为固定的犯罪组织，对北门村民组所辖范围内在建工程的沙石、红砖供应及运输劳务形成较大影响。2008年，该组织吸收符腊美加入，并买断和平、老伍村民组在旌阳镇中易文锦苑二期建设工程中的劳务。2010年6月，该组织吸收汪利群加入，买断窑上、汪家村民组在旌阳镇中易文锦苑三期建设工程中的劳务。该组织自2007年起至案发，通过多次实施强迫交易、敲诈勒索等行为，对北门村民组所辖范围及被买断劳务的在建工程中沙石、红砖等建筑材料供应及运输劳务产生一定控制。符青友等人将通过强迫交易手段高价获得的沙石供应交由其他人承揽，从中获取巨额利润，在沙石供应方面非法获利1,927,023.54元；通过敲诈勒索手段获取补偿款303,660元。该组织将上述非法获利在成员间平均分配，已查明的分红金额达210万元。

以符青友为首要分子的两犯罪组织除单独实施上述行为外，还在旌阳镇解放北路等部分工程建设上，为了各自利益，相互帮衬，共同实施强迫交易、敲诈勒索犯罪行为，强揽土方工程和劳务，符青友等人实施的具体犯罪活动如下：

（一）强迫交易的事实

1. 2003年11月，符青友、汪利群、刘道财合伙购买了一台挖掘机。为强揽旌阳镇利民安置区土方工程，3人未经被害人陈颖松同意便将挖掘机开到陈颖松的施工现场。符青友通过谩骂、恐吓挖掘机驾驶员，拦停工程机械的威胁方式，强行要求承揽部分工程。陈颖松被迫将部分工程交给符青友等3人施工。后陈颖松退出利民安置区土方工程，离开旌德县。之后，符青友等3人以北门农民失地为由，并以“三友公司”（未经工商登记成立）名义，向旌德县政府申请承包北门旧城改造中的各项劳务，得到“在同等条件下优先安排"的批示。符青友、汪利群、刘道财故意曲解该批示的本意,借该批示对中易公司施压,强行要求中易公司将利民安置区剩余土方工程交由3人施工,中易公司被迫与3人签订协议。符青友、汪利群、刘道财从该项工程中非法获利234,973元。

2. 2004年年初,符青友、汪利群、刘道财多次找到中易公司,以农民失地为由,歪曲"在同等条件下优先安排"批示的本意,认为在北门范围内的土方工程必须由3人施工,强行要求中易公司将北门开发范围内的土方平整工程交由3人施工,中易公司被迫答应。符青友、汪利群、刘道财从该项工程中非法获利562,430.89元。

……(其他强迫交易的事实略)

(二)敲诈勒索的事实

1. 2007年10月,旌德县泰科置业有限公司开发建设旌阳镇泰科上河铭门工程,该工程土方项目由三友公司承揽施工(含开挖、回填、清运)。同年11月,在施工过程中,当施工方负责人蒋兆华要求被告人符青友履行协议,将渣土清理外运时,符青友却以渣土中含有中易公司的渣土为由,要求施工方另行支付费用。为了不延误工期,泰科公司被迫答应符青友的要求,额外支付了39,450元。

2. 2008年1月,旌阳镇中易北组团1号楼建设过程中,被告人吕宽仂、谢观宏、符青红、黄国有、张国庆、黄智勇找到施工方负责人吴成震,要求砖块运输必须交由北门劳务组承揽,或者支付补偿款。为了不延误工期,吴成震被迫同意对北门劳务组进行"补偿",共支付补偿款23,210元。

3. 2008年2月,旌阳镇中易北组团2号楼建设过程中,被告人吕宽仂、谢观宏、符青红、黄国有、张国庆、黄智勇、王文宾找到施工方负责人吴洪峰、方卫国,要求砖块运输必须交由北门劳务组承揽,或者支付补偿款。为了不延误工期,施工方被迫支付红砖补偿款5120元。上述被告人采取同样的方法向中易北组团3号楼、4号楼施工方负责人温宗淮索取了红砖补偿款10,000元。

……(其他敲诈勒索的事实以及故意销毁会计账簿,对公司、企业人员

行贿,行贿等事实略)

宣城市中级人民法院认为三友公司与北门劳务组在资金来源、业务范围、利润分配上相互独立,一审判决将三友公司与北门劳务组认定为符青友统一领导下的黑社会性质组织不当。三友公司和北门劳务组将获取的经济利益在股东或劳务组成员间按出资比例分配,股东或劳务组成员将分得的经济利益用于各自的家庭生活,未将获取的非法经济利益再用于组织的生存和发展,认定本案具备黑社会性质组织的经济特征证据不足。符青友等人在承揽土方工程或沙石材料供应的过程中,违法犯罪行为的暴力性不突出,不符合黑社会性质组织的行为方式。一审判决认定符青友等10名被告人犯组织、领导、参加黑社会性质组织罪的证据不足……符青友组织、领导犯罪集团进行强迫交易等犯罪活动,系犯罪集团的首要分子,应按集团所犯全部罪行处罚。其中,组织、领导强迫交易38起,非法获利3,246,744.90元,敲诈勒索10起,犯罪数额303,660元;故意销毁依法应当保存的会计账簿,情节严重,向公司、企业人员行贿40,000元;行贿89,759元等。应依照《中华人民共和国刑法》判决如下:

上诉人符青友犯强迫交易罪,判处有期徒刑五年,并处罚金人民币一百万元;犯敲诈勒索罪,判处有期徒刑四年,并处罚金人民币三十万元;犯故意销毁会计账簿罪,判处有期徒刑一年,并处罚金人民币五万元;犯对公司、企业人员行贿罪,免予刑事处罚;犯行贿罪,判处有期徒刑一年。数罪并罚,决定执行有期徒刑九年,并处罚金人民币一百三十五万元。

……(其他被告人改判情况略)

二、律师观点

如何认定黑社会性质组织行为特征中的暴力性?

根据《刑法》第二百九十四条的规定,黑社会性质组织在行为方面表现为"以暴力、威胁或者其他手段,有组织地多次进行违法犯罪活动,为非作恶,欺压、残害群众",《黑社会案件解释》对此作了进一步解释,将黑社会性质组织的行为特征概括为:"在一定区域或者行业范围内,以暴力、威胁、滋扰等手段,大肆进行敲诈勒索、欺行霸市、聚众斗殴、寻衅滋事、故意伤害等违法犯罪活动,严重破坏经济、社会生活秩序。"实践中可从暴力程度(如明显的暴力,或以暴力相威胁。使用刀具、枪支弹药,非法拘禁等。专门帮助要债的公司,跟随当事人、上门静坐,让其丢面子,但没有打砸,没有使得员工无法工作)和暴力次数(组织犯罪的范围;组织者授意下的行为;没有授意,是组织规章或组织者默许下的行为;没有授意,是为维护组织利益的行为。个人,为个人利益,或者因临时矛盾激化的或自己预谋事实的,不是组织犯罪)进行评判。黑社会性质组织犯罪的价值取向是企图在以刑罚为后盾的法律秩序中建立以暴力犯罪手段为后盾的反社会秩序,如果涉案组织所实施的行为虽然具备暴力性,但暴力行为有限或具收敛和指向性,便与黑社会性质组织的犯罪价值取向相悖,从而不认定其为黑社会性质组织。即使涉案组织确实实施了符合黑社会性质组织犯罪价值取向的暴力行为,也能通过排除的方式使涉案组织不符合黑社会性质组织犯罪的要求。首先,将涉案组织的所有犯罪案件分为两部分:符合行为要求的犯罪案件、暴力程度不深的犯罪案件;其次,排除暴力程度达到行为要求的犯罪案件,如这些案件是个别成员因个人矛盾发生的;最后,论证暴力程度不深的犯罪案件的犯罪性质和严重程度还不足以形成非法控制或重大影响。

2009年《座谈会纪要》认为,根据司法实践经验,《刑法第二百九十四条第一款的解释》中规定的"其他手段"主要包括:以暴力、威胁为基础,在利用组织势力和影响已对他人形成心理强制或威慑的情况下,进行所谓的"谈判""协商""调解";滋扰、哄闹、聚众等其他干扰、破坏正常经济、社会生活秩序的非暴力手段。从而明确将"非暴力"或者说"软暴力"手段纳入了黑社会性质组织的行为方式之中。黑社会性质组织犯罪"软暴力"的行为特征,是以聚众造势、威胁、滋扰等取代直接的暴力加害,以不道德或者违法行为达到过去实施犯罪行为才能达成的效果,通过"逼而不打、打而不伤、伤而不重"的方式,使群众产生心理恐惧,对一定行业和地域范围内的生产经营者形成心理强制,从而既能达到攫取非法经济利益的目的,又能避免因严重刑事犯罪受到严厉惩处的后果。即使直接实施的暴力犯罪,多数也是使用轻微暴力或者暴力行为，不对被害人造成严重人身伤害后果。具体而言，大致有以下几种类型：

(1)聚众造势。主要表现为有组织、规模化的公开展示行动，如纠集刑满释放人员，利用被害人对其身份的恐惧心理形成心理优势，雇佣或者邀约社会闲散人员形成人数优势，准备刀、枪、棍棒形成武力优势，通过站场、哄闹、打砸，间或升级为寻衅滋事犯罪、故意毁坏财物犯罪等，对群众的心理造成威慑，在社会上逐渐形成声势、树立“威信”，形成一定的影响力，以便于压制对手、争夺利益。

(2)威胁(恐吓)。一般表现为公开、直接地针对特定对象实施，包括使用言语、行为、物件等进行威胁(恐吓)。言语威胁(恐吓)，是指黑社会性质组织分子采取言语攻击的方式，造成被害人精神上的折磨，产生恐惧进而形成心理强制，既有直接面对面实施的形式，又有通过电话、短信或者社交平台等通讯联络工具“隔空喊话”的形式。行为威胁(恐吓)，是指黑社会性质组织分子伪装成危险分子，使用肢体动作或者展示具有杀伤力的刀、枪、械具等，造成被害人害怕、恐慌，进而形成心理强制。物件恐吓，一般并不与被害人直接接触，但能够让被害人明确感知行为人身份和目的，是指在被害人住所或者办公场所大门、外墙等处，涂刷带有恐吓性的言语、图案，或者张贴带有恐吓性言语、图案的张贴物，或者在门外摆放动物尸体等。

(3)滋扰。主要表现为使用不道德甚至违法的各种方法和手段来达到目的，是最为复杂且形式也最多样的一类，难以列举穷尽，包括但不限于跟踪、纠缠，制造纠纷、恶意举报，反复拨打对方电话进行骚扰，堵塞住宅或者办公场所大门的锁具、焊封大门，在对方经营场所占位干扰对方正常经营，阻拦对方的客户，等等。

“软暴力”作为黑社会性质组织犯罪的暴力或者暴力威胁的一种表现形式，在司法实践中的认定存在较大难度，主要原因有：

(1)取证极为困难。“软暴力”主要对群众以及被害人的心理、精神造成伤害，由于不似肉体伤害那么直观，且担心、害怕受到报复，群众往往不敢报案或者不愿作证。消除群众的惧怕心理本就困难，而要量化、评估这种精神强制的影响范围、伤害程度、持续时间，以及“软暴力”形式的行为手段与介入经济活动取得收益之间的关联性，更需要大量的调查取证，收集样本既要满足充足性，又要具备代表性，才能够全面、完整、客观地反映一定区域内人民群众遭受侵害的准确情况。因此，取证的确存在很大难度，对取证力量、取证能力都提出了更高的要求。

（2）认定暴力特征、影响力和控制特征具有一定难度。一方面，由于“软暴力”不似传统严重暴力犯罪，往往采用打“擦边球”的方式，使得其诸多行为介于违法与犯罪之间，暴力性不突出、不典型，因此，对暴力特征的认定存在一定难度；另一方面，随之而来的就是对影响力和非法控制特征的认定产生不利影响，“软暴力”这种不突出、不典型的暴力或者暴力威胁，能否达到对一定区域、一定领域产生足够的威慑，即形成影响力，无论客观还是主观上的判断，都存在较大难度。在坚决贯彻对黑社会性质组织“打早打小”和严打方针的同时，必须坚守严格执法、依法处置的法律底线，不能人为改变定性和证明标准。

（3）“软暴力”行为手段的认定存在困难。由于社会生活的复杂性、人的行为表现的多样性，对同一种行为的道德评价、法律规范上的评价，客观上处在不断发展变化之中，主观上也有不同的认识和理解，因此，不能简单地以行为手段及其后果表现为非暴力还是暴力、是违法行为还是犯罪行为等来判断是否属于“软暴力”。由于“软暴力”的行为手段不断翻新、层出不穷，法律规定和政策指引并无穷尽罗列的可能，如何准确甄别是否属于“软暴力”，应当根据2018年中共中央、国务院发布的《关于开展扫黑除恶专项斗争的通知》，结合2018年《指导意见》，从案件中各种因素的关联性出发，从本质上进行考查，即这种行为手段是否是以组织的势力、影响和犯罪能力为依托，暴力、威胁的现实可能性是否存在，是否足以使他人产生恐惧、恐慌进而形成心理强制，或者足以影响、限制人身自由、危及人身财产安全，或者影响正常生产、工作、生活。虽然承认黑社会性质组织的违法犯罪行为包括非暴力性方式，但暴力或以暴力相威胁始终是黑社会性质组织实施违法犯罪活动的基本手段，因而强调在黑社会性质组织行为特征的认定中，应有证据证明部分行为有明显的暴力或以暴力相威胁特征。否则，定性时应当特别慎重。

本案被告人符青友等人通过三友公司和北门劳务组基本垄断了旌德县城北门开发改造范围内的土方工程，并对北门村民组所辖范围内在建工程的砂石、红砖材料供应、运输业务进行了控制。从表面上看，已经初步具备黑社会性质组织的非法控制特征。检察机关以组织、领导、参加黑社会性质组织罪提起公诉，一审法院也认定符青友等人构成黑社会性质组织犯罪。但根据我国刑法的规定和2009年《座谈会纪要》的精神，仅仅形成一定程度的非法控制并不能满足认定黑社会性质组织的全部条件。

1. 从组织特征上看，三友公司和北门劳务组的人员虽都服从符青友的管理，组织成员较多，但其层级不清晰，组织体系不明显，并不具备黑社会性质组织的组织特征。与犯罪团伙、犯罪集团相比，黑社会性质组织应具有较强的组织性、稳定性、严密性，组织内部一般存在明确的层级结构、较为严格的帮规戒律，且组织者、领导者明确，骨干分子基本固定，能够对组织资金使用、人员安排、重大违法犯罪活动等事项予以掌控。本案中，三友公司与北门劳务组采用的都是参与者平等出资、利润平均分配的经营模式。三友公司和北门劳务组的内部人员虽有分工，却无明显的层级结构。当与开发商、承建商产生纠纷时，成员间相互通知，为追求共同的经济利益自觉参与违法犯罪活动，并非是为维护组织利益、接受组织调遣、遵照组织纪律而参与违法犯罪活动，且每次参与的人员不确定，一般是当天在家的劳务组成员。既没有比较明确的层级和职责分工，也没有约定俗成的纪律、规约，不能认定三友公司和北门劳务组具备黑社会性质组织的组织特征。

2. 从经济特征上看，2009年《座谈会纪要》指出，所获经济利益"用于违法犯罪活动或者维系犯罪组织的生存、发展"一般是指购买作案工具、提供作案经费，为受伤、死亡的组织成员提供医疗费、丧葬费，为组织成员及其家属提供工资、奖励、福利、生活费用，为组织寻求非法保护以及其他与实施有组织的违法犯罪活动有关的费用支出等。本案中，符青友等人通过北门土方工程、砂石供应及实施敲诈，非法获利300余万元，具有一定的经济实力。

但在利益分配上，三友公司和北门劳务组都将获取的经济利益平均分配，组织的财务机构只是空转，成员将所得利润用于各自的家庭生活消费，并未将获取的非法经济利益用于组织的生存和发展。例如，三友公司每次需要购置设备以及北门劳务组三次买断劳务，都是参加者平均出资，获取的利润平均分配，且三次参与出资买断劳务的人员也不完全相同。可见，三友公司和北门劳务组在经济方面具有“遇事共同筹资、获利坐地分赃”的特点，与黑社会性质组织有组织地攫取经济利益并有组织地将经济利益用于自我发展是迥然有别的。

除了以上组织特征、经济特征方面的欠缺之外，涉案犯罪组织行为方式的暴力性不明显，也是宣城市中级人民法院审理后未将其认定为黑社会性质组织的重要原因。一审宣判后，符青友等人上诉提出：三友公司、北门劳务组承揽的工程、从事的劳务都是本村村民组的项目，对外村村民组织的工程、劳务都是通过出钱购买、给予补偿等方式获得，没有以暴力、威胁手段获取，不构成黑社会性质组织犯罪。因此，对符青友等人的三友公司、北门劳务组是否构成黑社会性质组织，应结合组织特征、经济特征、行为特征全面审查，尤其是如何把握和认定黑社会性质组织的行为特征是本案定性的关键。

本案中，三友公司和北门劳务组的成立具有特殊的时代背景。被告人符青友等人在旌德县人民政府于2003年对旌阳镇北门旧城区进行改造时成为失地农民，符青友等人成立三友公司和北门劳务组，以失地农民的身份承包北门改造中的各项劳务，最初只是为了解决失去土地后的生计问题，这种现象在当时、当地并非个例。正因如此，旌德县城北门街区改造建设指挥部旌北改〔2004〕3号《北门改造指挥部关于劳务问题协调会议纪要》中提出“当地劳务当地做，同等条件下要照顾失地农民的利益”。三友公司向县委、县政府提交了要求优先承揽北门旧城改造中各项劳务工程的申请书，县委、县政府、旌阳镇政府主要领导签字，同意了符青友等人的申请。在北门劳务组、三友公司与施工企业在找外单位施工过程中发生诸多纠纷时，当地政府或者北门社区都是支持北门劳务组、三友公司的。可见符青友等人成立三友公司和北门劳务组的目的是在自己原本生活的地域内从事土方工程、劳务，自谋生路，不是为了通过实施违法犯罪活动去建立与政府对抗的“地下王国”，而且还在一定程度上得到了政府的支持。尽管其在此过程中有组织地实施了违法犯罪活动，但与那些妄图建立非法秩序，依靠逞强斗狠，通过暴力、威胁手段实施一系列违法犯罪活动达到非法控制的黑社会性质组织有所不同。

符青友等人利用三友公司和北门劳务组有组织地在旌德县城北门建设工地上承揽土方工程或沙石材料供应业务，并多次实施强迫交易、敲诈勒索犯罪。仅从触犯的罪名、犯罪的次数以及非法获利数额等方面来看，其行为基本符合黑社会性质组织行为特征中的有组织性、违法性和危害严重性等特点。但符青友等人实施强迫交易、敲诈勒索犯罪的手段的暴力色彩极为微弱，既没有带领组织成员实施打打杀杀的行为，也不是通过暴力在旌德县城对人民群众形成事实上的心理威慑。符青友等人在承揽土方工程或沙石材料供应业务过程中，大多数是以“当地事由当地人做”、政府批复“同等条件下优先安排劳务”等为理由，与开发商、承建商进行“谈判”“协商”承揽工程，而这些“谈判”“协商”并不是以暴力为基础。在少数项目中，符青友等人以自己是失地农民要生活、“工程在谁地皮上劳务由谁做”为理由，采取到工地堵门、堵路、不让施工等手段强揽土方工程或砂石供应，没有直接对开发商、承建商或其他提供劳务者使用暴力或以暴力相威胁。开发商、承建商之所以妥协退让，也不是基于对暴力或者以暴力相威胁的恐惧，而是为了避免因符青友等人的滋扰导致工程拖延。与其说开发商、承建商的心理受到强制，不如说是不胜其烦。因此，本案在行为特征方面，与黑社会性质组织应有的行为方式存在明显区别。

综上，二审法院不认定三友公司和北门劳务组为黑社会性质组织，并对被告人符青友等人予以改判是正确的。

如何准确界定黑社会性质组织实施的违法犯罪活动

——刘汉等人组织、领导、参加黑社会性质组织案①

一、基本案情

被告人刘汉，男，汉族，1965年10月25日出生，原系四川汉龙(集团)有限公司董事局主席，曾任中国人民政治协商会议四川省第九届委员会委员，第十届、第十一届委员会常务委员会委员，四川省工商业联合会副会长。2013年8月8日因本案被逮捕。

被告人唐先兵，男，汉族，1974年8月11日出生。2013年7月27日因本案被逮捕。

……(其他被告人、被告单位的基本情况略)

湖北省咸宁市人民检察院以被告人刘汉犯组织、领导黑社会性质组织罪，故意杀人罪，故意伤害罪，非法拘禁罪，非法买卖枪支罪，非法持有枪支、弹药罪，串通投标罪，非法经营罪，敲诈勒索罪，故意毁坏财物罪，妨害公务罪，寻衅滋事罪，开设赌场罪，窝藏罪，骗取贷款、票据承兑、金融票证罪；被告人唐先兵犯参加黑社会性质组织罪，故意杀人罪，故意伤害罪……被告人仇德峰犯参加黑社会性质组织罪、故意杀人罪向咸宁市中级人民法院提起公诉。

咸宁市中级人民法院经审理查明：

(一)组织、领导、参加黑社会性质组织的事实

1993年，被告人刘汉在四川省广汉市开办圣罗兰游戏机厅，从事赌博活

① 参见最高人民法院刑事审判第一、二、三、四、五庭：《刑事审判参考》(总第107集)案例第1158号。

动，由其哥哥刘坤(曾用名刘建，另案处理)管理。此后，刘汉与孙晓东(另案处理)在四川省绵阳市合伙成立绵阳市平原建材公司，通过经营建筑材料、从事期货交易等业务，逐渐积累经济实力，并于1997年3月在绵阳市成立被告单位四川汉龙(集团)有限公司(以下简称汉龙集团)，后又安排被告人刘小平(刘汉的姐姐)管理公司财务。同年4月，汉龙集团成立绵阳小岛建设开发有限公司，在绵阳市游仙区小岛开发房地产，招募被告人唐先兵、仇德峰等组建保安队。保安队多次对当地村民使用暴力；强行推进工程建设，唐先兵等人将村民熊伟杀死。其间，被告人孙华君(孙晓东的哥哥)经营典当行，网罗被告人缪军、李波、车大勇、刘岗等人在广汉市、绵阳市发展黑恶势力。孙华君为刘汉、孙晓东发展经济实力提供武力保护，将缪军、车大勇、刘岗派到刘汉、孙晓东开办的经济实体工作，在刘汉、孙晓东的指使下组织唐先兵等人枪杀了对汉龙集团产生威胁的王永成。

与此同时，以刘维(刘汉的弟弟，另案被告人)为首的黑恶势力在被告人刘汉的资助下不断发展、壮大。1994年9月，刘维因妨害公务被取保候审后回到广汉市。刘汉将圣罗兰游戏机厅交给刘维经营，出资为刘维开办餐饮、娱乐场所。刘维积累了一定经济实力后，逐步发展手下成员，将广汉市有名的"操哥"(混社会的人)陈富伟的"小弟"曾建军(另案被告人)、张顺(另案处理)收归名下，还将陈力铭、旷晓燕、文香灼、旷小坪(均系另案被告人)等人发展为"小弟"。曾建军、陈力铭、旷晓燕、文香灼、旷小坪等人亦各自发展手下成员。刘维安排曾建军等人在赌博游戏机厅"看场子"、收取"保护费"，枪杀了与其争夺势力范围的"操哥"周政，逐步垄断了广汉市赌博游戏机行业。刘维还成立广汉市乙源实业发展有限公司等经济实体大肆敛财，结交四川省什邡市人民检察院原副检察长刘忠伟、四川省德阳市公安局刑侦支队原政委刘学军、德阳市公安局装备财务处原处长吕斌(均系另案被告人)等人充当其"保护伞"，将广汉市音豪娱乐会所作为组织集会场所。刘维还为刘汉、孙晓东聚敛钱财、排除异己提供暴力支持，多次派手下携带枪支保护刘汉，为刘汉、孙晓东等人杀害王永成、策划杀害史俊泉提供枪支，并策划枪杀了对刘家产生威胁的陈富伟。

随着经济实力的增强,被告人刘汉与孙晓东于2000年将汉龙集团总部迁至四川省成都市。刘汉、孙晓东通过“政商结合”,不仅成为四川省知名的民营企业家,还分别获得四川省政协常委、绵阳市人大代表等身份,并利用政治地位和结交的关系多次对刘维、孙华君等人的违法犯罪活动提供庇护。

该犯罪组织崇尚暴力,从武术学校、退伍军人中招募多名保安、保镖,吸纳刑满释放人员和社会闲散人员,购置刀具、警械,非法买卖、持有大量枪支、弹药,为实施暴力犯罪提供保障。该犯罪组织宣扬“为公司利益要敢打敢冲,出了事公司会负责”“要是公司遇到事了,打架要打赢,要勇敢一点”“表现好的有重用,不好的被开除”“‘哥佬倌’带小弟,小弟服从‘哥佬倌’指挥”等不成文的规约和纪律,纵容成员为组织利益实施违法犯罪活动,并通过奖励、提拔为组织利益“敢打敢冲”的成员和开除少数违反组织纪律的成员,不断强化组织纪律和规约,树立组织者、领导者权威。

该犯罪组织不仅通过有组织地实施开设赌场、敲诈勒索等违法犯罪活动敛财,壮大经济实力,还分别依托汉龙集团、乙源实业公司等经济实体的经营活动获取巨额经济利益,具有强大的经济实力。为了扩充经济实力、维护组织利益,被告人刘汉和刘维、孙晓东等人以暴力为后盾,利用黑恶势力排挤、打击竞争对手,铲除障碍,“以黑护商”。该组织还“以商养黑”,将所获收益部分用于支持组织成员实施违法犯罪活动,购买枪支、弹药、刀具和车辆等作案工具,提升组织犯罪能力,增强组织威慑力;组织手下成员聚会、娱乐、吸毒等,为组织成员发放工资、奖金,购买房屋、车辆,偿还赌债,提供逃跑、赔偿费用;收买国家工作人员,为组织实施违法犯罪活动提供庇护。该犯罪组织为树立其非法权威,维护其非法利益,为非作恶,欺压、残害群众,有组织地实施了故意杀人,故意伤害,非法拘禁,非法买卖枪支,非法持有枪支、弹药,敲诈勒索,故意毁坏财物,妨害公务,寻衅滋事,开设赌场,窝藏等数十起犯罪活动以及随意殴打他人、聚众赌博、串通拍卖等11起违法行为,共造成8人死亡、多人受伤等极其严重的危害后果。该组织通过实施违法犯罪活动及利用国家工作人员的包庇和纵容,称霸一方,在广汉市、绵阳市、什邡市等形成重大影响,并对广汉市的赌博游戏机行业形成非法控制,严重破坏了上述地区的经济秩序和社会生活秩序。

(二)故意杀人的事实

1997年4月,汉龙集团成立小岛公司,开发四川省绵阳市游仙区小岛。工程开发过程中,小岛公司多次与当地村民发生冲突。在1998年3月至4月的一次冲突中,被告人唐先兵(小岛公司保安)被村民熊伟(男,绰号熊三娃,22岁)打伤。唐先兵起意报复熊伟,并请同为该公司保安的被告人仇德峰等帮忙。1998年8月13日23时许,唐先兵从仇德峰处得知熊伟行踪后,携带水果刀赶到绵阳市凯旋酒廊。仇德峰向唐先兵指认了熊伟所在位置,唐先兵走进酒廊,持刀朝熊伟右胸部连扎两刀后跑出酒廊,乘坐仇德峰事先租好的出租车逃离现场。熊伟被他人送往医院经抢救无效死亡。经法医鉴定,被害人熊伟系外伤性心脏破裂死亡。时任汉龙集团娱乐有限公司经理的被告人肖永红得知情况后,当即向孙晓东汇报,并分别安排唐先兵、仇德峰到广汉躲藏,为二人提供生活费,仇德峰工资照发。后仇德峰回到绵阳,汉龙集团将其从小岛公司保安队调至工程部开车,工资待遇提高。

1999年年初,被害人王永成(男,29岁)的朋友李小东因琐事被汉龙集团员工何均等人砍伤,王永成扬言要炸毁汉龙集团办公场所、保龄球馆及汉龙集团总经理孙晓东乘坐的车辆。孙晓东得知该消息后,即向被告人刘汉作了汇报,刘汉指使孙晓东找人“做掉”王永成。孙晓东向被告人孙华君、缪军传达了刘汉要教训王永成的指示。孙华君安排黄强、杨建伟(均另案处理)打探王永成行踪,提供桑塔纳轿车用于作案。刘维应孙晓东的要求,安排其司机罗廷刚(另案处理)将2支手枪、1支滑膛枪送交缪军。缪军安排被告人车大勇开车,将枪支分发给被告人唐先兵、刘岗、李波,组织唐先兵等人试枪并在汉龙集团职工宿舍集中住宿。同年2月13日晚,黄强、杨建伟在绵阳市凯旋酒廊发现王永成,随即联系缪军。缪军安排车大勇驾驶桑塔纳轿车载唐先兵、刘岗、李波前往,其随后赶到。在凯旋酒廊门口,黄强向缪军等人指认了王永成,缪军先行离开。唐先兵、刘岗各持手枪在凯旋酒廊门口守候,李波持滑膛枪在附近警戒。当王永成走出凯旋酒廊时,唐先兵朝王连开两枪,将王击倒在地。刘岗亦开枪,但因枪支故障未能击发。随后,车大勇驾车接应唐先兵等人逃离现场。王永成因被枪弹击伤致外伤性心脏破裂、双肺裂创,经抢救无效死亡。

事后,当地公安机关根据相关线索怀疑孙华君、缪军等人涉嫌犯罪,对其进行抓捕。缪军、车大勇将作案所用桑塔纳轿车销毁。孙晓东将王永成已被杀死以及公安机关抓捕情况向被告人刘汉作了汇报,刘汉当即安排孙华君等人到深圳市佳宁娜广场小区躲藏。经刘汉同意,孙晓东在孙华君、缪军逃匿期间从汉龙集团的资产中给予孙华君、缪军共计100余万元,为唐先兵、刘岗、缪军长期发放工资直至该三人归案,还提供凯迪拉克轿车和奥迪A8轿车给孙华君使用。

……(其他犯罪事实略)

咸宁市中级人民法院认为,被告人刘汉伙同他人网罗被告人唐先兵、孙华君、缪军、刘岗、李波、仇德峰、肖永红、车大勇等,形成较稳定的犯罪组织。该组织存续20年,成员多达30余人,有明确的组织者、领导者,骨干成员基本同定;通过有组织地实施违法犯罪活动或者其他手段获取经济利益,具有强大的经济实力,以支持该组织的活动;以暴力、威胁或者其他手段,有组织地实施故意杀人、故意伤害、非法拘禁等违法犯罪活动数十起,非法持有、买卖枪支20支,为非作恶,欺压、残害群众,共造成8人死亡、多人受伤等严重后果;通过实施违法犯罪活动和利用国家工作人员的包庇、纵容,称霸一方,在四川省广汉市、绵阳市、什邡市等地形成重大影响,并对广汉市的赌博、游戏机行业形成非法控制,该犯罪组织依法应认定为黑社会性质组织。

被告人刘汉组织、领导黑社会性质组织,其行为构成组织、领导黑社会性质组织罪。被告人刘汉作为黑社会性质组织的组织者、领导者和首要分子,应当对该组织所实施的全部罪行负责,其行为分别构成组织、领导黑社会性质组织罪,故意杀人罪,故意伤害罪,非法拘禁罪,非法买卖枪支罪,非法持有枪支、弹药罪,非法经营罪,敲诈勒索罪,故意毁坏财物罪,妨害公务罪,开设赌场罪,寻衅滋事罪和窝藏罪……判决如下:

被告人刘汉犯组织、领导黑社会性质组织罪,判处有期徒刑十五年,并处没收个人全部财产;犯故意杀人罪,判处死刑,剥夺政治权利终身;犯故意伤害罪，判处有期徒刑十三年；犯非法拘禁罪，判处有期徒刑十年；犯非法买卖枪支罪，判处有期徒刑三年；犯非法持有枪支、弹药罪，判处有期徒刑五年；犯非法经营罪，判处有期徒刑七年，并处没收财产人民币三千万元；犯敲诈勒索罪，判处有期徒刑五年；犯故意毁坏财物罪，判处有期徒刑三年；犯妨害公务罪，判处有期徒刑二年；犯开设赌场罪，判处有期徒刑五年，并处罚金人民币二百万元；犯寻衅滋事罪，判处有期徒刑二年；犯窝藏罪，判处有期徒刑二年；犯骗取贷款、票据承兑、金融票证罪，判处有期徒刑六年，并处罚金人民币五千万元。决定执行死刑，剥夺政治权利终身，并处没收个人全部财产。

……（其他被告人、被告单位的判决情况略）

宣判后，被告人刘汉及其辩护人提出：刘汉不构成组织、领导黑社会性质组织罪，原审判决所认定的组织犯罪，有的系孙晓东、刘维组织实施，刘汉事先根本不知情；有的系他人出于个人恩怨实施；有的被法院生效判决确认为个人犯罪。将这些由多人为各自目的所实施的犯罪拼凑成“有组织地”实施违法犯罪活动，与事实不符，刘汉不应承担刑事责任等上诉理由和辩护意见。

二、法院判决

本案中，故意杀害熊伟的犯罪虽然表面上看似是因组织成员与被害人的个人恩怨而引发，但实际上与维护组织利益密切相关，符合组织的纪律、惯例和共同遵守的约定，属于比较典型的组织犯罪。被告人刘汉崇尚暴力，汉龙集团从武术学校、退伍军人中招募多名保安、保镖，吸纳在逃犯罪嫌疑人、刑满释放人员和社会闲散人员，大量购置枪支、弹药、刀具、警械，为实施暴力犯罪提供保障。该犯罪组织宣扬“为公司利益要敢打敢冲”“打架要打赢”“表现好的有重用，不好的被开除”等不成文的规约和纪律，纵容组织成员为组织利益实施违法犯罪活动。不仅如此，该犯罪组织还通过奖励、提拔为组织利益“敢打敢冲”的成员和开除少数违反组织纪律的成员，不断强化组织纪律和规约，对组织成员的行为产生导向作用。

刘汉、刘维组织、领导黑社会性质组织案中,该组织实施的杀害周政、王永成、陈富伟等三起故意杀人犯罪,均由组织者、领导者提起犯意,骨干成员组织实施,其他组织成员具体执行,是自上而下层层安排;组织者、领导者或骨干成员事先准备枪支、车辆等作案工具,对作案人员进行分工,作案后安排作案人员逃避法律追究,充分反映出该犯罪组织有很强的犯罪能力,实施违法犯罪活动时的组织性很强。在故意杀害王永成的犯罪中,被告人刘汉虽然并未就如何作案等问题进行具体的策划、安排,更未直接参与实施犯罪,但该犯罪组织另一组织者、领导者孙晓东的供述证明,刘汉指使其找几个人把王永成"做掉"。组织成员孙华君的供述也证明,其和缪军这样"操社会"的人都明白刘汉的意思是要杀掉王永成。因此,刘汉在该起犯罪中并非仅是笼统地提出犯意,其对组织成员的指示较为明确。而且,刘汉在案发后安排孙华君、缪军等人藏匿,并提供资助,符合该犯罪组织实施违法犯罪活动的一贯分工和做法,凸显出刘汉在该起犯罪中发挥着"幕后总指挥"的作用,应当认定为该起故意杀人犯罪中罪责最为严重的主犯。

因此,湖北省高级人民法院经审理认为,原审判决认定上诉人刘汉犯组织、领导黑社会性质组织罪,故意杀人罪,故意伤害罪,非法拘禁罪,非法买卖枪支罪,非法持有枪支、弹药罪,敲诈勒索罪,故意毁坏财物罪,妨害公务罪,开设赌场罪,寻衅滋事罪,窝藏罪的事实清楚,定罪准确,量刑适当。依法判决:上诉人刘汉犯骗取贷款、票据承兑、金融票证罪,判处有期徒刑四年,并处罚金人民币一千万元,与原审判决对其犯组织、领导黑社会性质组织罪,判处有期徒刑十五年,并处没收个人全部财产;犯故意杀人罪,判处死刑,剥夺政治权利终身;犯故意伤害罪,判处有期徒刑十三年;犯非法拘禁罪,判处有期徒刑十年;犯非法买卖枪支罪,判处有期徒刑三年;犯非法持有枪支、弹药罪,判处有期徒刑五年;犯敲诈勒索罪,判处有期徒刑五年;犯故意毁坏财物罪,判处有期徒刑三年;犯妨害公务罪,判处有期徒刑二年;犯开设赌场罪,判处有期徒刑五年,并处罚金人民币二百万元;犯寻衅滋事罪,判处有期徒刑二年;犯窝藏罪,判处有期徒刑二年,决定执行死刑,剥夺政治权利终身,并处没收个人全部财产。驳回唐先兵、仇德峰的上诉,维持原判。

湖北省高级人民法院依法对被告人刘汉、唐先兵的死刑判决报请最高人民法院核准。

最高人民法院复核认为，被告人刘汉伙同他人组织、领导人数众多、骨干成员基本固定的较稳定的犯罪组织，有组织地通过违法犯罪活动或者其他手段获取经济利益，具有支持该组织活动的经济实力，以暴力、威胁或者其他手段，有组织地多次进行违法犯罪活动，为非作恶，欺压、残害群众，称霸一方，在一定区域或者行业内形成非法控制或者重大影响，严重破坏经济、社会生活秩序，其行为已构成组织、领导黑社会性质组织罪……在故意杀害王永成的共同犯罪中，刘汉提出杀人犯意，然后藏匿、资助组织成员，起组织、指挥作用……故意杀害熊伟的犯罪系黑社会性质组织的骨干成员唐先兵为维护组织利益而实施……被告人唐先兵积极参加黑社会性质的组织，其行为已构成参加黑社会性质组织罪；唐先兵伙同他人故意非法剥夺被害人生命，其行为已构成故意杀人罪……第一审、第二审判决认定被告人刘汉组织、领导黑社会性质组织，故意杀人，故意伤害，非法拘禁，非法买卖枪支，非法持有枪支、弹药，敲诈勒索，故意毁坏财物，妨害公务，寻衅滋事，开设赌场和窝藏的事实和被告人唐先兵参加黑社会性质组织、故意杀人、故意伤害的事实，以及第二审判决认定被告人刘汉骗取贷款、票据承兑、金融票证的事实清楚，证据确实、充分，定罪准确。第一审判决中除非法经营罪和骗取贷款、票据承兑、金融票证罪以外的量刑及第二审判决量刑适当。审判程序合法。故裁定核准湖北省高级人民法院(2014)鄂刑一终字第00076号刑事判决中对被告人刘汉和被告人唐先兵的定罪量刑部分。

三、律师观点

在审理黑社会性质组织犯罪案件中，黑社会性质组织违法犯罪活动的认定对正确区分黑社会性质组织违法犯罪和组织成员个人违法犯罪有重要意义。2009年《座谈会纪要》对黑社会性质组织违法犯罪与组织成员个人违法犯罪进行了区分，列举了属于黑社会性质组织违法犯罪活动的五种情形，其中四种情形属于并非由组织者、领导者直接组织、策划、指挥、参与的违法犯罪，即“由组织成员以组织名义实施，并得到组织者、领导者认可或者默许的违法犯罪活动；多名组织成员为逞强争霸、插手纠纷、报复他人、替人行凶、非法敛财而共同实施，并得到组织者、领导者认可或者默许的违法犯罪活动；组织成员为组织争夺势力范围、排除竞争对手、确立强势地位、谋取经济利益、维护非法权威或者按照组织的纪律、惯例、共同遵守的约定而实施违法犯罪活动；由黑社会性质组织实施的其他违法犯罪活动”。上述情形下，虽然并非由组织者、领导者直接组织、策划、指挥、参与实施，但应认定为组织的违法犯罪，即意味着组织者、领导者要承担相应的罪责。2015 年《会议纪要》进一步强调：“属于 2009 年《座谈会纪要》规定的五种情形之一的，一般应当认定为黑设会性质组织实施的违法犯罪活动，但确与维护和扩大组织势力、实力、影响、经济基础无任何关联，亦不是按照组织惯例、纪律、活动规约而实施，则应作为组织成员个人的违法犯罪活动处理。”可以看出，组织者、领导者并非对所有组织成员实施的违法犯罪承担责任，纯粹由组织成员个人实施的犯罪，不能视为组织犯罪。组织者、领导者之所以要对一些并非由自己直接组织、策划、指挥、参与的违法犯罪承担责任，一言以蔽之，是与组织意志和组织利益有关。

违法犯罪行为是否具有组织性，应当从是否代表组织意志、是否使用组织名义、是否维护组织利益等方面综合判断。有组织地实施违法犯罪行为具体包括：组织者、领导者直接组织、策划、指挥的违法犯罪行为；组织成员为组织争夺势力范围、谋取经济利益、维护非法权威实施的违法犯罪行为；组织成员以组织名义实施，得到组织者、领导者认可或者默许的违法犯罪行为等。行为的组织性使黑社会性质组织违法犯罪行为区别于其他以个人为目的的违法犯罪行为。

第一，“由组织成员以组织名义实施，并得到组织者、领导者认可或者默许的违法犯罪活动”，是指组织成员以组织名义实施违法犯罪时原本未经组织者、领导者授意，属于“越权”行为，但因组织成员以组织名义实施，不言而喻能扩大组织的影响力，符合组织利益，且因得到了组织者、领导者的认可或默许，体现了组织意志，因而视为组织犯罪。

第二,"多名组织成员为逞强争霸、插手纠纷、报复他人、替人行凶、非法敛财而共同实施的违法犯罪",虽然行为人主观动机上不一定是为了组织利益,但因上述行为是黑社会性质组织经常实施的违法犯罪,通常手段上具有暴力、胁迫性,方式上为公开化或半公开化,犯罪的附带后果能扩大组织的影响力和势力,客观上符合组织利益。而且,多名组织成员共同实施,本身在一定程度上能反映组织意志,尤其是得到组织者、领导者的认可或默许,可能体现组织的意志,因而视为组织犯罪。

第三,"组织成员为组织争夺势力范围、排除竞争对手、确立强势地位、谋取经济利益、维护非法权威而实施违法犯罪",显而易见,这几种情形都是为了组织利益而实施的违法犯罪。其中,为组织谋取经济利益较为直接,而为组织争夺势力范围、排除竞争对手、确立强势地位、维护非法权威与组织的潜在利益有关,有利于黑社会性质组织在今后的竞争中取得优势地位,从而谋取更大的经济利益,因而视为组织犯罪。

第四,"按照组织的纪律、惯例、共同遵守的约定而实施违法犯罪活动",所谓组织的纪律、共同遵守的约定,是指组织制定或者自发形成的,并用以明确组织内部人员管理、职责分工、行为规范、利益分配、行动准则等事项的成文或不成文的规定、约定;所谓惯例,是指能够体现组织意志、宗旨的一贯做法。

可见,上述四种情形均能体现组织意志或符合组织利益,或者是组织利益和组织意志的统一,如果与组织利益无任何关联,即使有组织者、领导者的认可和默许,也不能视为组织犯罪。

首要分子作为黑社会性质组织的组织者、领导者,在组织内部位高权重,对组织其他成员具有明显的、较强的操控性,其具有的深厚组织影响力在绝大多数场合可完全左右其他成员的行为。从共同犯罪的故意内容来看,无论涉黑组织成员实施的犯罪是否实际有受到首要分子的指使、授意,只要该犯罪符合所在组织的活动宗旨和利益,原则上都处在黑老大"概括的故意"范围之内。具体情形可分为:

一是首要分子不知成员实施的具体犯罪行为,但该行为属于组织的犯罪故意范围内。例如,首要分子将"挡我利益者死"作为组织故意犯罪的内容,而对于犯罪将要侵害的客体、对象及范围等并未具体明确,其手下为达组织目标实施了杀人行为,该行为就属于组织的犯罪故意范围。在涉黑组织首要分子不知组织成员实施的具体犯罪行为详情的场合,主要包括以下两种情况:一种情况是,首要分子组织、策划实施犯罪,事先可能拟有具体详细的实施计划或周密安排,但也可能没有这样的计划或安排,而只提供了行为大致的方向或应达到的目标。这种情况在涉黑犯罪中是比较普遍的,例如,涉黑组织首要分子要求其组织成员穷尽一切手段,最大限度地报复侵害本组织利益者。组织成员在这样的要求下,针对"侵害者"而实施的包括故意杀人、故意伤害等在内的所有报复行为,首要分子均应承担相应的刑事责任,不能以没有具体策划和指挥为由进行责任推卸。另一种情况是,如果首要分子仅对组织成员的犯罪内容做出了某种抽象的指示,而没有具体明确限定行为目标和罪名,如首要分子仅作出盗窃的指示,某组织成员在该指示下盗窃了国家级文物,该首要分子对成员盗窃文物的行为是否应承担责任?答案是肯定的,因为该行为并未超出首要分子的概括性故意范围,首要分子当然成立盗窃文物罪。

二是成员对组织的犯罪故意范围发生了误解,信息的传达与接收两者之间并不总是对称的。涉黑组织首要分子在作出某种确定的犯罪指示时,组织其他成员接收和理解的犯罪内容可能因人而异,与首要分子的意思表示存在某种程度上的出入的情况也时有发生。在成员对组织的犯罪故意范围发生了误解的场合,例如,首要分子指示只准进行抢夺,但成员误解为抢劫并实施了该行为,对首要分子的问责应当根据部分共同犯罪的原理。也就是说,如果首要分子所指示的内容与成员所实施的犯罪之间具有重合的性质的话,首要分子就应当在重合的范围内问责,因而首要分子应成立抢夺罪。

三是成员在实施某基本犯罪的过程中,造成了加重结果。多数情况下,首要分子主要负责发号施令,往往不直接参与某犯罪行为的具体实施,因此,对犯罪行为的实际发展动态及最终追求到的犯罪结果可能无法完全把握。换言之,首要分子最初所组织、策划要实施的基本犯罪行为,其手下成员在实际实施的过程中就极有可能超出该犯罪的普通犯罪构成,造成加重的结果。根据结果加重犯理论,其成立要求行为人至少对加重结果具有过失或者能够预见,策划者往往能够预见到可能由此而造成的加重结果,这说明其主观上至少是存在过失的,有罪过。由此可知,首要分子虽然计划实施的是某种基本犯罪行为,但其手下成员因此而造成了加重结果时,首要分子应对加重结果承担相应责任。

四是组织成员实施某种犯罪行为是为了组织的存续或其他利益。在该情形下,首要分子并非一律不用担责,而是要具体问题具体分析。在组织成员实施某种犯罪行为是为了组织的存续或其他利益的场合,即使首要分子对成员的犯罪行为不知情,其也要承担相应的责任。组织成员在首要分子不知情的场合,为了组织的存续利益而实施犯罪,为组织消除威胁,这与首要分子的犯罪意图是吻合的,无异于替首要分子分忧;如果组织成员实施某种犯罪行为表面虽未超出组织所确定的犯罪故意范围,但实际上完全是出于成员的个人原因。在该种场合,首要分子的责任承担,应该根据其组织成员实施的犯罪行为主客观方面、犯罪意图等各方面综合考量判断。一般来说,组织成员的犯罪行为只要未超出本组织所确定的犯罪故意范围,首要分子对该行为就应该负有相应的责任,但是现实的情况千差万别,组织成员实施犯罪行为的原因更是多样。完全出于成员的个人原因而实施与组织所确定的犯罪故意范围正相重合的犯罪,如果成员犯罪的原因和意图与组织没有丝毫关系,则首要分子无须承担责任。

五是事先不知情,但事后知情,即成员超出组织事先确定的犯罪故意范围而实施某种犯罪行为,虽然首要分子事先对此并不知情,但事后知晓并未表示反对。其成员日后实施的同种犯罪行为则应纳入组织的犯罪故意范畴,因为,成员的首次行为实际上起到了扩张首要分子概括性故意的作用。因此,首要分子在事先不知情,但事后知情且并未反对的情况下,理应对知情后其成员实施的同种犯罪行为承担责任。

故意杀害熊伟犯罪是汉龙集团在暴力开发过程中发生的案件。该犯罪组织的另一名组织者、领导者孙晓东的供述可以证明,在开发小岛村时,公司跟村民发生纠纷多用暴力解决。其向刘汉汇报保安将小岛村村民打伤的事,刘汉比较赞同,说只要工程能够顺利推进,不管采用什么方法都行,员工为了公司利益出了事该管就管,该花钱的花钱,该赔钱的赔钱,该鼓励的鼓励,该奖励的奖励。之后,孙晓东将刘汉的意思向下传达。当熊伟被杀案发生后,其向刘汉汇报了情况。刘汉对唐先兵表示赞许,说"这个娃还可以"。由此可见,刘汉虽然事先对故意杀害熊伟案并不具体知晓,但其对组织成员采用暴力手段持肯定态度。该起犯罪的具体参与者唐先兵、仇德峰、肖永红均系汉龙集团的保安或负有保安管理职责的人员。唐先兵到汉龙集团当保安后,汉龙集团领导多次向其灌输暴力文化,其在与小岛村村民的冲突中表现较好,立即受到公司奖励,安排其免费学习驾驶技术,并调整到汉龙娱乐公司当保安。其本人接受上述观念后,认为敢打敢杀才能得到上级的赏识,故在工程开发过程中与熊伟发生冲突后,蓄意报复杀害对方。熊伟被杀后,小岛村村民对汉龙公司心存恐惧,之后,开发项目更为顺利。因此,唐先兵的行为不仅客观上符合汉龙集团的利益,该起犯罪亦得到了组织者、领导者的认可。因此,故意杀害熊伟犯罪既属于组织成员为维护组织利益实施的犯罪,又属于按照组织的纪律、惯例、共同遵守的约定而实施的犯罪。一、二审判决及最高人民法院复核裁定认定上述犯罪系组织犯罪,刘汉应承担责任是正确的。

第六章

黑社会性质组织犯罪的非法控制特征

“非法控制或重大影响”特征的准确认定

——王云娜等人故意伤害等案①

一、基本案情

被告人王云娜，别名刘颖，女，1978年4月25日出生。2009年7月25日因涉嫌故意伤害等罪被逮捕。

被告人王淄，男，1980年7月9日出生。2009年7月25日因涉嫌故意伤害等罪被逮捕。

被告人贺辰宇，男，1988年8月12日出生。2007年12月4日因犯盗窃罪被判处有期徒刑八个月，2008年5月7日刑满释放。2009年7月25日因涉嫌故意伤害等罪被逮捕。

……（其他被告人基本情况略）

河北省石家庄市人民检察院以被告人王云娜、王淄、董重旭、刘勇、王占朋、贺辰宇、贺广金、孟奇、郑悍博、李龙、陈龙、周磊璞、李亚斌、贾光、刘亮、冯双华、孔德贤、苑朝旺、崔业权、郗先、李文平、宋彦章、吕亮亮分别犯组织、

① 参见最高人民法院刑事审判第一、二、三、四、五庭：《刑事审判参考》（总第107集）案例第1159号。

领导、参加黑社会性质组织罪，故意伤害罪，寻衅滋事罪，非法拘禁罪，敲诈勒索罪，故意毁坏财物罪，向非国家工作人员行贿罪，向石家庄市中级人民法院提起公诉。

石家庄市人民检察院指控：2008年8月，被告人王云娜（刘颖）成立了石家庄市固瑞特保温材料厂，为了扩大自己的经济实力，在此基础上又分别先后设立了固瑞特科技有限公司和瑞华线材厂。在经营中为了垄断市场，攫取巨额利润，王云娜指使其丈夫王淄、胞弟刘亮和公司的员工董重旭等人并纠集社会闲散人员刘勇、贺广金等人多次实施违法犯罪活动，并在违法犯罪过程中逐步树立了“老大”的领导地位。

尤其是2009年3月以来，王云娜为了进一步垄断保温材料市场，获得更大的经济利益，指使王淄、刘亮、董重旭、李亚斌、冯双华、郗先、崔业权、孔德贤和“混社会”的刘勇、贺广金、王占朋、贺辰宇等人，对同行业内的其他公司业务员及相关人员多次进行跟踪殴打。特别是2009年5月5日，在王云娜的指挥下，其团伙的主要成员无故对同行业竞争对手，石家庄恒保龙保温材料公司（以下简称恒保龙保温材料公司）董事长朱龙华进行跟踪并殴打，造成朱龙华死亡的严重后果，在社会上和行业内造成了恶劣的影响，严重破坏了正常的经营秩序。

在该团伙实施的一系列故意伤害、寻衅滋事、非法拘禁、敲诈勒索、行贿、故意毁坏财物等犯罪活动中，逐步形成了以王云娜为组织者、领导者，王淄、刘亮、董重旭、刘勇、贺广金为骨干成员，李亚斌、冯双华、郗先、崔业权、孔德贤、王占朋、贺辰宇为成员的较为固定的犯罪组织。王云娜为了便于随时调遣和指使团伙成员进行违法犯罪活动，为该团伙主要成员提供了汽车多部，并专门在石家庄市御景园D座2-502购置房产供团伙主要成员冯双华、孔德贤、郗先等人居住。

被告人刘勇、王占朋、贺广金等人听命于被告人王云娜，积极充当王云娜的打手。平日里，他们除在各自的势力范围内进行违法犯罪活动外，一旦收到王云娜的召集，便迅速带领手下蜂拥而至，积极参与王云娜组织的寻衅滋事和故意伤害他人的违法犯罪活动。王云娜为了有效地控制团伙成员，除对固定成员发放工资外,还对在违法犯罪活动中的积极参与者予以重奖。例如,贺广金因多次积极参与王云娜组织的寻衅滋事犯罪活动,王云娜给予其5000元奖励;团伙成员李文平等三人积极参与王云娜指挥的敲诈勒索活动后,王云娜高兴地给予每个积极参加者3000元奖励。

王云娜犯罪团伙凭借着近年来多次的违法犯罪活动和其名下公司采用的行贿、偷逃税款、欠账不还等一系列违法手段,非法获利近千万元。王云娜依靠其非法获得的经济实力,积极地支持其组织的犯罪活动,为组织骨干和团伙成员提供各种违法犯罪经费支出达20余万元。例如,2009年5月5日,刘勇等人参与将朱龙华殴打致死后,王云娜为让刘勇逃避公安机关的抓捕,给刘勇现金1万元帮助其逃匿。

王云娜犯罪团伙通过实施一系列有组织的故意伤害、寻衅滋事、非法拘禁、敲诈勒索、行贿、故意毁坏财物、窝藏等违法犯罪活动后,扩大了自己的势力和影响,获取了一定的经济实力,逐步形成了以家庭为基础、以血缘为纽带、以经济为后盾,人数众多、成员相对固定、层次分明、分工明确的黑社会性质犯罪组织,在石家庄市一定范围和行业内称霸一方,为非作恶,严重破坏了当地正常的经济、社会、生活秩序。

……(公诉机关另指控故意伤害、寻衅滋事、非法拘禁、敲诈勒索、故意毁坏财物、向非国家工作人员行贿罪等事实略)

被告人王云娜的辩护人提出:王云娜不构成组织、领导黑社会性质组织罪,故意伤害罪,敲诈勒索罪,故意毁坏财物罪,向非国家工作人员行贿罪,指控王云娜犯寻衅滋事罪、非法拘禁罪证据不足。

石家庄市中级人民法院经公开审理查明:

(一)故意伤害的事实

2009年5月5日下午2时许,被告人王淄在通往河北省晋州市的公路上发现挤塑板生意上的竞争对手恒保龙保温材料公司的富康车后,便决定教训对方一下,遂打电话和被告人王云娜商量,在征得王云娜同意后,王淄即安排被告人董重旭、贾光、李亚斌、周磊璞对富康车进行跟踪,并安排董重旭打电话让被告人刘勇找几个人过来。刘勇找来被告人王占朋、贺辰宇、郑悍博、李龙、陈龙，王淄驾车将之送到富康车停泊的辛集广兴泡沫厂附近。下午6时许，周磊璞、李亚斌分别驾驶汽车在安新线辛集境内马兰路段追上被害人朱龙华驾驶的富康轿车，刘勇将富康车拦住，刘勇、王占朋、贺辰宇、李龙、陈龙、郑悍博对朱实施殴打，王占朋持镐把殴打朱的身体，贺辰宇、郑悍博持镐把打击朱头部，之后分别乘车逃离现场。其中贺辰宇多次持镐把击打被害人头部并致镐把折断，造成朱龙华颅骨骨折，经送医院抢救无效死亡。王云娜在得知朱龙华已死亡后，为让刘勇逃避公安机关的抓捕，给刘勇等人1万元现金帮助其逃跑。

（二）寻衅滋事的事实

1. 2009年3月23日中午，被告人王云娜纠集被告人王淄、董重旭、李亚斌、刘勇、郗先、崔业权、冯双华、孔德贤、贺辰宇、李朋（在逃）、云龙（在逃）分乘7辆汽车来到河北省栾城县楼底镇西羊市村恒保龙保温材料公司聚众滋事，用汽车挡住恒保龙保温材料公司门口，使该厂拉货车辆不能出入，时间长达三四小时，在派出所民警的劝说下，才将堵在厂门口的汽车开走。当业务员张军芝回厂时，刘勇、李朋、云龙、贺辰宇、李亚斌等人无故对张军芝进行殴打，打掉其门牙两颗，该伤经法医鉴定为轻伤。

2. 被告人王云娜于2009年4月3日上午从被告人冯双华、崔业权口中得知恒保龙保温材料公司业务员曹跃峰在石家庄市维也纳工地做业务后，为恐吓打压对方，达到垄断市场目的，便指使王淄、贺广金、冯双华、崔业权在石家庄市南二环将曹跃峰拦截，由贺广金对曹进行殴打后逃跑。

3. 2009年4月29日下午，被告人王云娜、王淄从崔业权口中得知恒保龙保温材料公司工作人员严忠明到石家庄市金水湾工地做挤塑板业务后，便决定对严忠明进行殴打。王云娜指使被告人冯双华、苑朝旺对严忠明实施跟踪，指使被告人贺广金和李韩伟（在逃）殴打严忠明。当日下午在石家庄市金水湾工地外的公路上，贺广金、李韩伟对严忠明进行殴打致轻微伤，之后二人乘坐苑朝旺、冯双华的车逃离现场。

……（非法拘禁、敲诈勒索、故意毁坏财物、向非国家工作人员行贿的事实略）

石家庄市中级人民法院经审理认为，对于公诉机关指控的被告人王云娜犯组织、领导黑社会性质组织罪，被告人王淄、董重旭、刘勇、王占朋、贺辰宇、贺广金、李亚斌、刘亮、冯双华、孔德贤、崔业权、郗先犯参加黑社会性质组织罪的公诉意见，经查，从现有证据来看，本案不具备黑社会性质组织犯罪的四个法定特征：在组织体系方面，未形成固定的犯罪组织，也欠缺王云娜对所谓成员的控制、约束的证据；在社会危害方面，缺少王云娜所在公司对石家庄市保温材料行业进行垄断和非法控制的证据，现有证据主要是对竞争对手之一的石家庄市恒保龙挤塑板厂实施了一些违法犯罪行为……在行为特征方面，从目前的证据来看，组织犯罪只涉及故意伤害、寻衅滋事、故意毁坏财物三个罪名，且故意毁坏财物一案证据不足。综上，本案不符合黑社会性质组织犯罪的构成要件，现有证据不足以认定……公诉机关指控王云娜犯故意毁坏财物罪、向非国家工作人员行贿罪证据不足，指控罪名不成立……在故意伤害一案中，被告人王云娜参与预谋，王淄系犯意提起者和组织、指挥者，贺辰宇系致人死亡的直接责任者，且系累犯……依照《中华人民共和国刑法》第二百三十四条第二款、第二百七十四条、第二百九十三条、第二百三十八条、第一百六十四条、第十七条第三款、第二十五条、第二十六条、第三十六条、第三十七条、第四十八条、第五十五条、第五十七条、第六十四条、第六十五条、第六十七条、第六十八条、第六十九条、第七十二条以及《最高人民法院关于处理自首和立功具体应用法律若干问题的解释》第一条、第二条、第五条之规定，判决如下：

1. 被告人贺辰宇犯故意伤害罪，判处死刑，剥夺政治权利终身；犯寻衅滋事罪，判处有期徒刑六个月。决定执行死刑，剥夺政治权利终身。

2. 被告人王淄犯故意伤害罪，判处死刑，缓期二年执行，剥夺政治权利终身；犯寻衅滋事罪，判处有期徒刑一年六个月；犯非法拘禁罪，判处有期徒刑一年。决定执行死刑，缓期二年执行，剥夺政治权利终身。

3. 被告人王云娜犯故意伤害罪，判处有期徒刑十三年，剥夺政治权利三年；犯寻衅滋事罪，判处有期徒刑二年；犯非法拘禁罪，判处有期徒刑一年；犯敲诈勒索罪，判处有期徒刑三年，并处罚金一万元。决定执行有期徒刑十六年,剥夺政治权利三年,并处罚金一万元。

……(其他被告人判决情况略)

一审宣判后,被告人王云娜等人提出上诉。王云娜及其辩护人提出:王云娜不构成故意伤害罪、敲诈勒索罪,非法拘禁刘双良一案,情节显著轻微,不应作为犯罪处理等上诉理由和辩护意见。

石家庄市人民检察院抗诉提出:原判决认定现有证据不足以认定本案符合黑社会性质组织犯罪的四个法定特征,属于认定事实确有错误,适用法律不当。从现有证据来看,本案已形成以王云娜为组织者、领导者,王淄、董重旭、刘勇、刘亮、贺广金为骨干成员,李亚斌等7名被告人为成员的较为固定的犯罪组织。该组织为在一定区域内控制保温材料行业实施了多起犯罪,在行业内和群众中造成了恶劣影响,该组织通过系列的违法犯罪活动拥有较为雄厚的经济基础,并部分用于组织骨干和团伙成员的犯罪支出。综上所述,原判决在认定事实上确有错误,适用法律不当,直接导致了对各被告人量刑畸轻的后果。

河北省人民检察院支持抗诉意见为:被告人王云娜构成组织、领导黑社会性质组织罪,被告人王淄、董重旭、刘勇、刘亮、贺广金、李亚斌、王占朋、贺辰宇、郗先、冯双华、崔业权、孔德贤构成参加黑社会性质组织罪。

河北省高级人民法院经审理认为,对于检察机关抗诉所提被告人王云娜、王淄、董重旭、刘勇、王占朋、贺辰宇、刘亮、贺广金、李亚斌、冯双华、孔德贤、崔业权、郗先构成组织、领导、参加黑社会性质组织罪的理由,经查,被雇人员到王云娜企业的目的大多是打工挣钱,且来去基本自愿,没有证据证实王云娜对成员进行控制约束;按照检察机关指控的组织形成时间即2008年8月以来,该团伙暴力行为构成犯罪的较少,且罪名只有故意伤害和寻衅滋事,犯罪的多样性差;社会危害特征方面,没有证据证实王云娜公司对石家庄市保温材料行业形成垄断和非法控制,不符合认定黑社会性质组织犯罪要求的在一定区域或者行业内,形成非法控制或者重大影响,严重破坏经济、社会生活秩序的特征,对该抗诉意见不予支持……依法判决驳回王云娜、王淄、贺辰宇等人的上诉和检察机关对王云娜、王淄、贺辰宇等人分别构成组织、领导、参加黑社会性质组织罪的抗诉,维持原审对被告人王云娜、王淄、贺辰宇等人的判决,对王占朋等八人依法改判。

最高人民法院经复核审理,依法核准了河北省高级人民法院维持第一审对被告人贺辰宇以故意伤害罪判处死刑,剥夺政治权利终身;以寻衅滋事罪判处有期徒刑六个月;决定执行死刑,剥夺政治权利终身的刑事附带民事判决。

二、主要问题

黑社会性质组织的实质性要件"非法控制或重大影响"该如何认定?

三、裁判理由

在《刑法》第二百九十四条第五款规定的黑社会性质组织四个特征中,危害性特征(又称非法控制特征)是最为重要的判断标准。以程度的不同来区分,该特征中又包括非法控制和重大影响两种情形。为便于审判时掌握和操作,2009 年《座谈会纪要》列举"通过实施违法犯罪活动,或者利用国家工作人员的包庇、纵容,在一定区域或者行业内形成非法控制或重大影响"的八种情形:

(1)对在一定区域内生活或者在一定行业内从事生产、经营的群众形成心理强制、威慑,致使合法利益受损的群众不敢举报、控告的;

(2)对一定行业的生产、经营形成垄断,或者对涉及一定行业的准入、经营、竞争等经济活动形成重要影响的;

(3)插手民间纠纷、经济纠纷,在相关区域或者行业内造成严重影响的;

(4)干扰、破坏他人正常生产、经营、生活,并在相关区域或者行业内造成严重影响的;

(5)干扰、破坏公司、企业、事业单位及其他社会团体的正常生产、经营、工作秩序,在相关区域、行业内造成严重影响,或者致使其不能正常生产、经营、工作的;

(6)多次干扰、破坏国家机关、行业管理部门以及村委会、居委会等基层群众自治组织的工作秩序，或者致使上述单位、组织的职能不能正常行使的；

(7)利用组织的势力、影响，使组织成员获取政治地位，或者在党政机关、基层群众自治组织中担任一定职务的；

(8)其他形成非法控制或者重大影响，严重破坏经济、社会生活秩序的情形。

为使以上情形更加清晰、明确，2015 年《会议纪要》进一步规定：

第(1)种情形中的“致使合法利益受损的群众不敢举报、控告的”，是指致使多名合法利益遭受犯罪或者严重违法活动侵害的群众不敢通过正当途径维护权益。

第(2)种情形中的“形成垄断”，是指可以操控、左右、决定与一定行业相关的准入、退出、经营、竞争等经济活动。“形成重要影响”，是指对与一定行业相关的准入、退出、经营、竞争等经济活动具有较大的干预和影响能力，或者具有在该行业内占有较大市场份额、通过违法犯罪活动或以其他不正当手段在该行业内敛财数额巨大(最低数额标准由各高级人民法院根据本地情况在20 万元至50 万元的幅度内自行划定)、给该行业内从事生产、经营活动的其他单位、组织、个人造成直接经济损失 100 万元以上等情节之一。

第(3)、(4)、(5)种情形中的“造成严重影响”，是指具有致人重伤或致多人轻伤、通过违法犯罪活动或以其他不正当手段敛财数额巨大(数额标准同上)、造成直接经济损失 100 万元以上、多次引发群体性事件或引发大规模群体性事件等情节之一。

第(6)种情形中的“多次干扰、破坏国家机关、行业管理部门以及村委会、居委会等基层群众自治组织的工作秩序”，包括以拉拢、收买、威胁等手段多次得到国家机关工作人员包庇或纵容，或者多次对前述单位、组织中正常履行职务的工作人员进行打击、报复的情形。

第(7)种情形中的“获取政治地位”，是指当选各级人大代表、政协委员。“担任一定职务”，是指在各级党政机关及其职能部门、基层群众自治组织中担任具有组织、领导、监督、管理职权的职务。同时，考虑到寻衅滋事、敲诈勒索、强迫交易、聚众扰乱社会秩序等个罪，如果多次实施也有可能造成“干扰、破坏他人正常生产、经营、生活，并在相关区域或者行业内造成严重影响”等后果。

故2015年《会议纪要》还规定：“八种情形一般不会单独存在，往往是两种以上的情形同时并存、相互交织，从而严重破坏经济、社会生活秩序。审判时，应当充分认识这一特点，准确认定该特征。”这一重要补充使认定危害性特征的标准更加严密。

以上两个纪要中列举的若干情形，源自对司法实践经验的总结，对于审判时准确把握危害性特征具有重要的指导作用。但应当看到，黑社会性质组织的司法认定具有高度的复杂性。就危害性特征来说，不能仅根据一个或数个孤立事实来认定，而是要通过一系列的违法犯罪事实来反映。而且，对于具体的违法犯罪事实也不能只看客观上造成的后果，还要审查行为时的主观意图。换句话说，就是审判时不能简单堆砌和套用以上两个纪要的规定。为进一步揭示危害性特征的内在要求，有必要对“非法控制”和“重大影响”作进一步分析。按照《现代汉语词典》的释义，“控制”，是指使一定对象处于自己的占有、管理和影响之下；“影响”，是指对他人的思想和行动所起的作用。由此推论，《刑法》第二百九十四条第五款中的“非法控制”，是指以有组织的违法犯罪手段使一定对象处于自己的占有、管理和影响之下；“重大影响”，是指以有组织的违法犯罪手段对一定对象的思想和行动产生发生作用。二者有以下共同点：(1)都是有意识地以非法方式主动干涉他人(包括其他单位、组织)的结果；(2)都不是一种偶然、短暂的现象，而是一种持续的状态；(3)控制或影响的对象具有广泛性，控制或影响的程度具有严重性。根据以上几点，在对涉案犯罪组织是否形成非法控制与重大影响进行司法判断时，除了要对照两个纪要的相关规定，还应着重审查涉案犯罪组织是不是基于争抢势力范围、树立非法权威、攫取不法利益等非法控制目的而实施违法犯罪行为；是否在一段较长的时期内连续、多次通过实施违法犯罪行为对他人的自主性造成干扰或破坏；被侵害对象的数量以及所造成的后果是否已达到形成非法控制或重大影响的严重程度。如果以上几点都已齐备，危害性特征一般能够成立。反之，则不能认定。

具体到本案,经一、二审法院审理查明,在公诉机关指控的王云娜等人实施的违法犯罪活动中,只有1起故意伤害犯罪、3起寻衅滋事犯罪可以认定为该团伙的犯罪,其他皆为个人犯罪。而这4起犯罪的对象,均是王云娜在挤塑板业务中的竞争对手恒保龙保温材料公司的老板或员工,犯罪共造成1人死亡、1人轻伤、1人轻微伤的后果。对照两个纪要的相关规定,符合其中一种情形,即"干扰、破坏公司、企业、事业单位及其他社会团体的正常生产、经营、工作秩序,在相关区域、行业内造成严重影响"。但根据2015年《会议纪要》的补充性规定,仅有这一种情形尚不足以认定危害性特征已经具备。更为重要的是,虽然王云娜等人是为排挤竞争对手而实施了故意伤害、寻衅滋事犯罪,但在控制和影响的长期性、广泛性、严重性等方面与危害性特征的内在要求还有明显差距。

首先,王云娜犯罪团伙存在时间明显过短、犯罪次数明显偏少。王云娜等人所依托的经济实体石家庄市固瑞特保温材料厂,从成立至案发只有十个月左右的时间(2008年8月至2009年6月),王云娜等人为排挤竞争对手而实施的故意伤害、寻衅滋事犯罪集中发生于不到两个月的时间内(2009年3月23日至5月5日)。而且,该团伙全部犯罪仅有4起,罪名也只涉及故意伤害、寻衅滋事。尽管本案造成了人员伤亡的严重后果,但如此短暂的时间和明显偏少的犯罪次数,决定了该团伙不可能对一定区域或行业内的人员、单位、组织形成长期、持续的控制和影响,不符合黑社会性质组织在一定区域或行业内建立非法秩序的基本要求。

其次,由于侵害对象特定、单一,王云娜犯罪团伙不足以争霸一方或者严重破坏当地挤塑板行业的生产经营秩序。本案故意伤害、寻衅滋事犯罪皆是针对恒保龙保温材料公司而实施,目的只是争夺石家庄市维也纳小区建设开发项目的材料供应业务,因此,本案不存在王云娜犯罪团伙欺压、残害当地普通群众、称霸一方的问题。从恒保龙保温材料公司有关证人的证言及本案各被告人的供述来看,在石家庄市的挤塑板供应市场上,还有其他数家保温材料厂在经营同类业务。在案证据不能证明恒保龙保温材料公司在当地的挤塑板行业内占有较大市场份额,或者对该行业有其他重要影响。

故本案中的具体犯罪既不足以反映王云娜掌控的企业已在行业内形成垄断,也不足以反映王云娜犯罪团伙对该行业的准入、退出、经营、竞争等经济活动已经具有较大的干预能力。

综上,王云娜犯罪团伙不具有黑社会性质组织的危害性特征,一、二审法院未认定王云娜等人构成组织、领导、参加黑社会性质组织罪是正确的。需要说明的是,王云娜犯罪团伙在组织特征、经济特征、行为特征等方面亦不符合法定标准,鉴于本案辨析重点在于危害性特征,故对这些问题不再一一论述。但是,这些问题中有许多又与危害性特征存在关联与交叉。例如,本案组织特征中的存在发展时间问题、行为特征中的犯罪多样性问题,均与危害性特征的认定息息相关。因此,审判时应当按照2009年《座谈会纪要》的要求,将黑社会性质组织的四个特征作为具有内在联系的有机整体来进行系统化的考察,避免简单地对号入座。

四、律师观点

结合《刑法第二百九十四条第一款的解释》的规定及上述两个会议纪要,可从以下三个方面理解和把握黑社会性质组织的非法控制特征:

(一)关于对实现途径的理解和把握

黑社会性质组织所形成的非法控制或者重大影响是通过实施违法犯罪活动或者利用国家工作人员的包庇或者纵容来实现的。即该罪的危害性可以通过"实施违法犯罪"和"寻求非法保护"这两种途径,来实现其对经济、社会生活的非法控制或者重大影响。

一是"实施违法犯罪",通常表现为敲诈勒索、欺行霸市、聚众斗殴、寻衅滋事、故意伤害、故意杀人、绑架、非法拘禁等,有时还表现为以实现非法控制或者造成重大影响为目的而实施抢劫、盗窃、诈骗犯罪以及强行插手民间和经济纠纷等侵权型违法犯罪活动。需要注意的是,这里的"违法",主要是指黑社会性质组织在实施犯罪活动过程中所伴随的违法活动,如果仅仅是实施了违法活动,而未实施犯罪活动,则不能认定为黑社会性质组织。

二是"寻求非法保护",即"利用国家工作人员的包庇或者纵容",俗称

“保护伞”。“保护伞”并不是黑社会性质组织的必备特征，它只是黑社会性质组织犯罪实现非法控制的途径之一。根据《刑法第二百九十四条第一款的解释》对黑社会性质组织行为特征的规定，对仅有非法保护而没有违法犯罪的组织，不能以“黑”定性。反之，如果存在违法犯罪而没有非法保护的，只要具备其他特征，仍然可以认定为黑社会性质组织。

（二）关于对“一定区域或者行业”的理解和把握

首先，黑社会性质组织的“非法控制”并不表现为对一定区域内领土的占领，而是表现为对这个区域内生活的人以及这个区域内的经济、社会生活秩序有了非法的控制和重大的影响。因此，在理解上，要注意区域的大小和空间范围具有相对性，不能简单地以必须达到某一特定的空间范围为标准。

其次，黑社会性质组织的非法控制必将表现为对某一行业的非法控制。经济实力是黑社会性质组织发展成员、巩固和扩大组织、称霸一方的基础，而打、砸、抢等简单暴力性违法犯罪活动所能实现的经济利益毕竟有限且暴露性太强，因此，许多黑社会性质组织均以实现对某个行业的控制作为其实施违法犯罪活动的一个重要目标，而这也正是其反社会性的具体体现，它必将严重影响当地经济、社会的生活秩序。从这个角度分析，黑社会性质组织所控制和影响的行业应当既包括合法行业，也包括黄、赌、毒等可以谋取暴利的非法行业。

（三）关于对“非法控制或者重大影响”的理解和把握

“非法控制”和“重大影响”虽然在本质上都是指对经济、社会生活的干预和影响，但在程度上是有区别的。“非法控制”，是指干预已经达到足以控制一定范围内的经济、社会生活的程度；而“重大影响”，是指虽然对于一定区域、一定行业内的社会、经济生活尚未达到任意操控的程度，但已有相当的能力进行干预和施加影响。这种“重大影响”是通过一系列的违法犯罪活动形成的，具有一定的深度和广度，而非个别的、一时的。在理解和把握上，要结合违法犯罪活动的次数、性质、后果、侵害对象的个数、造成的社会影响及群众安全感是否下降等因素综合判断，而不能仅仅理解为具体的违法犯罪活动所造成的严重后果或者在社会上所造成的轰动效应。

非法控制特征的典型表现

——杨建德犯组织、领导、参加黑社会性质组织罪案①

一、基本案情

被告人杨建德,无业。1996 年 6 月 14 日因抢劫罪被判处有期徒刑六年;2003 年 1 月 27 日因抢劫罪被判处有期徒刑十一年,2010 年 11 月 5 日减刑释放。2017 年 10 月 18 日因涉嫌犯非法拘禁罪被刑事拘留,同年 11 月 24 日被逮捕。

山东省潍坊市奎文区人民检察院以奎检公刑诉(2018)29 号起诉书指控被告人杨建德犯参加黑社会性质组织罪、寻衅滋事罪、非法拘禁罪,于 2018 年 2 月 1 日向法院提起公诉。法院依法组成合议庭,公开开庭审理了本案。

经审理查明:

(一)参加黑社会性质组织事实

王海岩(已判决)2009 年 1 月刑满释放,自 2010 年下半年始,先后纠集、网罗李文奎、单德亮、马洪征、谭鹏、马腾、时文斌、李晓军、孙小昆、赵鹏、韩斌辉、张永福、李波、马凯、苏林、邹勇、牟法书、赵斌、张磊、张伟、朱旺、于瑞清、李建平、窦玉亭、郭好启(以上人员均已判决)及被告人杨建德等刑满释放人员和社会闲散人员,在潍坊市城区及昌乐县、临朐县、青州市等周边县市,采取暴力、威胁等手段,多次有组织地实施违法犯罪活动,逐渐形成以王海岩为首的黑社会性质犯罪组织。该犯罪组织成员人数众多,骨干成员相对固定,层级分明,王海岩为组织者、领导者;李文奎、单德亮、马洪征为骨干

① 潍坊市奎文区人民法院(2018)鲁 0705 刑初 30 号。

成员，均直接听命于王海岩，为组织利益，带领组织成员多次积极参加该犯罪组织的违法犯罪活动；谭鹏、马腾、时文斌、李晓军、孙小昆、赵鹏、韩斌辉、张永福、李波、马凯、苏林及被告人杨建德为积极参加者，多次积极参加该犯罪组织的违法犯罪活动；邹勇、牟法书、赵斌、张磊、张伟、朱旺、于瑞清、李建平、窦玉亭、郭好启等人为一般参加者，参加了该犯罪组织的违法犯罪活动。该犯罪组织具有不成文的规约和纪律：组织成员必须听从指挥、安排，组织成员相对集中住宿，保证随叫随到；铁棍、镐柄等作案工具集中保管；谁放出去的高利贷，谁负责收回；如被公安机关抓获，不能出卖组织；为防止组织成员涉毒牵连组织，组织成员不得吸毒等。如组织成员违反纪律，王海岩会予以打骂等惩罚。

该犯罪组织通过在潍坊市区有组织地开设赌场抽头、在山东省昌乐县、临朐县他人开设的赌场内发放高利贷、控制垄断潍坊市区餐具消毒行业、敲诈勒索等违法犯罪活动或承揽工程、插手民间纠纷等其他手段，非法获利近三百万元。该犯罪组织获取巨额经济利益后，将大量资金用于租房作为组织据点、添置汽车作为组织交通工具、支付组织成员日常开销、过年费以及为组织成员交纳取保候审保证金、支付赔偿款等，以支持该组织的违法犯罪活动及维系犯罪组织的生存、发展。

该犯罪组织以暴力、威胁等手段，使用棍棒、刀具，多次有组织地实施故意伤害、聚众斗殴、寻衅滋事、非法拘禁、敲诈勒索、强迫交易等犯罪活动，在社会上逞强立威、为非作恶，欺压、残害群众，先后致1人重伤，4人轻伤，3人轻微伤。

该犯罪组织通过多次实施暴力犯罪立威造势，称霸一方，对潍坊市城区及周边部分县市群众中形成较强的心理强制、威慑，使群众不能或不敢抗拒，合法利益受损以后不敢举报、控告，形成重大影响；该犯罪组织通过威胁等手段全面非法控制潍坊市卫生消毒协会，垄断消毒餐具价格，破坏公平竞争的市场规则，对潍坊市区餐具消毒行业的经营、竞争形成重大影响，严重破坏经济、社会生活秩序。

（二）寻衅滋事事实

1. 2011年下半年，因刘某丙欠其高利贷未还，王海岩多次安排李文奎、马腾、马凯、苏林及被告人杨建德等人多次到潍坊市寒亭区朱里街道西坡子村刘某丙家中索要，其间将被害人刘某丙家中玻璃砸碎，用棍棒将其家中狼狗打死。刘某丙及其家庭正常生活受到严重影响，心理受到严重恐吓，被迫携父母妻子逃往宁夏回族自治区石嘴山市平罗县打工为生，至今不敢回家生活。

2. 2011年下半年，因宋某甲欠高利贷未还，王海岩安排李文奎、张永福、马凯及被告人杨建德等人多次到潍坊市寒亭区朱里街道军屯村被害人宋某甲家索要，其间将宋某甲家中门窗玻璃砸碎，在其家院墙、大门等处喷涂油漆，并窜至宋某甲父亲宋某乙家中，将宋某乙打伤。宋某甲正常生活受到严重影响、心理受到严重恐吓，被逼外出打工为生，至今不敢回家生活。

（三）非法拘禁事实

1. 2011年夏天，王海岩与马洪征闹翻后得知马洪征购买了一辆宝马X6越野车，欲派人查找，遂安排单德亮、谭鹏、李晓军、孙小昆、韩斌辉、马凯、张磊、窦玉亭及被告人杨建德等人前往青州市大润发超市门口向被害人李某、刘某乙打听。因怀疑被害人李某、刘某乙未讲实情，王海岩指使单德亮、谭鹏、李晓军、孙小昆、韩斌辉、马凯、张磊、窦玉亭及被告人杨建德等人将李某、刘某乙强行带至宋金建位于潍坊经济开发区三娘庙村的养狗场内非法拘禁并使用镐柄等工具进行殴打。

2. 2011年12月14日，王海岩为帮助孙京学（另案处理）向被害人纪某索要债务，安排李文奎纠集谭鹏、张永福及被告人杨建德等人窜至潍坊市寒亭区运河路，将纪某强行带上李文奎等人所驾乘的奥德赛车上进行恐吓、威胁，后又将其强行带至潍坊经济开发区沙窝村原水利局管理站院内继续进行恐吓、殴打，对其非法拘禁2小时。经法医鉴定，被害人纪某伤情构成轻微伤。

二、法院判决

法院认为，被告人杨建德积极参加黑社会性质组织，恐吓他人，情节恶劣,非法拘禁他人,其行为已分别构成参加黑社会性质组织罪、寻衅滋事罪、非法拘禁罪,应予数罪并罚。公诉机关指控的犯罪事实及罪名成立。被告人杨建德刑罚执行完毕后五年之内再犯应当判处有期徒刑以上刑罚之罪,系累犯,依法应当从重处罚。被告人杨建德到案后认罪态度好较好,如实供述自己的罪行,依法可以从轻处罚。依照《中华人民共和国刑法》第二百九十四条第一款、第四款、第五款,第二百九十三条第一款第一项,第二百三十八条第一款,第六十九条,第六十五条第一款,第六十七条第三款,第五十二条,第五十三条之规定,判决如下:

被告人杨建德犯参加黑社会性质组织罪,判处有期徒刑三年三个月,并处罚金人民币三万元;犯寻衅滋事罪,判处有期徒刑二年;犯非法拘禁罪,判处有期徒刑一年十个月;决定执行有期徒刑六年六个月,并处罚金人民币三万元。

三、律师观点

《刑法修正案(八)》在领导、组织黑社会性质组织罪名中规定了黑社会性质的组织应当同时具备以下特征:(1)形成较稳定的犯罪组织,人数较多,有明确的组织者、领导者,骨干成员基本固定;(2)有组织地通过违法犯罪活动或者其他手段获取经济利益,具有一定的经济实力,以支持该组织的活动;(3)以暴力、威胁或者其他手段,有组织地多次进行违法犯罪活动,为非作恶,欺压、残害群众;(4)通过实施违法犯罪活动,或者利用国家工作人员的包庇或者纵容,称霸一方,在一定区域或者行业内,形成非法控制或者重大影响,严重破坏经济、社会生活秩序。

通过实施违法犯罪活动,或者利用国家工作人员的包庇或者纵容,称霸一方,在一定区域或者行业内,形成非法控制或者重大影响,严重破坏经济、社会生活秩序。由此可见,非法控制的核心构成要件之一是形成非法控制或者重大影响。

关于非法控制的认定,2018 年最高人民法院、最高人民检察院、公安部、司法部下发《指导意见》指出:以下八种情形可认定为形成了非法控制或重大影响：

(1)致使在一定区域内生活或者在一定行业内从事生产、经营的多名群众，合法利益遭受犯罪或严重违法活动侵害后，不敢通过正当途径举报、控告的；

(2)对一定行业的生产、经营形成垄断，或者对涉及一定行业的准入、经营、竞争等经济活动形成重要影响的；

(3)插手民间纠纷、经济纠纷，在相关区域或者行业内造成严重影响的；

(4)干扰、破坏他人正常生产、经营、生活，并在相关区域或者行业内造成严重影响的；

(5)干扰、破坏公司、企业、事业单位及社会团体的正常生产、经营、工作秩序，在相关区域、行业内造成严重影响，或者致使其不能正常生产、经营、工作的；

(6)多次干扰、破坏国家机关、行业管理部门以及村委会、居委会等基层群众自治组织的工作秩序，或者致使上述单位、组织的职能不能正常行使的；

(7)利用组织的势力、影响，使组织成员获取政治地位，或者在党政机关、基层群众自治组织中担任一定职务的；

(8)其他形成非法控制或者重大影响，严重破坏经济、社会生活秩序的情形。

在本案中，以王海岩为首的黑社会性质犯罪组织通过在潍坊市区开设赌场、发放高利贷、承揽工程、插手民间纠纷、控制垄断潍坊市区餐具消毒行业以及敲诈勒索等违法犯罪活动或其他手段，非法获利三百余万元，具有一定的经济实力。该犯罪组织获取巨额经济利益后，出资租房作为组织成员居住据点、添置汽车作为组织交通工具、支付组织成员日常开销费用、过年费以及为组织成员交纳取保候审保证金、支付赔偿款等，用于该犯罪组织的违法犯罪活动及维系犯罪组织的生存、发展。该犯罪组织通过多次实施暴力犯罪立威造势，称霸一方，对潍坊市城区及周边部分县市群众形成较强的心理强制、威慑，使群众不能抗拒或者不敢抗拒，合法利益受损以后不敢举报、控告,形成重大影响;通过全面非法控制潍坊市卫生消毒协会,垄断消毒餐具价格,对潍坊市区餐具消毒行业的经营、竞争形成重大影响,严重破坏经济、社会生活秩序。根据媒体报道:潍坊的消毒餐具厂家较多,为方便管理,2009 年,经向有关部门申请,成立了潍坊市卫生消毒协会,主要负责对消毒餐具企业进行管理,维护市场秩序。入会企业需要每月缴纳 500 元会费,2012 年年初,时任潍坊市卫生消毒协会会长的于广志(另案处理)找到王海岩,希望利用王海岩在社会上的影响力把协会管理起来,对消毒餐具进行统一涨价,涨价的钱三成留给协会,七成分给王海岩。

当时,潍坊市的消毒餐具平均每套价格在 0.7 元左右。王海岩与于广志商量,决定把所有会员企业的消毒餐具统一提价到每套 0.9 元。2012 年夏季,于广志组织召开卫生消毒协会大会,公布了涨价方案,要求会员企业在方案上签字同意。为了让所有会员企业都服从管理,于广志聘用王海岩团伙的李文奎当协会副会长。迫于王海岩的压力,大部分会员企业都签字同意了涨价,只有个别企业担心涨价会影响生意而坚持不涨价。针对这些不听话的消毒餐具企业,王海岩安排团伙成员分头去震慑恐吓。2012 年年底,李文奎告诉王海岩有一家消毒餐具企业不听话,既不入会又拒绝涨价,想去收拾收拾,王海岩同意了。当天,李文奎安排手下在该企业门口蹲点,记下了他们的送货车辆和送货路线。第二天下午,李文奎等人开车尾随该企业送货车辆,故意与其发生碰撞,耽误其送货,影响其生意。在王海岩团伙的震慑下,潍坊从事餐具消毒的企业绝大部分都加入了卫生消毒协会。统一涨价后,王海岩和于广志又提议,根据会员企业的生产量缴纳会费,每家企业缴纳 500 元至 2000 元不等。李文奎的日记本上清楚记录着每家会员企业缴纳的会费及时间,短短三个月,该团伙便收到会费 2 万余元。

律师在辩护过程中,应严格对照 2018 年《指导意见》中对是否为黑社会性质组织的判断标准,如组织特征——在本案中,王海岩团伙有着严明的等级,作为团伙的组织者、领导者,王海岩位于最高层级,李文奎、单德亮、马洪征、谭鹏、马腾、时文斌、李晓军等人直接听命于他,属于组织的第二层级,其余的人则属于第三层级。除了为团伙成员立规矩,王海岩还为成员们统一更换了手机号码，为他们提供统一食宿。逢年过节，王海岩会给成员们发放过节费，给他们买衣服。如果有成员在外面惹了事，王海岩会利用自己的社会地位出面帮其摆平。

《〈办理黑社会性质组织犯罪案件座谈会纪要〉的理解与适用》中明确规定，非法控制特征中的非法控制和重大影响，是指黑社会性质组织对于经济、社会生活的干预度和影响力。二者并没有本质上的区别，只是在控制程度上有所不同。因此，办案时不应将重大影响仅仅理解为具体违法犯罪活动所造成的严重后果或者在社会上造成的轰动效应。同时，最高人民法院要求司法机关应当严格解释与把握重大影响，防止黑社会性质组织认定泛化，将一般犯罪集团、流氓犯罪团伙认定为黑社会性质组织。犯罪组织是否非法控制一定的区域或行业必须有客观存在的事实和确实充分的证据予以证明。只要未形成非法控制，该犯罪组织都不是黑社会性质组织。因此，以“非法控制”或者“重大影响”为核心的“非法控制特征”是黑社会性质组织的最根本特征，也是黑社会性质组织区别于其他犯罪势力的最根本标准。换言之，在认定黑社会性质组织过程中，如果某个犯罪集团具有“非法控制特征”，我们也应当将其认定为“黑社会性质的组织”；反之，即使具备其他三个基本特征，但不具备“非法控制特征”，则不能认定为“黑社会性质的组织”。自2009年以来，以王海岩为首的涉黑团伙，通过在潍坊市区开设赌场抽头、发放高利贷、在他人开设的赌场内发放高利贷、承揽工程、插手民间纠纷、控制垄断潍坊市餐具消毒行业协会、敲诈勒索等违法犯罪活动，非法获利300余万元。同时，该涉黑团伙以暴力、威胁等手段，多次有组织地实施故意伤害、聚众斗殴、寻衅滋事、非法拘禁、敲诈勒索、强迫交易等犯罪活动，在社会上逞强立威，先后致1人重伤，4人轻伤，3人轻微伤，给当地群众造成了极大的心理恐惧。在本案中，法院认定被告人行为已分别构成参加黑社会性质组织罪、寻衅滋事罪、非法拘禁罪，应予数罪并罚。公诉机关指控的犯罪事实及罪名成立。被告人杨建德刑罚执行完毕后五年之内再犯应当判处有期徒刑以上刑罚之罪，系累犯，依法应当从重处罚。

第七章

其他辩点

如何将成员个人犯罪剥离出黑社会性质组织犯罪

——区瑞狮等组织、领导、参加黑社会性质组织案①

一、基本案情

被告人区瑞狮，男，1970年1月3日出生于广东省江门市，汉族，无业。因本案于2006年1月27日被逮捕。

被告人谢玉霞，女，1974年2月10日出生于广西壮族自治区桂平县，汉族，无业。因本案于2006年1月27日被逮捕。

被告人梁福强，男，1969年12月1日出生于广东省江门市，汉族，个体户。因本案于2006年1月27日被逮捕。

被告人李伟军，男，1973年4月26日出生于广东省江门市，汉族，无业。1997年因故意伤害他人被劳动教养二年，2006年1月27日因本案被逮捕。

被告人黄勤志，男，1979年7月11日出生于广东省江门市，汉族，无业。因本案于2006年4月14日被逮捕。

被告人梁瑞钦，男，1976年12月3日出生于广东省江门市，汉族，个体。

① 参见最高人民法院刑事审判第一、二、三、四、五庭：《刑事审判参考》（总第74集）案例第624号。

因本案于2006年4月14日被逮捕。

被告人张国利,男,1981年8月25日出生于广东省江门市,汉族,无业。因本案于2006年4月14日被逮捕。

……(其他被告人的基本情况略)

广东省江门市人民检察院以被告人区瑞狮、聂球定、梁福强、刘炽伟、谢玉霞、林灯强、林国荣、王进疆、方永航、梁日星、梁国富、李伟军、黄勤志、梁瑞钦、张国利等分别犯组织、领导、参加黑社会性质组织罪,故意伤害罪,抢劫罪,聚众斗殴罪,非法持有枪支、弹药罪,寻衅滋事罪,赌博罪,组织卖淫罪,向江门市中级人民法院提起公诉。

江门市中级人民法院经审理查明:

(一)被告人区瑞狮、聂球定、刘炽伟、谢玉霞、林灯强、林国荣、王进疆、方永航、梁日星、梁国富等10人实施了以下组织、领导、参加黑社会性质组织犯罪行为

20世纪90年代初,被告人区瑞狮不断纠集被告人刘炽伟、钟振强、钟子良等一帮江门市新会区男青年结成犯罪团伙进行打架斗殴,并通过赌博、开设赌场、帮人追债等违法犯罪活动进行牟利并供养其团伙成员。1992年11月,被告人梁永忠因与陈文德争夺非法势力范围发生相互斗殴,遂邀请被告人区瑞狮、刘炽伟等人采用铁锤击打、泼硫酸的手段致被害人陈文德重伤。自1995年开始,逐渐形成了以被告人区瑞狮为首,被告人刘炽伟、聂球定、谢玉霞、梁国富、林国荣及梁俭豪、唐号锋、代师成(均另案处理)等人为骨干成员,被告人林灯强、王进疆、方永航、梁日星及闻洪波、李文雅、何新春(均另案处理)等人为一般参加者的黑社会性质组织。该组织形成后,以暴力、威胁等手段,在会城镇地区实施了故意伤害、抢劫、非法持有枪支、聚众斗殴、寻衅滋事等一系列违法犯罪活动;还通过开设赌场、贩卖毒品、组织卖淫、欺行霸市、收取保护费等方式,非法获取经济利益,在当地称霸一方,为非作恶,严重破坏了经济和社会生活秩序。

(二)被告人区瑞狮所组织、领导的黑社会性质组织成员刘炽伟、聂球定、谢玉霞、梁国富、林国荣、林灯强、王进疆、方永航、梁日星伙同非组织成员李少强、文卓锋、苏庆年、苏华裕等人在该黑社会性质组织意志之内实施了以下犯罪行为

1. 故意伤害事实

1997 年 4 月 26 日凌晨,被告人聂球定在江门市蓬江区常安路金曲卡拉 OK 处喝酒,其间与同在该处喝酒的被害人吕宝强等人因为争夺凳子而发生打斗,吕宝强等人先将聂球定一方的人打伤。聂球定用电话告知区瑞狮此事,要求区带人前来帮忙。随后,区瑞狮带领被告人李少强等人携带手枪、刀具、铁水管等凶器,指使被告人方永航开车到金曲卡拉 OK 大厅后,区瑞狮朝天花板开了一枪,威吓在场人员不许反抗,后指使聂球定、李少强等人手持刀具和铁水管大肆追打在场人员,将吕宝强、符仕强、麦亮、唐强、黄文杰、刘勇等人砍伤。经法医鉴定,被害人吕宝强的损伤为重伤,被害人符仕强、麦亮、唐强、黄文杰、刘勇的损伤为轻微伤。

2. 抢劫事实

1995 年 6 月,被害人黄国清与其朋友容文斌等人前往澳门赌博,容文斌输钱后经黄国清介绍,通过陈伟国向澳门的"叠码仔"(专门从事收、放高利贷的人)"阿乐"借了港币 10 万元用于赌博,输光后容文斌又单独向"阿乐"借了港币 10 万元用于赌博并再次输光。回到新会区后因容文斌无法还债,"阿乐"通过陈伟国结识了被告人区瑞狮,请区帮忙追债。区瑞狮和"阿乐"把债务强加于黄国清并多次要求黄国清还钱,均被黄国清拒绝。1996 年 3 月,在区瑞狮的授意下,被告人刘炽伟伙同唐号锋等人在新会区会城镇凌东警务区附近将黄国清以及与黄国清一起的陈卓雄强行拖上车,将二人挟持到新会区会城镇华发大厦的一房间内,抢走黄国清佩戴的金项链,并对陈卓雄进行殴打以恐吓黄国清。后区瑞狮和"阿乐"强迫黄国清交出其自有的本田小汽车(车牌号粤 JL888)。区瑞狮派人取走该小车后将黄国清释放。经鉴定,黄国清被抢走的本田小汽车价值折合人民币(以下所涉币种均为人民币)312,400 元。

3. 非法持有枪支、弹药事实

2000年8月31日凌晨,闻洪波(另案处理)打电话给被告人区瑞狮说已经约定与他人斗殴,区瑞狮知道情况后便带领被告人王进疆赶到现场,王进疆还持有区瑞狮交给的1支枪及6发子弹。公安机关接到举报后及时前往现场将部分涉案人员抓获,当场缴获大量刀具、水管等工具,并从被告人王进疆身上搜获匕首枪1支及6发子弹。

4. 聚众斗殴事实

被告人苏华裕因赌债问题与汤春林(另案处理)发生争执,便找到区瑞狮的手下林灯强帮忙。2002年12月8日,经区瑞狮同意,林灯强纠集被告人梁日星,伙同苏华裕由方永航驾驶区瑞狮的小霸王汽车前往新会区玉湖小苑餐厅与汤春林一方进行谈判。林灯强一方的车上备有钢管,汤春林一方的人员也携带刀具、枪支等器械,双方均做了斗殴的准备。苏华裕与汤春林因协商不成,林灯强便殴打汤春林,随后双方人员发生斗殴,林灯强即通知梁日星带人过来帮忙。后因汤春林一方的人使用枪支,林灯强等人受恐吓而逃离现场。苏华裕被汤春林一方的人使用小刀刺成重伤。

5. 寻衅滋事事实

2002年一天晚上,被害人陈长胜在新会区会城镇霹雳火酒吧内饮酒时,被告人区瑞狮以陈长胜打了其朋友为由,带领聂球定等数十人进入陈长胜的包房内,当众用啤酒瓶砸伤陈长胜头部。经法医鉴定,陈长胜的伤势为轻微伤。

……(其他寻衅滋事事实略)

6. 赌博事实

自2003年以来,被告人区瑞狮在新会区会城镇瑞发市场、华发大厦开设两家机室赌场,设置赌博机数十台聚众赌博,并安排梁国富、梁日星、方永航与高玉林(另案处理)等人作为赌博机室的管理者,文卓锋、苏庆年等人作为赌博机室的具体工作人员实施聚众赌博活动。为了逃避公安机关查处,区瑞狮等人还安排他人冒充赌博机室的管理人员,在机室被查获后由这些人到公安机关接受处罚,并在处罚后支付全部费用给以上人员。被告人梁福强带领黄勤志、梁瑞钦等人盘踞在瑞发、华发两家机室赌场，向参赌人员提供高利贷款，并以非法手段索债。

7. 组织卖淫事实

2004年7月，被告人区瑞狮被新会区峰景酒店经营者何坚豪（另案处理）邀请一起合作经营峰景酒店的桑拿部和卡拉OK部，区瑞狮以后期利润作为入股资金方式入股50%。入股后，区瑞狮通过强行拆毁酒店沐足部、殴打何坚豪夫妇、排挤何坚豪的工作人员等方法逐步取得该酒店的实际管理权，并将其所持有的股份分给被告人聂球定和梁俭豪（另案处理）各10%，使他们享有峰景酒店的利润分红与管理权；又任命被告人林国荣为峰景酒店总经理，重新聘请人员管理峰景酒店桑拿部，安排唐洪锋、李文雅（另案处理）等集团成员在峰景酒店内任保安、采购员等职务。区瑞狮通过指令林国荣等工作人员增加桑拿部房间，在房间内增加镜子、水床等设施，对卖淫女进行培训、增加色情服务的类型等方式来吸引更多的嫖客到峰景酒店进行嫖娼活动。此外，区瑞狮、聂球定等人还在峰景酒店卡拉OK部组织大量“三陪女”进行色情陪侍以招徕客人，并以价格优惠的方式吸引“三陪女”和客人到桑拿部“开房”进行卖淫嫖娼。自2004年7月至2005年12月，峰景酒店先后共组织390多名妇女进行卖淫，总收入340余万元，其中总利润156万余元。

（三）被告人区瑞狮、刘炽伟等人在其黑社会性质组织形成之前，还伙同被告人梁永忠、莫金耀、梁水立、钟振强、钟子良、黄其发、梁冠辉、黎广球实施了以下故意伤害犯罪活动

1992年，被告人梁永忠与被害人陈文德因在新会县棠下镇争夺在赌场放高利贷的控制权而发生矛盾，被告人梁永忠通过被告人黎广球介绍认识被告人区瑞狮后，要求区瑞狮帮忙赶走陈文德，并许诺事后与区瑞狮合作在棠下镇开赌局。区瑞狮先后带领刘炽伟、钟振强、钟子良以及罗国君（已死亡）等人多次前往棠下镇为梁永忠助阵。在此期间，与梁永忠同一方的被告人莫金耀因赌债2万元与陈文德一方的李远光发生争执，被陈文德纠集多人持械追砍并将莫金耀的亲戚谭仪沛砍致轻伤。此后莫金耀躲藏于梁永忠处，陈文德纠集几十人围攻梁永忠所在之处并将门窗打烂。梁永忠、梁永立纠集了被告人黄其发及“番薯昌”“番狗”（此二人另案处理）等共百余人持械在棠下镇各处搜寻陈文德，并打烂陈文德家的物品。

1992年11月24日，被告人黎广球、黄其发、梁冠辉以及“番薯昌”“番狗”、梁德强（均另案处理）等人在江沙公路收费站处拦截陈文德与陈家声，并在梁永忠的指示下将二人带回棠下镇曲江村。梁永忠、梁永立等人对陈文德进行殴打后，由区瑞狮、刘炽伟、钟子良等人将陈文德蒙头锁手带回新会区会城镇。陈文德先后被关押在被告人钟振强与罗国君的住处，由区瑞狮与梁永忠及其同伙轮流看守。同月26日晚，经与梁永忠商议，区瑞狮、莫金耀带领刘炽伟、钟振强、黄其发、钟子良及罗国君、“番狗”“番薯昌”等人将陈文德带到新会区会城镇都会村郊外，用铁锤等工具对陈文德的头部、膝盖实施重击，用毛巾勒陈颈部，并用硫酸淋陈文德面部，然后逃离现场。经法医鉴定，陈文德损伤为重伤，三级伤残。陈文德受重伤后，其在棠下镇的势力被瓦解，区瑞狮率团伙成员开始进入棠下镇设地下赌局。

（四）被告人谢玉霞在黑社会性质组织意志之外伙同被告人李伟军单独实施以下聚众斗殴犯罪行为

1999年2月，梁华雄驾驶的小汽车与被告人李伟军驾驶的摩托车发生交通事故，经交警部门认定，梁华雄负事故的全部责任。双方赔偿问题已经由交警部门调解处理，但后续治疗费没有达成调解协议。1999年8月17日凌晨，被告人谢玉霞、李伟军等人约梁华雄到新会区会城镇朱紫路乐吧谈赔偿事宜，梁华雄带领十多人到现场，与谢玉霞、李伟军等人因赔偿一事发生争执，双方发生斗殴。双方暂时停手后，被告人谢玉霞又打电话叫被告人梁国富带人过来帮忙斗殴。其后被告人梁国富带人赶到，梁国富与其带来的1名男子各手持1支手枪指向梁华雄一方人员，并殴打梁华雄等人。其后，公安民警接到群众举报后赶到现场将被告人梁国富制服并缴获其枪支，被告人谢玉霞、李伟军等人则逃离现场。

（五）被告人梁福强、梁瑞钦、黄勤志、张国利还实施了以下寻衅滋事犯罪行为

2004年6月，被告人梁福强带领被告人梁瑞钦、黄勤志、张国利等二十多人到新会区双水镇将军山水库处游泳，并在附近“山卡拉”餐厅预订了烧鸡二十多只准备吃饭，被告人梁福强等人在吃饭时以餐厅上烧鸡慢为由，率领被告人梁瑞钦等人掀翻餐台。餐厅老板谢鑫畅出来劝阻时被告人梁福强带领并指使梁瑞钦、黄勤志、张国利等人追打谢鑫畅，并用啤酒瓶砸伤谢的头部，之后未结账便离去。经法医鉴定，被害人谢鑫畅的损伤属轻微伤。

江门市中级人民法院认为，被告人区瑞狮纠集被告人刘炽伟、聂球定等人共同进行故意伤害、放高利贷、帮人追讨债务、开设赌场等违法犯罪活动，至1995年已经形成了黑社会性质组织。该组织形成后，继续以暴力、威胁等非法手段，有组织地进行故意伤害，抢劫，寻衅滋事，聚众斗殴，赌博，非法持有枪支、弹药，组织卖淫等违法犯罪活动，严重破坏了当地的经济和社会生活秩序。被告人区瑞狮已构成组织、领导黑社会性质组织罪；被告人聂球定、刘炽伟、谢玉霞、林灯强、林国荣积极参加黑社会性质组织，其行为均构成参加黑社会性质组织罪；被告人王进疆、方永航、梁日星、梁国富参加黑社会性质组织，从事违法犯罪活动，其行为也均构成参加黑社会性质组织罪。

被告人区瑞狮、梁永忠、莫金耀、梁永立、刘炽伟、钟振强、钟子良、黄其发、梁冠辉、黎广球使用特别残忍的手段实施故意伤害致被害人陈文德重伤三级伤残，情节恶劣；被告人区瑞狮还故意伤害致被害人吕宝强重伤，其行为均已构成故意伤害罪；被告人聂球定、李少强还在被告人区瑞狮的组织、领导下故意伤害致吕宝强重伤、多人轻微伤，被告人聂球定、李少强的行为也构成了故意伤害罪。

被告人区瑞狮还指使被告人刘炽伟强加债务于被害人黄国清后强行劫取被害人价值31万余元的小车1辆，其行为均构成抢劫罪，抢劫数额特别巨大。

被告人区瑞狮、王进疆违反枪支管理法规，非法持有枪支1支及弹药数发，其行为均构成非法持有枪支、弹药罪。被告人区瑞狮指使被告人林灯

强、梁日星、苏华裕等人在玉湖小苑持械聚众斗殴,其行为均构成聚众斗殴罪。

被告人区瑞狮在公共场所随意殴打他人,情节恶劣;被告人梁福强带领被告人梁瑞钦、黄勤志、张国利在公共场所无理滋事并殴打他人,情节恶劣,其行为均构成寻衅滋事罪。

被告人区瑞狮组织、领导被告人梁国富、梁日星、方永航、文卓锋、苏庆年以营利为目的,开设赌场,聚众赌博,其行为均成赌博罪。

被告人区瑞狮、聂球定、林国荣为牟取暴利,组织他人卖淫,情节严重,其行为均构成组织卖淫罪。

公诉机关指控梁福强、梁瑞钦、黄勤志、张国利、李伟军的行为构成参加黑社会性质组织罪的证据不足,不予支持;指控谢玉霞等人实施的乐吧聚众斗殴案、梁福强等人实施的山卡拉餐厅寻衅滋事案属区瑞狮所组织、领导的黑社会性质组织犯罪行为,被告人区瑞狮应对上述犯罪承担刑事责任的依据不充分,不予支持。依法判决:

(1)被告人区瑞狮犯组织、领导黑社会性质组织罪,判处有期徒刑七年;犯故意伤害罪,判处有期徒刑十五年,剥夺政治权利五年;犯抢劫罪,判处有期徒刑十三年,剥夺政治权利三年,并处没收财产二十万元;犯聚众斗殴罪,判处有期徒刑四年;犯非法持有枪支、弹药罪,判处有期徒刑一年六个月;犯寻衅滋事罪,判处有期徒刑二年;犯赌博罪,判处有期徒刑二年六个月,并处罚金五十万元;犯组织卖淫罪,判处有期徒刑十五年,并处罚金一百万元。数罪并罚,决定执行有期徒刑二十年,剥夺政治权利五年,并处没收财产二十万元,罚金一百五十万元。

(2)被告人聂球定犯参加黑社会性质组织罪,判处有期徒刑四年;犯故意伤害罪,判处有期徒刑六年;犯组织卖淫罪,判处有期徒刑八年,并处罚金二十万元。数罪并罚,决定执行有期徒刑十五年,并处罚金二十万元。

(3)被告人梁福强犯寻衅滋事罪,判处有期徒刑二年。

(4)被告人刘炽伟犯参加黑社会性质组织罪,判处有期徒刑四年;犯故意伤害罪,判处有期徒刑十年,剥夺政治权利一年;犯抢劫罪,判处有期徒刑十年，剥夺政治权利一年，并处没收财产十万元；被告人刘炽伟还因走私普通货物罪被判处有期徒刑三年，并处罚金五千元。数罪并罚，决定执行有期徒刑十八年，剥夺政治权利二年，并处没收财产十万元，罚金五千元。

……（其他被告人的判决情况略）

(12)被告人李伟军犯聚众斗殴罪，判处有期徒刑三年。

(13)被告人黄勤志犯寻衅滋事罪，判处有期徒刑一年九个月。

(14)被告人梁瑞钦犯寻衅滋事罪，判处有期徒刑一年九个月。

(15)被告人张国利犯寻衅滋事罪，判处有期徒刑一年八个月。

……（其他被告人的判决情况略）

宣判后，区瑞狮等人提出上诉。广东省高级人民法院经审理认为，原审判决认定事实清楚，证据确实、充分，定罪准确，量刑适当，审判程序合法。依法裁定：驳回上诉，维持原判。

二、主要问题

如何区分黑社会性质组织犯罪和成员个人犯罪？

三、裁判理由

2009年《座谈会纪要》在行为特征方面对组织犯罪和组织成员个人犯罪进行了区分，并列举了黑社会性质组织实施的违法犯罪活动的几种情形，为正确认定黑社会性质组织犯罪和组织者、领导者的刑事责任提供了更为明确的依据。根据2009年《座谈会纪要》的规定，黑社会性质组织实施的违法犯罪活动主要包括以下情形：由组织者、领导者直接组织、策划、指挥、参与实施的违法犯罪活动；由组织成员以组织名义实施，并得到组织者、领导者认可或者默许的违法犯罪活动；多名组织成员为逞强争霸、插手纠纷、报复他人、替人行凶、非法敛财而共同实施，并得到组织者、领导者认可或者默许的违法犯罪活动；组织成员为组织争夺势力范围，排除竞争对手，确立强势地位，谋取经济利益，维护非法权威或者按照组织的纪律、惯例、共同遵守的约定而实施的违法犯罪活动；由黑社会性质组织实施的其他违法犯罪活动。

具备上述情形之一的，就能够认定为黑社会性质组织实施的违法犯罪活动。

"有组织性"是黑社会性质组织行为方式的主要特征之一，是黑社会性质组织犯罪和组织成员个人犯罪的根本区别所在。根据2009年《座谈会纪要》的规定，我们认为，界分组织犯罪和成员个人犯罪，主要根据以下标准：

1. 是否由组织者、领导者直接组织、策划、指挥、参与实施。组织、领导者是黑社会性质组织的发起者、创建者，或者在组织中实际处于领导地位，对整个组织及其运行、活动起着决策、指挥、协调、管理作用的犯罪分子，由组织者、领导者直接组织、策划、指挥、参与实施的犯罪行为，都应认定为组织犯罪。

2. 是否基于组织意志实施。黑社会性质组织的犯罪行为应体现组织意志，受组织意志的制约。也就是说，组织成员实施的犯罪行为是得到了组织者、领导者认可或者默许的，抑或是按照组织的纪律、惯例、共同遵守的约定而实施的犯罪活动。

3. 是否为了组织利益实施。实施犯罪活动的目的是为犯罪组织谋取利益，而不是为了追求个人利益或其他个人目的。对于组织成员为了组织利益而实施的犯罪，并不要求组织者、领导者知情。如组织成员为组织争夺势力范围、排除竞争对手、确立强势地位、谋取经济利益、维护非法权威而实施的违法犯罪活动。反之，如果是组织成员仅仅为了个人利益，在组织意志之外单独实施的违法犯罪活动，组织、领导者并不知情，则不应认定为该黑社会性质组织实施的犯罪活动，而应认定为组织成员个人犯罪。

实践中，由于黑社会性质组织犯罪的表现形式多种多样，因此，认定哪些行为是组织犯罪，哪些行为是个人犯罪，还需要结合具体案情进行综合分析判断。

结合本案来看，判决书认定的第二部分事实，即被告人区瑞狮所组织、领导的黑社会性质组织成员实施的组织犯罪，均是在该黑社会性质组织意志之内实施的，符合2009年《座谈会纪要》列举的黑社会性质组织实施的违法犯罪活动的几种情形。如在金曲卡拉OK故意伤害案中，区瑞狮直接参与实施；抢劫黄国清案中，区瑞狮授意并直接参与实施；玉湖小苑聚众斗殴案，是经区瑞狮同意,组织成员为插手纠纷而共同实施的。

判决书认定的第四部分事实,即组织成员在其黑社会性质组织意志之外单独实施的犯罪行为。被告人谢玉霞虽然是区瑞狮所领导的黑社会性质组织的骨干成员,但在其伙同李伟军实施的乐吧聚众斗殴案中,区瑞狮没有亲自参与,没有证据证明各参与人是经区瑞狮同意或授意实施此案的,也没有证据证明区瑞狮事前知情或事后对此案作出任何意思表示。有关书证材料证实李伟军与梁华雄的交通事故的责任划分确实是梁华雄负全责,交警调解时对后续治疗问题没有处理,双方争吵中李伟军要求梁华雄赔偿的补牙费用也只是1000元。综合全案证据可以认定被告人李伟军等人要求梁华雄赔偿的理由是充分的,其基于要求个人赔偿的目的而引发的双方斗殴行为,应认定为该组织成员为个人利益、个人目的而单独实施的犯罪活动,该犯罪活动是在该组织的意志之外实施的,不能认定为该组织的犯罪活动,该组织的组织者、领导者区瑞狮不应对此案承担刑事责任。

判决书认定的第五部分事实,则是非组织成员单独实施的犯罪行为。在梁福强、梁瑞钦、黄勤志、张国利等人实施的山卡拉餐厅寻衅滋事案中,现有证据只能认定各被告人是因嫌餐厅上菜慢而进行滋事并殴打被害人的,其犯罪行为不是为了区瑞狮所组织、领导的黑社会性质组织的利益而实施的,被告人区瑞狮不应对该犯罪行为承担刑事责任。

四、律师观点

即使构成了黑社会性质组织,也存在如被告人实施的是个人犯罪,不能认定为其参与了由黑社会性质组织实施的犯罪,或者其他被告人实施的个人犯罪不应当由黑社会性质组织罪组织者、领导者或其他参加者来承担的辩护思路:

1. 2015年《会议纪要》在以往司法解释、会议纪要的基础上,指出“以下人员不属于黑社会性质组织的成员:(1)主观上没有加入社会性质组织的意愿,受雇到黑社会性质组织开办的公司、企业、社团工作,未参与或者仅参与少量黑社会性质组织的违法犯罪活动的人员;(2)因临时被纠集、雇佣或受蒙蔽为黑社会性质组织实施违法犯罪活动或者提供帮助、支持、服务的人员；(3)为维护或扩大自身利益而临时雇佣、收买、利用黑社会性质组织实施违法犯罪活动的人员。上述人员构成其他犯罪的，按照具体犯罪处理。”

2. 被告人参与违法犯罪是无预谋的临时行动，该起犯罪行为并不是由涉案组织策划，也没有得到涉案组织的认可或默许，更没有对涉案组织产生任何利益或提高影响力。

3. 被告人实施犯罪活动时涉案组织尚处于初创阶段，尚未形成黑社会性质组织，且无证据证明其此后与该组织有任何来往，被告人参与的该宗犯罪为其个人与涉案组织的共同犯罪，其没有参加黑社会性质组织。

4. 被告人的主观认识上，如果被告人不明知其加入的组织有一定规模且主要从事违法犯罪活动，则其所做的违法犯罪行为也不应归入黑社会性质组织中。

黑社会性质组织犯罪能否认定重复评价

——唐建勇犯组织、领导黑社会性质组织案①

一、基本案情

(一)组织、领导、参加黑社会性质组织

邓高杰系湖南省张家界市武陵源区某某村人,2002年起开始在武陵源混社会,并逐渐混出了名声。唐建勇系湖南省慈利县某某乡人,经常出入武陵源区,于2005年左右在武陵源开始做生意,经营KTV、茶楼等。2006年,唐建勇与邓高杰相互结识后,因唐建勇对邓高杰出手大方,邓高杰遂认唐建勇为"哥哥"。随后,邓高杰纠集唐辉、袁国峰、邓胖、邓慧,原审被告人张衡,邓某某(另案处理)等朋友或同乡,在武陵源跟随唐建勇,奉唐建勇为首。之后,邓高杰、袁国峰又先后吸收邓亚祥、向邓、唐邓、袁振等同乡及向延宁、汪正喜、毛慧星,原审被告人吴进等人为组织成员,建立自己的势力。其间,该组织通过多起有组织地违法犯罪活动,逐步形成了以唐建勇、邓高杰、袁国峰为组织领导者,邓某某、邓胖、邓亚祥、向邓、唐邓、张衡、邓慧、汪正喜、向延宁为积极参加者,唐辉、袁振、毛慧星、吴进为其他参加者的黑社会性质组织。该组织有以下不成文、约定俗成的组织纪律:服从老大安排,听从老大指挥,老大安排的事要无条件执行;出去打架等大事要请示,不能随便在外面惹是生非;不准吸毒;组织内部要团结,不能出卖自己的兄弟。

该组织在形成、发展、壮大过程中,通过为赌博场所放哨、向开设赌博机的电游室收取保护费、控制炭雕旅游商品等各类有组织地违法犯罪活动,聚

① 张家界市中级人民法院(2015)张中刑一终字第10号。

敛财物,牟取经济利益,并设立组织经费,将部分非法所得用于支持该组织的活动,主要用途是:(1)用于组织违法犯罪活动,如购买作案工具、提供作案经费;(2)用于组织成员的稳定发展,如满足组织成员的生活消费、看望服刑成员、资助组织成员出逃。

该组织在形成、发展、壮大的过程中,在武陵源区及周边区域,为争夺势力范围,扩大组织影响,称霸一方,不断以暴力、威胁等手段,有组织地实施多起犯罪,为非作恶,欺压、残害群众。其中故意伤害犯罪3起,聚众斗殴犯罪3起,寻衅滋事犯罪5起,敲诈勒索犯罪1起,具体是:为帮助组织成员报复他人而实施的杨某某、杨某被伤害案,贾某被伤害案,如2011年11月6日,毛慧星与外地游客贾某发生矛盾后,邀约吴进、袁国峰等人在武陵源京溪酒店外将游客砍伤;为逞强耍横,欺压群众而实施的吴某某被敲诈勒索案、百丈峡寻衅滋事案、张家界大剧院寻衅滋事案、武陵源军地坪聚众斗殴案,如2007年11月29日,邓高杰、袁国峰等人与他人因日常生活偶发矛盾纠纷后,邀约唐辉持械伤害他人,致一人轻伤,多人轻微伤;为发展、扩大组织势力,与他势力争斗而实施的三官寺赌场聚众斗殴案,毛某被伤害案,黄龙洞龟心洲聚众斗殴案,如2010年4月,邓高杰受到黄龙洞一方毛某的短信挑衅后,袁国峰纠集多人将毛某砍伤,黄龙洞一方将唐建勇的车砸坏以示报复,最终致该组织与黄龙洞一方相约在黄龙洞龟心洲聚众斗殴;该组织牟取经济利益而实施的老银店寻衅滋事案,游戏室寻衅滋事案,三官寺赌场寻衅滋事案,如2011年七八月,袁振等人因要求赌场涨工资遭拒,袁国峰遂纠集众人持刀前往慈利县三官寺赌场闹事。

该组织利用组织势力,通过实施聚众斗殴、故意伤害、寻衅滋事等违法犯罪活动,危害他人身体健康和财产安全,在武陵源区域对人民群众形成了心理强制和威慑,公众对其违法犯罪行为敢怒不敢言。唐建勇在武陵源负责经营炭雕旅游商品后,为牟取垄断利益,安排袁国峰等人采取提高导游"人头费"、低价销售等手段排挤竞争者,人为制造行业混乱,迫使后来经营者主动寻求联营以避免恶性竞争,并促使唐建勇在行业联营时取得了不合理的优势地位,对该行业形成了非法控制。另外,该组织对武陵源城区开设赌博机的电游室形成了重要影响，不交纳保护费接受保护就难以避免有人闹事，受其保护的就能够顺利经营，迫使游戏室店主主动接受“保护”。

（二）聚众斗殴事实

1.三官寺赌场聚众斗殴案

2009年10月22日，被害人谢某因对吴天鹏（已判刑）多次邀约其女友周某吸食毒品的行为不满，欲到慈利县三官寺土家族乡社泉村周怀双等人开设的赌场找吴天鹏讨要说法。吴天鹏将此事告知了赵猛（已判刑），赵猛便电话通知黄建华（已判刑）带人送枪、送刀到三官寺赌场帮忙。黄建华又邀约了邓高杰，邓高杰便邀约袁国峰、邓申杰，安排他们带人带刀到三官寺赌场帮忙打架。当日下午，谢某、田某、吴某甲、楚新燕、舒海啸、周某等人驾车赶到三官寺赌场找到吴天鹏后，谢某用仿六四手枪顶住吴天鹏头部，欲将吴天鹏带离赌场。赵猛、周怀双带领宋闲（已判刑）、宋明月（已判刑）等人则跟在后面欲解救吴天鹏，这时，黄建华带着邓高杰、袁国峰、邓申杰赶到现场，代柱庭（已判刑）、张衡、唐邓、邓胖等人也赶到现场，与赵猛等人会合后，夺下谢某所持仿六四手枪，宋明月、宋闲、代柱庭、邓高杰等人围着谢某、田某一顿乱砍，致谢某、田某头部，双手，左背部，右臀部，左大腿损伤，构成轻伤。

2.黄龙洞龟心洲聚众斗殴案

2010年5月12日，文某电话联系邓高杰，二人发生口角，遂约定双方当晚在黄龙洞龟心洲养猪场聚众斗殴，邓高杰请示唐建勇得到同意后，电话联系赵猛请求带人帮忙，赵猛便安排黄建华带着宋闲、宋海棠、代召等人带着砍刀乘车前往武陵源帮忙。邓高杰、袁国峰组织人员、准备工具。当晚7时许，邓高杰、袁国峰、邓慧、邓胖、汪正喜、邓申杰等人每人携带一把杀猪刀在喻家嘴三岔路口与黄建华等人会合，并将事先准备好的白手套分发给参与人员，然后前往黄龙洞龟心洲的一座桥边，丁志高（另案处理）等人随后赶到，在邓高杰等人带领下沿着小路朝养猪场方向走，与驾车回家的胡某相遇时，丁志高等人还朝天开了两枪。文某得知邓高杰邀约六七十人准备打架后，因为力量悬殊，放弃了赴约。因为文某没有出现，邓高杰请示唐建勇同意后返回。

（三）故意伤害事实

1. 黎某丁被伤害案

2008年7月15日23时许，被告人邓申杰乘坐唐辉驾驶的车从张家界市武陵源区军地坪真爱酒吧出来时差点撞到行人黎某丁，黎某丁就站在车前不让车辆通过，唐辉下车后与黎某丁发生争执，后邓申杰下车掏出随身携带的匕首冲到黎某丁面前，朝其后背猛刺一刀并与之扭打在一起，致黎某丁轻伤。事后，邓高杰出面协调给黎某丁赔偿损失2万元了事。

2. 贾某被伤害案

2011年11月6日晚，天津游客贾某一行7人与随团导游喻某在张家界市武陵源区军地坪天子街的空中嘉园KTV唱歌，毛慧星等人也在此唱歌。因毛慧星认为贾某等人对其朋友喻某有过分行为而发生争执，贾某殴打毛慧星致其轻微伤。随后贾某等人离开空中嘉园返回入住的武陵源京溪国际酒店，毛慧星心中不服，便打电话叫来吴某乙、袁国峰、邓胖、汪正喜、邓申杰等人会合后，吴某乙给每人发了一把杀猪刀前往京溪国际酒店寻找贾某，在该酒店保安岗亭前，毛慧星、袁国峰、汪正喜等人持刀将贾某的头部、面部、背部及左侧肢体皮肤、右食指砍伤，损伤程度分别构成轻伤。

（四）寻衅滋事事实

2011年七八月，袁某乙与他人合伙在慈利县三官寺乡一带开设赌场，聘请袁某甲、张某负责日常管理。邓高杰电话联系袁某乙，要求安排几个兄弟在赌场做事，袁某乙同意后，袁国峰便安排向邓、唐邓、袁振、邓洋等人每2人一组轮流在赌场放哨，每人每天200元工资。2011年下半年的一天，袁振、邓洋因工资问题与袁某甲、张某发生口角，并扬言要砸赌场。随后袁振将此事告知袁国峰，袁国峰心中不满，欲砸袁某乙的赌场。几天之后一个下午，袁国峰邀约张衡、汪正喜、邓亚祥、邓胖、邓申杰等人携带砍刀乘车来到袁某乙的赌场附近，被亦在赌场拿工资的文某带人拦停，后经人协调并承诺将袁国峰等人的工资涨至每天1000元，袁国峰才带人离开。自此之后赌场每天给袁国峰等人发放1000元工资直至赌场停止经营。

……（其他犯罪事实略）

二、法院判决

法院认为，唐建勇、邓高杰、袁国峰等十多人纠合在一起，在张家界市武陵源区及周边区域长期进行违法犯罪活动，成员较为固定，邓高杰、袁国峰长期跟随唐建勇，听从唐建勇的指挥、安排，唐建勇通过控制邓高杰、袁国峰达到对其他人员的控制，形成了较稳定的犯罪组织。该犯罪组织通过为赌博场所放哨，向开设赌博机的游戏室收取保护费以及控制炭雕旅游商品等方式有组织获取经济利益，并有意识的设立组织经费，将部分资金用于购买刀具等犯罪工具，组织成员消费，看望服刑中的组织成员，资助组织成员逃避法律追究等项，支持了该组织的活动。该组织在发展过程中，为非作恶，欺压、残害群众，犯下了聚众斗殴、故意伤害、寻衅滋事等多起有组织的犯罪活动，称霸一方，对武陵源区的炭雕旅游商品行业形成了非法控制，对该区开设赌博机的电游室亦形成重大影响，严重破坏了当地正常的经济、社会生活秩序。该犯罪组织具备黑社会性质组织的犯罪构成要件，属于黑社会性质的组织。

在该黑社会性质组织中，唐建勇地位最高，是该组织的组织、领导者；邓高杰、袁国峰在该组织中地位仅次于唐建勇，亦是该组织的组织、领导者，唐建勇、邓高杰、袁国峰的行为均构成组织、领导黑社会性质组织罪。邓胖、邓亚祥、向邓、唐邓、邓慧、汪正喜、向延宁及原审被告人张衡多次实施犯罪，起到重要作用，是积极参加者；唐辉、袁振、毛慧星及原审被告人吴进系一般参加者，他们的行为均构成参加黑社会性质组织罪。向邓参加黑社会性质的组织时已满十六周岁未满十八周岁，应当依法从轻或减轻处罚。原判决认定组织、领导、参加黑社会性质组织犯罪的基本事实清楚，证据确实、充分，定性准确，但对向邓量刑不当，法院应予以纠正。

唐建勇及其辩护人、邓高杰、袁国峰及其辩护人提出“本案不具备刑法规定关于黑社会性质组织的四个特征，不构成组织、领导黑社会性质组织罪”的上诉理由和辩护意见，经查，唐建勇以财力拉拢邓高杰，邓高杰纠集袁国峰等人跟随唐建勇并奉唐建勇为首，之后，邓高杰、袁国峰又通过老乡、朋友等关系吸引成员加入，建立了自己的势力，该犯罪组织以唐建勇、邓高杰、袁国峰为组织、领导者，组织成员人数较多，结构稳定；该组织通过收取保护费，为赌场放哨，控制炭雕旅游商品等违法犯罪活动有组织的牟取经济利益，除满足各自需求外还有意识设立了组织经费，支持该组织的活动；该组织在发展过程中，为了组织利益、领导者利益、组织成员利益实施了12起有组织的违法犯罪活动，其中故意伤害犯罪3起，聚众斗殴犯罪3起，寻衅滋事犯罪5起，敲诈勒索犯罪1起；该组织实施的多起犯罪，导致多人受伤及群众财产受损，确立了强势地位，客观上给武陵源城区的居民造成了心理强制和威慑，严重破坏了当地社会生活秩序。向开设赌博机的游戏室收取保护费作为该组织牟取利益的主要手段之一，使交纳保护费成为该类游戏室正常营业的条件。武陵源炭雕旅游商店的联营表面上并非受到该组织的暴力威胁所致，但其他经营者主动向唐建勇经营的友澜炭雕店联营系基于行业秩序混乱被迫而为，该行业竞争无序的原因之一即唐建勇为了获取垄断利润，利用该组织成员实施不正当竞争行为，并促使了唐建勇经营的炭雕店在联营体中取得不合理的地位。上述事实有证人证言、被告人的供述和大量的犯罪事实等证据予以证明，该犯罪组织具备构成黑社会性质组织的四个特征。综上，上述上诉理由和辩护意见不能成立，法院不予采纳。

三、黑社会性质组织犯罪能否认定重复评价

在本案中，上诉人袁国峰及其辩护人、上诉人唐邓的辩护人提出了“组织、领导、参加黑社会性质组织罪与黑社会性质组织犯罪并罚属于重复评价”的上诉理由和辩护意见。若把刑法上的禁止重复评价原则理解为“对同一事实的同一属性或侧面进行定性处罚上的二次或二次以上的法律评价”的话，行为人实施的所有具体犯罪都需要与组织、领导、参加黑社会性质组织罪并罚，而且表现为在数罪并罚等处罚基础上还要对其酌定从重处罚，以及在前述处罚基础上还要适用诸多贯彻从重处罚精神的处罚制度。

在司法上对黑社会性质组织犯罪的组织领导者的区别对待，具体可分为如下三种情形：第一，如果行为人犯组织、领导黑社会性质组织罪并且是

主犯，又组织、领导该黑社会性质组织实施了其他具体犯罪行为的，应当认定为组织、领导黑社会性质组织罪和其他具体犯罪的主犯。第二，如果行为人犯组织、领导黑社会性质组织罪，但在该组织成立后的其他犯罪行为实施过程中又没有实施组织、领导行为，仅以参加者的身份实施犯罪行为并起次要作用的，则应分别认定为组织、领导黑社会性质组织罪的主犯和其他具体犯罪的从犯。第三，如果行为人在黑社会性质组织成立过程中起组织、领导作用，但之后并不组织、领导该组织实施其他具体犯罪行为，则应当视其后的参加行为在具体犯罪中所起的作用分别认定为组织、领导黑社会性质组织罪的主犯与其他具体犯罪的主犯或从犯。

综观立法与司法实践，对黑社会性质组织成员的处罚依据：一是《刑法》第二百九十四条第一款和第五款的规定，以将组织成员行为评价为组织、领导、参加黑社会性质组织罪；二是《刑法》第二十六条、《黑社会案件解释》第三条的具体化规定和《刑法》第二百九十四条第四款关于数罪并罚的规定，要求组织成员对组织的“其他犯罪行为”负责，并认定为相应具体犯罪予以数罪并罚；三是《宽严相济刑事政策》和《宽严相济刑事政策意见阐释》，要求对黑社会性质组织犯罪从重处罚。

在以上“三重”层级处罚依据中，第三重层级关于对黑社会性质组织犯罪从重处罚的《宽严相济刑事政策》和《宽严相济刑事政策意见阐释》的要求，并不是对前两重层级相关立法及其解释关于从重处罚的“重申”或具体化，而实际上是在将黑社会性质组织犯罪背景及其组织领导者身份视作酌定从重处罚情节予以适用。因为《宽严相济刑事政策》和《宽严相济刑事政策意见阐释》要求从重处罚的对象与相关立法及其解释是不同的：相关立法及其解释的从重处罚评价对象是黑社会性质组织成员（组织领导者、积极参加者、一般参加者）的具体行为责任，是在区别对待精神和罪责刑相适应原则下的具体“从重处罚”，而《宽严相济刑事政策》和《宽严相济刑事政策意见阐释》的评价对象是黑社会性质组织犯罪的整体及其组织领导者的身份（“黑老大”），是笼统要求在司法上对黑社会性质组织犯罪“作为严惩的重点”“依法从重处罚”、对组织领导行为“依法从严惩处”和对组织领导者等的从宽处罚情节"依法从严予以掌握"。以上评价对象的不同决定,《宽严相济刑事政策》和《宽严相济刑事政策意见阐释》对黑社会性质组织犯罪的从重处罚要求,具有独立于相关立法及其解释的司法意义,并使得黑社会性质组织成员在立法和司法解释的区别从重处罚的基础上,又要整体上酌情从重处罚。

以上将黑社会性质组织犯罪背景及其组织领导者身份作为酌定从重处罚情节予以适用的重复评价,必然带来罪责刑不相适应的重刑。综观司法实践,这个"重刑"概括起来主要表现在如下几个方面:一是将所有黑社会性质组织成员的处刑相对拔高,即相对于那些不具有黑社会性质组织背景的具体犯罪而言,在有黑社会性质组织犯罪背景情况下,对整个犯罪及其成员的处刑相对要高;二是将组织领导者作为酌定从重处罚身份("黑老大"),在法定刑幅度内选处相对重的刑罚量;三是在适用数罪并罚中,单个犯罪的处刑本已拔高,而在并罚时选处执行刑时,又往往酌定拔高,从而使数罪并罚的处刑结果(执行刑)受到两次"酌定从重处罚"。

四、律师观点

组织、领导、参加黑社会性质组织罪仅作为一个组织、领导、参加黑社会性质组织的犯罪,其成立以"组织、领导、参加了黑社会性质组织"为要件,它是在行为人尚没有实施其他具体犯罪活动或实施的其他行为尚构不成具体犯罪的情况下认定的一种犯罪;黑社会性质组织及其犯罪的认定,虽然需以实施为获取经济利益而通过违法犯罪实施社会控制的目的,但其不以实施了具体犯罪活动为要件;在行为人既实施了组织、领导、参加黑社会性质组织的行为,又实施了组织下的具体犯罪活动,应当依吸收犯原理按具体犯罪活动所触犯的罪名定罪。

基于黑社会性质组织犯罪的严重社会危害性和宽严相济的刑事政策,对黑社会性质组织犯罪予以严惩是必要的。但并非就要将黑社会性质组织犯罪背景作为酌定从重处罚情节予以适用,从而导致酌定从重型重复评价。这就要求,司法上在处理黑社会性质组织犯罪的过程中,必须坚守罪责刑相适应、罪刑法定等刑法的基本原则及刑法的公正、谦抑和人道等刑法精神，按刑法关于黑社会性质组织犯罪的各项规定，对其案件事实及其相应情节客观地加以认定和适用，避免有意无意地把行为人的黑社会性质组织犯罪背景作为酌定从重处罚情节加以认定和适用。

在正确理解“其他犯罪行为”与黑社会性质组织犯罪内在关系的基础上，合理认定和适用自首情节。包括：当犯罪分子对其实施的所有“其他犯罪行为”都构成自首时，应当认定其对黑社会性质组织犯罪也构成自首；当犯罪分子对其实施的主要的“其他犯罪行为”构成自首时，也应当认定其对黑社会性质组织犯罪构成自首；当犯罪分子如实供述的“其他犯罪行为”并不是其主要犯罪行为，但是根据其如实供述的犯罪行为足以认定其已经构成黑社会性质组织犯罪的，应当认定对黑社会性质组织犯罪成立自首，且基于刑法关于可以从轻或减轻处罚情节适用的倾向性，除在特殊情形下，司法机关也一般应当从宽处罚。

如何区分黑社会性质组织和有违法犯罪行为的单位

——张更生等故意杀人、敲诈勒索、组织卖淫案①

一、基本案情

被告人张更生，男，汉族，1955年1月11日出生，农民，原闻喜县桐城镇中社村村委会主任、闻喜县城关镇人民代表大会代表。2001年4月3日因本案被逮捕。

被告人贾恺，男，汉族，1948年2月3日出生，农民，原任中社村村委、会计。1984年4月17日因犯包庇罪被判处有期徒刑六个月，次月8日刑满释放，2001年4月1日因本案被逮捕，2003年12月21日被取保候审。

被告人梁公社，男，汉族，1958年9月7日出生，农民，原任中社村出纳。2001年3月31日因本案被逮捕，2003年12月20日被取保候审。

被告人陈吉云，男，汉族，1960年1月4日出生，农民，原任中社村党支部书记。2001年4月4日因本案被取保候审。

被告人王海忠，男，汉族，1951年6月8日出生，农民，1997年至1999年任桐城镇中社村村委。2001年3月6日因本案被逮捕，2003年12月20日被取保候审。

……(其他被告人的基本情况略)

山西省运城市人民检察院以被告人张更生、贾恺、王海忠、叶文根、张喜让、史长命、梁公社、梁永安、叶建民、叶惠民、梁民安、李启安、陈红伟、陈吉

① 参见最高人民法院刑事审判第一、二、三、四、五庭:《刑事审判参考》(总第74集)案例第627号。

云、李王官分别犯组织、领导、参加黑社会性质组织罪,故意杀人罪,敲诈勒索罪,非法拘禁罪,组织卖淫罪,协助组织卖淫罪,向运城市中级人民法院提起公诉。

被告人张更生辩称:检察院所指控的组织、领导、参加黑社会性质组织罪不成立,其所领导的单位不符合黑社会性质组织应同时具备的四个方面的特征;对持刀捅刺公安干警张晓峰的事实供认不讳,但当时张晓峰未穿警服,也未出示证件,其误认为遭人绑架,出于自卫才持刀捅刺的。被告人张更生的辩护人辩解:张更生是闻喜县城关镇人大代表,公安机关未履行相关手续,属违法办案;张更生出于自卫才捅了张晓峰;公安机关出示的拘留证不合法,应对张更生从轻处罚。

山西省运城市中级人民法院经审理查明:

(一)关于组织、领导、参加黑社会性质组织事实

1997 年 1 月,被告人张更生被选为闻喜县桐城镇中社村村长,1999 年 4 月 2 日当选闻喜县城关镇第 12 届人大代表。1997 年 1 月,被告人张更生、贾恺、王海忠、李王官当选中社村村委,研究以村委、村支委名义制作一批牌匾,由被告人张更生、陈吉云率人向驻在中社区域内的单位送匾。次年,中社村委、村支委又成立锣鼓队,每逢节日向中社区域内的单位敲锣鼓、闹社火,获取钱财 66 笔共计人民币(以下所涉币种均为人民币)108,800 元,收款记入村委账上后,给参加者发工资、提成共 71,958.78 元。张更生 1997 年担任村长后,研究成立村治安联防队,该队对过往该村车辆收取费用 3000 余元。在张更生担任村长期间,对在该村区域内的闻喜县民用建材公司索要土地补偿费 35,000 元,向闻喜东镇三铁焦化厂索要道路维修费 5000 元;向闻喜县水泥厂索要粉尘污染费 40,000 元;向闻喜县城关信用社索要土地补偿费 30,000 元;向闻喜县技术监督局索要土地补偿费 70,000 元;向闻喜县审计局索要土地补偿费 15,000 元。所要 195,000 元款项均入了中社村村委账,后以 15% ~20% 的提成向要账人分发工资。案发后,被告人梁公社退出所得赃款 1500 元,王海忠退出 3480 元,梁永安退出 1000 元,张喜让退出 210 元,叶建民退出 15,000 元,梁民安退出 2110 元,李王官退出 6350 元,陈吉云退出300元，由被害单位领取。

（二）关于故意杀人事实

2001年2月23日，运城市公安局、闻喜县公安局联合执行抓捕张更生的任务。当晚9时半左右，张少华、张晓峰、张万峰、叶伟执行抓捕任务，当抓捕小组在闻喜县桐城镇中社村中发现张更生后，闻喜县公安局副局长张少华向其出示刑事拘留证并告知："公安局的，刑拘你哩，不要动。"张更生夺路脱逃，闻喜县公安局刑侦三中队侦查员张晓峰等人冲上前抓住了张更生，张更生掏出随身携带的匕首向张晓峰身上猛刺六刀，致其受伤倒地，后送医院抢救无效死亡。经法医检验认为，张晓峰系双刃刺器穿通心脏引起失血性休克死亡。

（三）关于敲诈勒索事实

1. 2000年9月，闻喜县电影院由韩银狮承包后改建增设家具城，成了中社村大中市场家具城的竞争对手。被告人张更生得知后，便同中社村大中市场家具城承包人张六生、被告人叶惠民、经理被告人叶建民商定阻挡施工。其间，被告人贾恺、叶文根、叶建民、史长命、梁永安多次向电影公司索要工资2000元；因索款无果，张更生、贾恺、叶建民及张六生商定煽动群众参与阻挡，由张更生提议让群众到闻喜酒楼吃饭，叶惠民同张六生商定给参加的群众每人10元钱。之后，叶建民将写好的要求电影院恢复放映的标语让被告人陈红伟、李启安张贴于电影院。张更生坐在面包车里在现场进行观看。陈红伟、李启安把标语贴好后，拆卸施工用的架板。被告人张喜让、贾恺、叶文根、梁民安到影院二楼责令工人停工，张喜让、梁民安受张六生指使在施工现场监视3天不让施工。同年12月24日，张更生、贾恺、梁永安、叶文根、史长命等人到电影公司找公司领导卫茂贵、孔玉成索要现金，卫茂贵委托他人将中社村村支书陈吉云叫来帮助解决此事。电影公司无奈同意以土地补偿费为名，支付给中社村现金60,000元。因资金紧张，此款由承建人韩银狮垫支，叶建民将款索得后，交给张更生20,000元，用于村民福利发放；余款张六生分得12,000元，叶文根、史长命、梁永安各得2000元，张喜让、梁民安各得110元，参与群众每人分得10元计650元，剩余21,330元由叶建民保管。

2. 1997年，闻喜县电业局租用闻喜县桐城镇中社村土地4.04亩。1999年2月，被告人梁永安同村民李民德、梁立安、刘纪成、董王玉、杨随喜到闻喜县电业局索要占地款6000元后，六人均分。

（四）关于组织卖淫、协助组织卖淫事实

2000年4月1日，被告人张更生承包了闻喜县桐乡宾馆。其间，张招收、容留卖淫女并免费提供食宿，卖淫女最多时达20余人。同时安排其妻陈雪丽（已判处有期徒刑二年六个月）管理桐乡宾馆歌厅及卖淫女。由陈从卖淫非法所得中抽成牟利。张多次安排卖淫女卖淫并要求卖淫女听从陈的安排、管理，不许乱出台（卖淫），不要打听嫖客姓名、称呼其职务等。被告人梁公社在桐乡宾馆工作期间，根据张的授意，当警方对宾馆进行特行检查时，以查验证件为由拖延时间并通过电话等方式通知张、陈，通知有卖淫嫖宿的客房，逃避打击。

（五）关于非法拘禁事实

1997年10月，闻喜县桐城镇刘治屹经闻喜县信用联社业务员仇学军介绍，在张六生处以高额利息借款10,000元。次年3月28日9时许，张为索取债务纠集被告人李启安和闻喜县城居民邓永义、闫保兴到刘治屹家，李同邓永义将刘治屹拉上车，同时将正在刘家的仇学军也一同叫上车，拉到闻喜县桃同路口玻璃厂一房内，李用铁火钩朝刘治屹腿上抽打了两下。张叫来王德发并让其陪仇外出借款以归还刘的借款。后刘被李、闫、张带到闻喜县液化气招待所二楼一房间，先后由李启安、陈红伟等人看守，后刘在李、陈的陪同下到运城禹都市场郭宽江处拉走价值30,000元的白酒抵顶借款。后于4月3日早上，经张同意才将刘放回，非法限制刘人身自由6天。

山西省运城市中级人民法院认为，张更生等15人不符合《刑法第二百九十四条第一款的解释》规定的黑社会性质组织应同时具备的“四个特征”，以张更生为首的中社村村委不是黑社会性质组织。起诉书指控张犯组织、领导黑社会性质罪，贾、王、梁、陈、李、叶文根、张喜让、史长命、梁永安、叶建民、叶惠民、梁民安、李启安、陈红伟14人犯参加黑社会性质组织罪的罪名不能成立。对于起诉书指控的收取车辆过路费,收取土地补偿费、粉尘污染费、道路维修费系一般违法行为,不宜以犯罪论处。张更生以非法占有为目的,伙同贾恺、叶文根、张喜让、史长命、梁永安、叶建民、叶惠民、梁民安、李启安、陈红伟向电影院采用威胁、勒令停工及聚众闹事等方法索取60,000元现金,其行为均已构成敲诈勒索罪,且数额巨大,在共同犯罪中,张更生和叶建民、叶惠民起主要作用,为主犯;贾、叶文根、张喜让、史、梁永安、梁民安、李、陈起次要作用,为从犯,应从轻、减轻处罚。张更生在警方抓捕时持刀刺死警察,其行为构成故意杀人罪;张更生在承包桐乡宾馆期间,组织他人卖淫,其行为构成组织卖淫罪。上述数罪应予并罚。梁公社协同他人组织卖淫,构成协助组织卖淫罪。陈红伟、李启安非法限制他人自由构成非法拘禁罪,应数罪并罚。陈吉云、王海忠、李王官的行为不构成犯罪。据此,判决如下:

(1)被告人张更生犯故意杀人罪,判处死刑,剥夺政治权利终身;犯敲诈勒索罪,判处有期徒刑七年;犯组织卖淫罪,判处有期徒刑六年,并处罚金二万元;决定执行死刑,剥夺政治权利终身,并处罚金二万元。

(2)被告人叶建民犯敲诈勒索罪,判处有期徒刑五年六个月。

(3)被告人叶惠民犯敲诈勒索罪,判处有期徒刑五年。

(4)被告人李启安犯敲诈勒索罪,判处有期徒刑三年;犯非法拘禁罪,判处有期徒刑一年;决定执行有期徒刑三年六个月。

(5)被告人陈红伟犯敲诈勒索罪,判处有期徒刑三年;犯非法拘禁罪,判处有期徒刑一年;决定执行有期徒刑三年六个月。

(6)被告人贾恺、叶文根、史长命、梁永安犯敲诈勒索罪,均判处有期徒刑二年。

(7)被告人梁公社犯协助组织卖淫罪,判处有期徒刑一年六个月,并处罚金三千元。

(8)被告人梁民安、张喜让犯敲诈勒索罪,均判处有期徒刑二年,缓刑二年。

(9)被告人陈吉云、王海忠、李王官无罪。

宣判后,张更生上诉提出:(1)一审判决书中未反映和体现指控其犯罪的立案证据,未查明抓捕其是否有合法的立案审批手续;(2)一审查明的事实证实了侦查机关在抓捕其时未立即向闻喜县城关镇人大报告,"密捕"方式是错误的,且在抓捕前就应审查举报其雇凶杀人的事实是否存在,故该抓捕行为系违法行为;(3)证人张少华、张万峰、叶伟与本案有利害关系,为推卸责任,其证词的真实性和可信性非常低,因而应认定警察在抓捕其时出示过拘留证的证据不充分;(4)其仅承认抽刀防卫,并未承认故意杀人;(5)关于索要有关费用一事系村委集体研究决定,不属于敲诈勒索;(6)关于组织卖淫一事,警方已作治安案件处理,同一件事不能再作刑事案件处理。其辩护人的辩护意见与上述理由相同。

……(其他被告人的上诉理由及辩护人的辩护意见略)

山西省高级人民法院经审查,对原判认为起诉书指控被告人张更生等人构成组织、领导、参加黑社会性质组织罪不能成立的认定予以确认;原判认定被告人张更生、梁永安等人构成敲诈勒索罪,被告人张更生构成组织卖淫罪,被告人梁公社构成协助组织卖淫罪,被告人陈红伟构成非法拘禁罪的事实清楚,证据确实、充分,定罪准确,量刑适当,审判程序合法。被告人张更生及其辩护人提出的辩护意见不能成立,不予采纳。依照《中华人民共和国刑事诉讼法》第一百八十九条第一项之规定,裁定如下:驳回上诉,维持原判,并依法报请最高人民法院核准。

最高人民法院经复核认为,被告人张更生不计后果持刀连续捅刺对其进行刑事拘留的警察张晓峰数刀,致张晓峰死亡,其行为构成故意杀人罪,且罪行极其严重;张更生等人以非法占有为目的,以威胁和要挟手段,强行索取他人巨额财物,其行为构成敲诈勒索罪;张更生以招收、容留手段,控制多人卖淫,其行为构成组织卖淫罪。在共同敲诈勒索和组织卖淫的犯罪中,被告人张更生起主要作用,系主犯,依法应当按照其所参与的或者组织、指挥的全部犯罪处罚;所犯数罪,依法应予并罚。第一审判决、第二审裁定认定的事实清楚,证据确实、充分,定罪准确,量刑适当,审判程序合法。依照《中华人民共和国刑事诉讼法》第一百九十九条和《最高人民法院关于复核死刑案件若干问题的规定》第二条第一款的规定，裁定如下：

核准山西省高级人民法院（2007）晋刑一终字第36号维持第一审以故意杀人罪判处被告人张更生死刑，剥夺政治权利终身，与其所犯敲诈勒索罪、组织卖淫罪判处的刑罚并罚，决定执行死刑，剥夺政治权利终身，并处罚金人民币二万元的刑事裁定。

二、主要问题

如何区分黑社会性质组织与有违法犯罪行为的单位？

三、裁判理由

有违法犯罪行为的单位，是指依法成立后在从事生产经营活动过程中实施了某些违法犯罪活动的社会经济实体（单位）。我们认为，尽管有违法犯罪行为的单位在实施违法犯罪活动过程中也可能“转化”为黑社会性质的犯罪组织，但二者在未转化前，有着明显的区别：

1. 成立目的不同

有违法犯罪行为的单位，一般都是依法设立的公司、企业等合法经济实体或者社会组织，从事一定的生产经营活动或者履行一定的社会职责；而黑社会性质组织系为了实施违法犯罪而成立的非法组织。虽然二者都有基本的组织架构、职责分工，但前者是为了正常开展生产、经营活动而设立的；而黑社会性质组织，其内部严密的组织结构、细致的职能分工、帮规纪律等，均是为了有组织地实施违法犯罪活动而设立。

2. 经济特征不同

有违法犯罪行为的单位，自成立开始便有其正当的经营或职能范围以及较为稳定的运作方式和营收模式。违法犯罪行为，对其而言，只是在单位行使职权或者经营过程中出现的偶然“越权行为”或者“寻租行为”，违法犯罪所得不会成为其主要的、稳定的收入来源。而黑社会性质组织是以有组织地实施违法犯罪活动或者其他手段获取经济利益，具有一定的经济实力，并以此支持该组织的活动。一言以蔽之，黑社会性质组织是“以黑养黑”，其维持犯罪组织日常运作的资金主要来源于违法犯罪活动,或者与违法犯罪活动有关。

3. 行为特征不同

有违法犯罪行为的单位实施违法犯罪行为一般不具有经常性,违法犯罪并不是单位获取经济利益或者解决纠纷的主要手段。与此不同的是,黑社会性质组织实施违法犯罪行为具有经常性、一贯性,而且其所实施的违法犯罪行为具有明显的暴力性特征,通常表现为故意杀人、故意伤害、绑架、抢劫、敲诈勒索、聚众斗殴、寻衅滋事、故意毁坏财物等。

4. 非法控制特征不同

黑社会性质组织本质上是要通过实施违法犯罪活动称霸一方,在一定区域或者行业内,形成非法控制或者重大影响,从而严重破坏经济、社会生活秩序。非法控制特征是连接其他三个特征的纽带,正是在"非法控制"这一点上,使得黑社会性质的组织犯罪与其他犯罪组织区别开来:在对组织内部进行严格控制的基础上,通过对一定行业或者区域的控制最终实现对社会的控制。由此可以认为,非法控制是黑社会性质组织的本质特征。而有违法犯罪行为的单位,并不具有非法控制社会的意图,亦无法形成对一定区域或行业内社会、经济秩序的严重破坏。

四、律师观点

为了获取超额的甚至是垄断的经济利益,逃避官方打击和刑事惩治,有组织犯罪集团在获利手段方面除了从事"黄、赌、毒"等传统犯罪活动、收取保护费以外,犯罪手段"软暴力"的趋势日益明显,以注册的合法的公司、企业作为掩护或者平台逐渐成为有组织犯罪的主要发展趋势。企业化趋势对有组织犯罪的组织结构、行为模式、活动特点及领域等方面带来诸多变化:

第一,企业化使有组织犯罪集团在组织结构上发生变异。企业化的有组织犯罪集团终结了组织结构混乱、全靠暴力打天下的状态,组织的结构体系更加清晰,组织内部拥有完善的组织机构,以及相应的职能部门,分工更加明确具体,行为更加协调配合,呈现出现代企业的组织管理模式。

第二，企业化使有组织犯罪集团在人员组成上发生变异。在不同的发展阶段，有组织犯罪的组织形态都会适应其赖以生存的经济基础。有组织犯罪最初以地方宗族势力为组织基础，成员多为同一家族。但是随着社会发展，组织成员的来源越来越分散，开始出现社会化的趋势，渐次的发展顺序为宗族、帮会、行会、公司、跨国犯罪集团。企业化的有组织犯罪集团头目摇身一变成为企业的董事长、总经理，组织内的头目、骨干人员担任公司企业中不同的职位，一般人员变成企业员工。组织成员不再拘泥于“血缘”或“地缘”纽带，而是来自社会的各个层面，类似合法公司、企业的因“才”聘用。

第三，企业化使有组织犯罪集团在内部管理上发生变异。企业化的有组织犯罪集团吸收了科学的管理方式，“对组织机构进行分工协作、权责分明的调整，以‘企业董事会’式的委员会取代家长式的首脑决策系统”，将犯罪组织的管理与企业的组织管理重叠在一起，组织的领导者同时也是企业的法人代表或者实际操纵者，组织成员又兼具企业中层管理者或员工的身份。在组织的内部控制上，企业化的有组织犯罪集团改变了传统的、野蛮的“歃血为盟”的封建迷信方式，把所谓的“帮规”变成了人事、财务、管理、奖惩等各种企业制度，降低了内部控制的野蛮、血腥的色彩。这些有组织犯罪集团往往以工资的形式向“员工”发放供其日常挥霍资财，以“奖金”的形式对为组织立功或表现突出的“员工”进行表彰、奖励。企业化趋势淡化了传统有组织犯罪集团的家长制或等级制特征，极大地混淆了作为有组织犯罪的“非法企业”与合法企业的界限，使得打击和惩治有组织犯罪的司法实践中难以区分组织成员与企业员工，难以界定合法经营行为与违法犯罪、合法经营资产与犯罪所得的关系，难以准确认定有组织犯罪与公司企业等单位犯罪以及一般违法行为的界限，最终由于无法准确量刑和适用刑罚而导致对有组织犯罪惩处难度的增加。如何准确界分作为有组织犯罪的“非法企业”和“合法企业”即比较二者的异同，将成为化解有组织犯罪企业化所带来的挑战、解决上述司法疑难问题的关键之所在。

结合本案，以被告人张更生为首的中社村村委会不属于黑社会性质组织，而是有违法犯罪行为的单位，张更生等人的行为亦不构成组织、领导、参加黑社会性质组织罪，具体分析如下：

首先，从成立角度而言，1997 年 1 月，被告人张更生被选为闻喜县桐城镇中社村村长，任职期间，被告人张更生、贾恺、王海忠、李王官当选为中社村村委。现有证据表明，由张更生等人组成的中社村村委会系依据《村民委员会组织法》规定的条件和程序选举产生，具有合法的组织架构及权力运作机制。中社村村委会并不是为了实施违法犯罪而成立的。而且，根据本案事实、证据，并不能认定该村委会成立后以实施违法犯罪为主要活动。

其次，从经济特征角度而言，张更生等人通过送匾、闹社火、收取土地补偿费、污染费、道路维修费等方式获取钱财，大多是经村委会或村支委研究决定，所得钱款绝大部分均入了村委会的账，且其中多数是用于村里的公共开支，并非张更生等人从事违法犯罪活动的物质保障。

再次，从行为特征角度而言，张更生等人所犯其他违法犯罪行为，如组织卖淫罪、非法拘禁罪等，均是个人行为，与村委会无关。综合判断全案的犯罪事实，以下行为属于村委会集体行为：张更生任职期间，1997 年 1 月，张更生与贾恺、王海忠、李王官研究以村委、村支委名义制作一批牌匾，由张更生、陈吉云带人分送驻在中社区域内的单位；同年，又研究成立村治安联防队，收取过往该村车辆费用 3000 余元；次年，中社村村委、村支委还决定成立锣鼓队，每逢节日向中社区域内的单位闹社火，获钱财 66 笔共计 108,800 元，入村委账后，给参加者发工资、提成共 71,958.78 元。张更生担任村长期间，索要中社区域内的闻喜县民用建材公司土地补偿费 35,000 元，索要闻喜东镇三铁焦化厂道路维修费 5000 元；索要闻喜县水泥厂粉尘污染费 40,000 元；索要闻喜县城关信用社土地补偿费 30,000 元；索要闻喜县技术监督局土地补偿费 70,000 元；索要闻喜县审计局土地补偿费 15,000 元。所得 195,000元款项均入了中社村委的账，后以 15%～20% 提成向要账人分发工资。然而，在上述行为中，向中社区域内的单位送匾，建立治安联防队，成立锣鼓队闹社火，收取占地单位土地补偿费、粉尘污染费、道路维修费均未违反法律规定。收取过路费虽属违法行为，但尚不构成犯罪。除此之外，与村委会有关的敲诈勒索犯罪也只有两起，由此说明中社村村委会实施违法犯罪活动并不具有一贯性和经常性,达不到黑社会性质组织所要求的行为特征。

最后,从非法控制角度而言,张更生等人实施的违法犯罪活动,虽在当地造成一定社会影响,但并没达到在一定区域或行业内形成非法控制或重大影响,严重破坏经济、社会生活秩序的程度。中社村村委会财务管理比较健全,从获利的用途和去向来看,主要还是为了给中社村这个小集体和张更生等人组成的小团体谋取利益,并不具有非法控制一定区域或者一定行业内社会、经济秩序的意图。

综上,一、二审法院认定被告人张更生等人的行为不构成组织、领导、参加黑社会性质组织罪是正确的。

第八章

实务操作问题

组织者、领导者赔偿经济损失取得被害人家属谅解能否成为从宽处罚情节

——邓统文等人组织、领导、参加黑社会性质组织案①

一、基本案情

被告人邓统文,绰号"邓胖",男,1985年9月18日出生。2010年4月14日因犯故意伤害罪被樟树市人民法院判处有期徒刑三年,缓刑四年。2011年7月6日因本案被逮捕。

……(其他被告人基本情况略)

江西省宜春市人民检察院以被告人邓统文犯组织、领导黑社会性质组织罪,故意杀人罪,故意伤害罪,故意毁坏财物罪,寻衅滋事罪,开设赌场罪,非法买卖枪支罪,非法持有枪支、弹药罪,敲诈勒索罪……向宜春市中级人民法院提起公诉。

被告人邓统文及其辩护人提出:邓统文的行为不构成组织、领导黑社会性质组织罪。其中,本案未查扣任何财产,没有证据证实该组织具备经济实

---

① 参见最高人民法院刑事审判第一、二、三、四、五庭:《刑事审判参考》(总第107集)案例第1161号。

力，不具备黑社会性质组织的经济特征。

……（其他辩解理由和辩护意见略）

宜春市中级人民法院经公开审理查明：

（一）组织、领导、参加黑社会性质组织的事实

自2005年年底开始，被告人邓统文与他人先后在江西省樟树市洋湖乡晏梁村店前自然村、鹿江街道大路口村老邹坊、大桥街道枧头村黄家脑等地开设赌场非法牟利，并先后收刘欢、敖祥（同案被告人，均已判刑）等人为“小弟”。在此期间，胡小强（同案被告人，已判刑）及严露、朱海林（均另案处理）等人亦曾跟随邓统文。2007年1月，邓统文为了报复竞争对手敖志富，伙同他人持刀、枪将敖志富手下“小弟”聂江涛砍伤，并将聂江涛的女友徐兆华刺成重伤。此举极大地提升了邓统文在当地的“名气”，而以邓统文为组织者、领导者的犯罪组织也随之得以快速发展。其中，敖祥、刘欢及王波文、丁文波（同案被告人，均已判刑）为积极参加者，敖超、熊建申、游龙明、尚波、杜程远、丰凯强、张威、熊四华、胡思生、丁梁、彭建军、邹雪勇（同案被告人，均已判刑）等人为其他参加者。邓统文通过对骨干成员敖祥、刘欢、王波文的授意和指挥来对整个犯罪组织进行控制、管理，并形成了对组织成员进行管理与奖惩的一系列不成文的组织纪律和行为规则。

2005年年底以来，邓统文及其组织成员以开设赌场等方式聚敛了巨额经济利益，并用于购买枪支、刀具、对讲机等作案工具，向组织成员发放工资及生活费用，安排部分组织成员集中吃、住等，为该组织的运行、发展提供经济支撑。该组织在樟树市观上镇、江西省丰城市拖船镇（毗邻樟树市观上镇）等地区长期、多次开设赌场，并以暴力手段“护赌”以及强行在他人开设的赌场“入股”，在上述地区的这一非法行业中确立了重要地位。为了扩大势力范围、排除竞争对手、维护非法权威以及插手其他行业，2007年1月以来，该组织还在樟树市大肆实施故意杀人，故意伤害，故意毁坏财物，寻衅滋事，非法买卖枪支，非法持有枪支、弹药，敲诈勒索等多种违法犯罪活动，作案30余起，致死1人，致伤3人（重伤1人，轻伤2人），损毁公民合法财物价值数万元，已在当地形成重大影响，严重破坏了正常的社会生活秩序和经济

秩序。

（二）故意杀人、寻衅滋事的事实

1. 2011 年 5 月 29 日下午 5 时许，被告人邓统文指使被告人敖祥带领被告人王波文、敖超、丰凯强、游龙明、胡思生、熊建申、熊四华、尚波等人携带枪支、刀具乘车前往樟树市东门菜市场旁“东门老年活动中心”麻将馆，在要求强行入股未果后，朝麻将馆开枪进行恐吓。同年 6 月 1 日上午，敖祥在邓统文的授意下，召集组织成员携带枪支、刀具、雷管到樟树盐矿家属区会合。邓统文指使敖祥再次带领王波文、丁文波、敖超、熊建申、游龙明、丰凯强、张威、胡思生、尚波等人分乘由被告人熊四华、丁梁驾驶的两辆车前往该麻将馆“砸场子”。到达后，熊四华、丁梁未下车。敖祥、王波文、丁文波、敖超、熊建申、游龙明 6 人持枪，丰凯强、张威、胡思生、尚波等人持刀下车，敖超走在前面。在此麻将馆“守场子”的被害人杨素庭在隔壁“三百斤”麻将馆门口见敖超等人过来，随即持枪朝敖超等人先开一枪，但未击中人。熊建申、敖祥、王波文、丁文波、敖超、游龙明随即朝杨素庭开枪。丰凯强、张威、胡思生、尚波等人持刀站在一旁。杨素庭中枪后躲入“三百斤”麻将馆，丁文波持枪追入，朝坐在地上的杨素庭开了一枪后退出。敖祥等人朝该麻将馆及旁边店面等处开了十多枪后，携作案工具乘熊四华、丁梁的车回到盐矿家属区与邓统文会面。敖祥、王波文、丁文波向邓统文汇报了枪击事实。案发后，被害人杨素庭随即被送往医院，经抢救无效于 2011 年 6 月 3 日死亡。经鉴定，杨素庭系被散弹枪击伤头面部致重度颅脑损伤，因急性中枢神经功能衰竭而死亡。

2. 2011 年 5 月 5 日，被告人敖祥带领被告人敖超、丰凯强、游龙明及蔡彬、罗旭等人在樟树市观上镇巷里村委开设赌场，杨峻等人持枪将赌场抄掉，并打伤罗旭，砸烂了赌场内的车辆。为此，敖祥在请示被告人邓统文后，带领敖超、丰凯强、游龙明及蔡彬等人携带刀枪开车寻找杨峻等人报复。当行至樟树市老火车站博彩超市旁时发现一辆广本无牌轿车，敖祥等人以为杨俊等人在车上，便朝汽车开枪、扔自制“雷管”，致使晏刚、游泳受伤。在晏刚、游泳等人逃走后，敖祥等人冲上去将未来得及逃跑的“朋朋”拉下车进行殴打,并持刀将广本汽车砸烂。

3. 被告人邓统文欲参股江西晶昊盐化有限公司煤灰煤渣处理承包项目,遭到承包股东之一熊金芽(绰号“大佬”)拒绝。邓统文遂在2011年4月左右指使被告人敖祥、王波文带人持枪到樟树市洋湖乡晏梁村委店前村找熊金芽未果后,朝天鸣枪示威恐吓。同年5月28日晚上6时许,邓统文指使敖祥、王波文、丁文波、敖超、熊建申、熊四华、丰凯强、游龙明、胡思生、尚波及蔡彬携带刀枪乘车再次前往熊金芽家进行恐吓。因不能确认熊金芽家具体位置,便开枪将熊金芽家旁一户村民的窗户打碎,并朝天开枪恐吓后离开。当晚10时许,邓统文再次指使被告人敖祥带领被告人王波文、敖超、熊建申、熊四华、丰凯强、游龙明、胡思生及蔡彬携带刀枪乘车前往店前村找熊金芽。在问清熊金芽家位置后,敖祥等人强行踢开熊金芽家大门,对熊金芽的妻子持刀进行恐吓,并推翻熊金芽家摩托车、电视机、衣柜等物,用刀将摩托车等物砍烂后离开。

……(其他寻衅滋事的事实略)

(三)故意伤害的事实

2011年3月至4月,被害人陈凯的朋友带人砍伤被告人丁梁后,又在樟树市银河大酒店KTV打了被告人邓统文女友的弟弟。邓统文遂指使被告人王波文带人报复陈凯。2011年4月30日16时左右,王波文纠集被告人熊建申、丁梁、熊四华、杜程远和陈星(另案处理)等人,携带两把枪及数把菜刀在樟树市大唐歌飞KTV门口找到陈凯。王波文、熊四华各持一把枪,熊建申、丁梁、杜程远和陈星上前抓住陈凯砍了几刀。陈凯被砍后挣脱逃跑,王波文遂持枪向陈凯逃跑的方向开了一枪。经法医鉴定,被害人陈凯伤情为轻伤乙级。

……(其他故意伤害的事实略)

(四)故意毁坏财物的事实

2010年年底至2011年年初,被告人邓统文欲参股江西晶昊盐化有限公司煤灰煤渣处理承包项目。在遭到承包股东拒绝后,邓统文对多名承包股东多次采取暴力、威胁手段进行报复。2011年1月7日凌晨2时许,邓统文指使被告人敖祥带领被告人敖超、丰凯强、丰路平、“小猛”等人持刀到樟树市香格里拉小区内，将承包股东之一陈庆的一辆大众迈腾轿车（车牌号为赣CE0606）砸烂。经鉴定，车辆损失为24，897元。

……（其他故意毁坏财物以及开设赌场，非法买卖枪支，非法持有枪支、弹药，敲诈勒索的事实略）

宜春市中级人民法院经审理认为，被告人邓统文的行为已构成组织、领导黑社会性质组织罪，故意杀人罪，故意伤害罪，故意毁坏财物罪，寻衅滋事罪，开设赌场罪，非法买卖枪支罪，非法持有枪支、弹药罪，敲诈勒索罪。被告人邓统文在缓刑考验期限内犯新罪且判决以前还有漏罪，应当撤销缓刑，数罪并罚。被告人邓统文在黑社会性质组织的犯罪活动中起组织、领导作用，系首要分子，应对该组织所犯全部罪行承担责任……依照《中华人民共和国刑法》第一百二十五条第一款，第一百二十八条第一款，第二百三十二条，第二百三十四条第一款、第二款，第二百六十四条，第二百七十四条，第二百七十五条，第二百九十三条第一款第一项至第三项、第二款，第二百九十四条第一款、第四款、第五款，第三百零三条第二款，第三百四十七条第四款，第十七条第一款、第二款、第三款，第二十五条第一款，第二十六条第一款、第三款、第四款，第二十七条，第四十八条第一款，第五十七条第一款，第六十七条第一款，第六十八条，第六十九条，第七十七条第一款；《最高人民法院、最高人民检察院关于办理盗窃刑事案件适用法律若干问题的解释》第一条第一款；《最高人民法院关于执行〈中华人民共和国刑事诉讼法〉若干问题的解释》第三百五十七条；《最高人民法院关于适用财产刑若干问题的规定》第三条之规定，判决如下：

被告人邓统文犯组织、领导黑社会性质组织罪，判处有期徒刑九年，并处没收财产人民币十万元；犯故意杀人罪，判处死刑，剥夺政治权利终身；犯故意伤害罪，判处有期徒刑二年；犯故意毁坏财物罪，判处有期徒刑五年；犯寻衅滋事罪，判处有期徒刑七年；犯开设赌场罪，判处有期徒刑七年，并处罚金人民币五十万元；犯非法买卖枪支罪，判处有期徒刑三年；犯非法持有枪支、弹药罪，判处有期徒刑五年六个月；犯敲诈勒索罪，判处有期徒刑二年，并处罚金人民币一万元。与前罪数罪并罚，决定执行死刑，剥夺政治权利终身，并处没收财产人民币十万元，罚金人民币五十一万元。

……（其他被告人定罪量刑情况略）

一审判决后，被告人邓统文不服，以不构成组织、领导黑社会性质组织罪，二审期间其亲属与被害人亲属自愿达成了民事赔偿及谅解协议等为由向江西省高级人民法院提出上诉，请求二审依法改判。

江西省高级人民法院经审理认为，原判认定的犯罪事实清楚，证据确实、充分，定罪准确，量刑适当，审判程序合法。裁定驳回邓统文的上诉，维持原判，并将依法报请最高人民法院核准。

最高人民法院经复核，依法核准被告人邓统文死刑。

二、争议焦点

黑社会性质组织的组织者、领导者通过经济赔偿取得被害方谅解的，是否为从宽处罚情节？

三、裁判理由

受尊重被害人程序主体地位、恢复性司法等理念的影响，在当前的刑事司法实践中，对于被害方（包括被害人以及特定情况下被害人的近亲属）权益的保护愈加重视，被害方就案件处理所提出的意见，也会成为量刑时所要考虑的因素。

众所周知，黑社会性质组织犯罪案件的社会危害远大于普通刑事案件，黑社会性质组织头目、骨干分子的人身危险性也往往更大。同时，黑社会性质组织通过违法犯罪活动积聚了较强的经济实力，社会关系也较为广泛，更容易通过经济赔偿来取得被害方谅解。为了不给黑社会性质组织犯罪分子逃避处罚留下可乘之机，2015 年《会议纪要》规定：“审理黑社会性质组织犯罪案件，应当通过判处和执行民事赔偿以及积极开展司法救助来最大限度地弥补被害人及其亲属的损失。被害人及其亲属确有特殊困难，需要接受被认定为黑社会性质组织成员的被告人赔偿并因此表示谅解的，量刑时应当特别慎重。不仅应当查明谅解是否确属真实意思表示以及赔偿款项与黑社会性质组织违法所得有无关联，而且在决定是否从宽处罚、如何从宽处罚时，也应当从严掌握。可能导致全案量刑明显失衡的，不予从宽处罚。”

以被告人邓统文为首的黑社会性质组织在江西省樟树市市区、观上镇及其周边地区长期为非作恶。为争夺当地赌博行业的控制权、强行介入工程项目，该组织配备了霰弹枪、手枪6支以及砍刀、自制爆炸物等作案工具，并在邓统文的授意、指挥之下实施故意杀人、故意伤害、寻衅滋事等各类犯罪30余起，致1人死亡，多人受伤，社会危害极其严重。邓统文系在缓刑考验期内继续组织、领导黑社会性质组织实施违法犯罪活动，且其归案后对犯罪事实避重就轻，在大量证据面前，始终否认组织、领导黑社会性质组织犯罪、故意杀人犯罪等严重罪行，认罪态度较差，充分说明其主观恶性较深、人身危险性较大。鉴于本案的性质和危害后果，法院在审理过程中未组织调解。一审宣判后，邓统文的亲属与死者杨素庭的亲属私下接触，代为赔偿76万元并与被害方达成谅解协议，死者杨素庭的家属还向二审法院明确表示希望得到76万元的经济赔偿，请法院量刑时予以充分考虑。针对这一情况，审理过程中就量刑问题曾出现过不同意见：有一种意见认为，考虑到邓统文并未明确授意组织成员开枪射杀杨素庭，且死者家属明确表示谅解并有接受赔偿的强烈愿望，故可以考虑改判邓统文死缓并限制减刑。但多数意见认为，在枪杀杨素庭一案发生之前，敖祥、敖超等组织成员便曾多次在寻衅滋事过程中随意开枪（如在博彩超市门前砸毁广本轿车的过程中开枪射伤晏刚、游泳，在熊金芽家开枪滋事时险些击中熊金芽的父亲）。由于这种作案手法具有高度的危险性，因此，邓统文事先虽未明确授意手下成员射杀杨素庭，但开枪致死杨素庭应属偶然之中有必然。邓统文明知组织成员一贯采用高度危险的作案手段，不仅从未加以制止，反而提供枪支、弹药，因此，敖祥、敖超等人开枪射杀杨素庭的行为和后果并不超出邓统文的故意范围。此外，证人刘庆勇的证言证明：2011年5月29日（本案故意杀人犯罪发生之前），敖祥等人就曾在“东门老年活动中心”麻将馆开枪滋事，邓统文于当晚23时许打电话威胁刘庆勇“你不要再到那里玩了（不要再介入该麻将馆的经营)，如果到时候开枪打到你，你不要说我没有和你讲"；敖祥、王波文、丁文波等人的供述证明，敖祥在作案后向邓统文当面汇报了枪击杨素庭的情况，邓统文不仅未持异议，还打电话对刘庆勇再次进行威胁，之后又指使敖祥等人去打砸被害人邹韶生的车辆。根据前述证据，足以说明邓统文对于组织成员开枪杀人的行为早有预见，其主观上对此持默许态度。另外，邓统文虽未具体参与实施，但其系该起犯罪的造意者、策划者、组织者，而且还向各同案被告人提供了作案用的枪支、弹药，并安排车辆接送，放任组织成员开枪杀人，因此，邓统文应属于故意杀人犯罪中罪责最为严重的主犯。至于死者杨素庭家属的谅解是否足以影响量刑，则应进一步核实其意思表示的真实性以及赔偿款项的来源。

经调查，死者杨素庭家属的谅解意思虽然真实，但其接受经济赔偿的目的是改善生活条件，而非存在特殊困难。关于邓统文家属代为赔偿款项的来源，则存在很大疑问：在案证据证明，邓统文组织、领导的黑社会性质组织通过开设赌场、敲诈勒索等一系列犯罪活动聚敛了巨额不法经济利益，仅在江西省丰城市拖船镇利城村开设的一处赌场，保守计算获利也已在百万元以上，且该组织的犯罪所得均由邓统文统一管理和支配，具体的数额、去向只有其最为清楚。但是，邓统文归案后拒不供认，导致涉案犯罪所得难以查清和追缴，一审判处的没收财产人民币 10 万元，罚金人民币 51 万元，也无财产可供执行。邓统文的父母均为普通农民，一审宣判后一次性拿出 76 万元进行赔偿，却未能清楚地说明款项来源。在调查时，邓统文的父亲称："76 万元都是借的，向弟弟邓某某借了 5 万元、向朋友曾某借了 6 万元，还有一个邓统文的朋友以转账的方式借了 65 万元，这个朋友的名字记不清了，所有这些借款都没有打借条。"法院要求邓统文的父亲提供借款证明和转账凭单，其仅提供了一份名为"陆某"的身份证复印件(上面写有"今借给邓某某 65 万元整。陆某")。因"陆某"无法找到，法院遂找邓统文进行核实，邓统文在调查时明显对"陆某"的名字感到陌生，经仔细回忆后才称此人可能是其一个做生意的朋友。根据上述情况，邓统文的家属对于赔偿款项的来源既未提供足够的证据予以证明，所作解释也不合情理，不能排除该款与黑社会性质组织的犯罪所得有关。

综上，被告人邓统文所犯罪行极其严重，其不仅没有法定从轻情节，且属于缓刑考验期内再犯罪，归案后未能真诚认罪悔罪，家属代赔款项来源存疑，被害人家属虽表示谅解，但不足以据此对邓统文从轻处罚，一、二审法院和最高人民法院的裁判结果是正确的。从案件审结后的各方反应看，本案的审判有力地维护了法律的严肃与公正，实现法律效果与社会效果的统一。

四、律师观点

现代司法越来越重视对被害人权益的保护，将被害人谅解作为量刑情节和刑事和解的条件，其在司法实践中具有以下积极意义：可以更为积极地保护被害人的合法权利，促使犯罪的人悔罪认罪，从而得到从轻处罚，有利于化解社会矛盾，减少当事人和司法机关的诉累。2015 年《会议纪要》的规定，严格控制了被害人谅解在涉黑案件中作为酌定从轻情节的适用，但这并不表示与被害人达成谅解在量刑中就毫无作用，辩护人应对谅解的真实性、赔偿款项的来源以及量刑平衡进行说明。具体可以从以下几个方面来理解和把握：

1. 被害人谅解必须基于真实意思表示。由于黑社会性质组织体系严密，人员构成复杂，经济实力较强，因此，即便在被司法机关打掉之后，仍有可能残存一定的犯罪能力和社会活动能力。因而，被害方对黑社会性质组织犯罪分子表示谅解的，需排除因受到威逼、诱骗而违背真实意愿的情形。

2. 被告人的赔偿款项应当与黑社会性质组织的违法犯罪所得无关。根据《刑法》第六十四条的规定，犯罪分子违法所得的一切财物，都应当予以追缴或者责令退赔。但是，在黑社会性质组织犯罪案件中，犯罪分子往往采取各种手段极力掩饰、隐瞒违法犯罪所得的来源、去向，给司法机关的追缴工作制造困难。因此，审判时应当认真甄别赔偿款项的来源，不能让黑社会性质组织犯罪分子利用隐匿的违法犯罪所得在量刑时获利。

3. 从刑事政策角度考虑，在谅解意思真实、赔偿款项与违法犯罪所得无关的情况下，论证罪责刑相适应。如果被害方确因特殊生活困难急需获得经济赔偿的（如丧失劳动能力以及急需支付就学、就医费用等），在考虑是否从宽以及确定从宽幅度时，要保证罪责刑相一致。从黑社会性质组织的社会危害性，具体犯罪的社会危害性予以论证，实现刑罚目的以及全案量刑平衡为底线，考虑从宽处罚及确定从宽处罚幅度。

郭明先参加黑社会性质组织、故意杀人、故意伤害案①

一、基本案情

被告人郭明先，男，四川省人，1972年出生，无业。1997年9月因犯盗窃罪被判有期徒刑五年六个月，2001年12月刑满释放。

2003年5月7日，李泽荣（另案处理，已判刑）等人在四川省三台县“经典歌城”唱歌结账时与该歌城老板何春发生纠纷，被告人郭明先受李泽荣一方纠集，伙同李泽荣、王成鹏、王国军（另案处理，均已判刑）打砸“经典歌城”，郭明先持刀砍人，致何春重伤、顾客吴启斌轻伤。

2008年1月1日，闵思金（另案处理，已判刑）与王元军在四川省三台县里程乡岩崖坪发生交通事故，双方因闵思金摩托车受损赔偿问题发生争执。王元军电话通知被害人兰金、李西秀等人，闵思金电话召集郭明先及闵思勇、陈强（另案处理，均已判刑）等人。闵思勇与其朋友代安全、兰在伟先到现场，因代安全、兰在伟与争执双方均认识，即进行劝解，事情已基本平息。后郭明先、陈强等人亦分别骑摩托车赶至现场。闵思金向郭明先指认兰金后，郭明先持菜刀欲砍兰金，被路过并劝架的被害人蓝继宇（殁年26岁）阻拦，郭明先遂持菜刀猛砍蓝继宇头部，致蓝继宇严重颅脑损伤死亡。兰金、李西秀等见状，持木棒击打郭明先，郭明先持菜刀乱砍，致兰金重伤，致李西秀轻伤。后郭明先搭乘闵思勇所驾摩托车逃跑。

2008年5月，郭明先负案潜逃期间，应同案被告人李进（犯组织、领导黑社会性质组织罪、故意伤害罪等，被判处有期徒刑十四年）的邀约，到四川省

① 最高人民检察院第五批指导案例，检例第18号。

绵阳市安县参加了同案被告人王术华(犯组织、领导黑社会性质组织罪、故意伤害罪等罪名,被判处有期徒刑二十年)组织、领导的黑社会性质组织,充当打手。因王术华对胡建不满,让李进安排人教训胡建及其手下。2009年5月17日,李进见胡建两名手下范平、张选辉在安县花荄镇姜记烧烤店吃烧烤,便打电话叫来郭明先。经指认,郭明先蒙面持菜刀砍击范平、张选辉,致该二人轻伤。

2009年7月28日,郭明先因涉嫌故意伤害罪被四川省绵阳市安县公安局刑事拘留,同年8月18日被逮捕,经查犯罪嫌疑人郭明先还涉嫌王术华等人黑社会性质组织系列犯罪案件。四川省绵阳市安县公安局侦查终结后,移送四川省绵阳市安县人民检察院审查起诉。该院受理后,于2010年1月3日报送四川省绵阳市人民检察院审查起诉。2010年7月19日,四川省绵阳市人民检察院对王术华等人参与的黑社会性质组织系列犯罪案件向绵阳市中级人民法院提起公诉,其中指控该案被告人郭明先犯参加黑社会性质组织罪、故意伤害罪和故意杀人罪。

2010年12月17日,绵阳市中级人民法院一审认为,被告人郭明先1997年因犯盗窃罪被判处有期徒刑,2001年12月26日刑满释放后,又于2003年故意伤害他人,2008年故意杀人、参加黑社会性质组织,均应判处有期徒刑以上刑罚,系累犯,应当从重处罚。依法判决:被告人郭明先犯参加黑社会性质组织罪,处有期徒刑两年;犯故意杀人罪,处死刑,缓期二年执行,剥夺政治权利终身;犯故意伤害罪,处有期徒刑五年;数罪并罚,决定执行死刑,缓期二年执行,剥夺政治权利终身。

2010年12月30日,四川省绵阳市人民检察院认为一审判决对被告人郭明先量刑畸轻,依法向四川省高级人民法院提出抗诉。2012年4月16日,四川省高级人民法院二审判决采纳抗诉意见,改判郭明先死刑立即执行。2012年10月26日,最高人民法院裁定核准四川省高级人民法院对被告人郭明先的死刑判决。2012年11月22日,被告人郭明先被执行死刑。

一审宣判后,四川省绵阳市人民检察院经审查认为原审判决对被告人郭明先量刑畸轻,依法向四川省高级人民法院提出抗诉;四川省人民检察院支持抗诉。抗诉和支持抗诉理由是:一审判处被告人郭明先死刑,缓期二年执行,量刑畸轻。郭明先1997年因犯盗窃罪被判有期徒刑五年六个月,2001年12月刑满释放后,不思悔改,继续犯罪。于2003年5月7日,伙同他人打砸三台县“经典歌城”,并持刀行凶致一人重伤,一人轻伤,其行为构成故意伤害罪。负案潜逃期间,于2008年1月1日在三台县里程乡岩崖坪持刀行凶,致一人死亡,一人重伤,一人轻伤,其行为构成故意杀人罪和故意伤害罪。此后,又积极参加黑社会性质组织,充当他人打手,并于2009年5月17日受该组织安排,蒙面持刀行凶,致两人轻伤,其行为构成参加黑社会性质组织罪和故意伤害罪。根据本案事实和证据,被告人郭明先的罪行极其严重、犯罪手段残忍、犯罪后果严重,主观恶性极大,根据罪责刑相适应原则,应当依法判处其死刑立即执行。

四川省高级人民法院二审认为,本案事实清楚,证据确实、充分,原审被告人郭明先犯参加黑社会性质组织罪、故意杀人罪、故意伤害罪,系累犯,主观恶性极深,依法应当从重处罚。检察机关认为“原判对郭明先量刑畸轻”的抗诉理由成立。据此,依法撤销一审判决关于原审被告人郭明先量刑部分,改判郭明先犯参加黑社会性质组织罪,处有期徒刑两年;犯故意杀人罪,处死刑;犯故意伤害罪,处有期徒刑五年;数罪并罚,决定执行死刑,并剥夺政治权利终身。经报最高人民法院核准,已被执行死刑。

二、律师观点

人民检察院作为法律监督机构提起抗诉,有利于维护被告人和被害人的合法权益。从表面上看,抗诉虽然是针对人民法院确有错误的判决和裁定,但从实质上讲,它与被告人、被害人的切身利益是密切相关的,纠正确有错误的判决和裁定必然涉及对被告人定罪量刑的重新认识,涉及被害人的合理要求能否得到保护。人民检察院作为国家的法律监督机关,对刑事审判实行监督,不仅是为了维护控诉一方的利益,而且是为了维护被控告一方的合法权益。因此,对于确有错误的判决、裁定,无论是将有罪判无罪或者将无罪判有罪,无论是重罪轻判还是轻罪重判,人民检察院都应依法提出抗诉。只有这样，才能切实保障被告人和被害人合法权益的实现，使国家法律得到统一、正确的贯彻执行。

公诉案件被害人及其法定代理人在不服地方各级人民法院第一审未生效的判决可以依法向人民检察院提出抗诉请求。《刑事诉讼法》第二百二十九条明确规定，被害人及其法定代理人不服地方各级人民法院第一审的判决的，自收到判决书后5日以内，有权请求人民检察院提出抗诉。人民检察院自收到被害人及其法定代理人的请求后5日以内，应当作出是否抗诉的决定并且答复请求人。从这一规定可以看出，公诉案件被害人及其法定代理人不是抗诉主体，抗诉主体为检察机关；公诉案件被害人及其法定代理人不享有抗诉权，但享有抗诉请求权，公诉案件被害人及其法定代理人不服地方各级人民法院第一审未生效的判决时，有权请求人民检察院抗诉。这种抗诉请求一般应以规范的书面形式提出，即要求制作刑事抗诉请求书。公诉案件被害人及其法定代理人虽不享有抗诉权，但其行使抗诉请求权对检察机关提起抗诉及启动二审程序具有不可忽视的意义。

从司法实践来看，人民检察院按照审判监督程序提出抗诉，大致可分为以下几种情况：(1)下级检察院如果发现同级人民法院已经发生法律效力的判决和裁定，在认定事实或适用法律上确有错误时，因自身不能提出抗诉，应报请上一级人民检察院向同级人民法院提出抗诉。(2)下级人民检察院如果发现上级人民法院已经发生法律效力的判决和裁定，在认定事实或适用法律上确有错误时，可以按照审判监督程序逐级报请上级人民检察院（所作判决、裁定法院的上一级人民检察院）向同级人民法院提出抗诉。如县人民检察院发现中级人民法院的生效裁判有误时，应报请地区检察分院，检察分院经过审查，认为确应抗诉时，即转报请省人民检察院向省高级人民法院提出抗诉。(3)上级人民检察院如果发现基层人民法院作出的已经发生法律效力的判决和裁定，在认定事实或适用法律上确有错误时，可以直接向同级人民法院或者责成作出判决、裁定法院的上一级检察院向同级人民法院提出抗诉。如省人民检察院发现县人民法院所作的已发生法律效力的判决、裁定确有错误，可以直接向省高级人民法院提出抗诉，也可以责成地区检察分院向地区中级人民法院抗诉。(4)上一级人民检察院如果直接发现下一级人民法院所作的已发生法律效力的判决、裁定,在认定事实或是适用法律上确有错误时,可以直接向同级人民法院提出抗诉。

三、辩点总结

1. 死刑

死刑是以剥夺人的生命权作为惩罚手段的刑罚,只能适用于罪行极其严重的犯罪分子。依法对故意杀人、故意伤害、绑架、爆炸等涉黑、涉恐、涉暴刑事案件中罪行极其严重,严重危害国家安全和公共安全、严重危害公民生命权,或者严重危害社会秩序的被告人,可以判处死刑。

虽然刑法分则规定了判处死刑的规定,但是不意味对分则条文规定了死刑的都应判处死刑。除个别条文外,死刑总与无期徒刑等刑罚共同构成一个量刑幅度,所以即使是极其严重的罪行情节,也并非必须绝对判处死刑。例如,对国家和人民危害特别严重,情节特别恶劣的分裂国家罪,也可以判处死刑。同时,对于“十年以上有期徒刑、无期徒刑或者死刑”的法定刑,法官应合理分配相应犯罪对应的刑罚。如“抢劫致人重伤、死亡的”,这种情形分为对重伤为过失、对死亡为过失、对重伤为故意(抢劫伤人)、对伤害有故意但对死亡有过失、对死亡有故意(抢劫杀人)等情形。前三种情形不应当判处死刑,对后两种情形,才可能(而不是必须)判处死刑。同时从近年的司法实践看,故意致一人死亡的,原则上也不判处死刑。总之,从刑法总则的规定来看,《刑法》第四十八条明确规定“死刑只适用罪行极其严重的犯罪分子”。“罪行极其严重”并不是指客观危害极其严重,而是指有责的不法极其严重。因此在适用死刑时,必须综合评价不法与责任。

2. 上诉抗诉与再审抗诉的区别

第一,抗诉的对象不同。上诉程序的抗诉,是针对尚未发生法律效力的判决和裁定提出的,而审判监督程序的抗诉,是针对已经发生法律效力的判决和裁定提出的。

第二,抗诉的机关不同。上诉程序的抗诉限于地方各级人民检察院,只有地方各级人民检察院有权对本级人民法院第一审判决和裁定提出抗诉。最高人民检察院对最高人民法院第一审案件的判决和裁定,无权按上诉程序提出抗诉。而审判监督程序的抗诉,除最高人民检察院对各级人民法院生效的判决和裁定有权抗诉外,只有上级人民检察院对下级人民法院的生效判决和裁定有权抗诉。地方各级人民检察院对同级人民法院或上级人民法院的判决和裁定不能按审判监督程序提出抗诉。地方各级人民检察院如果发现同级人民法院已经发生法律效力的判决或裁定确有错误时,应当将案件的错误情况调查清楚,提出抗诉意见,报请上一级人民检察院审查决定。

第三,抗诉的期限不同。上诉程序的抗诉,必须在法定的抗诉期限内提出,对于判决的抗诉期限为10日,对于裁定的抗诉期限为5日。抗诉期限从接到人民法院的判决书、裁定书的第二日起计算。而审判监督程序的抗诉,没有期限的限制,只要人民检察院发现生效的判决或裁定有错误,不论是在判决和裁定的执行中,还是判决和裁定已经执行完毕,均可提出抗诉。

附　录

中华人民共和国刑法(节选)

(2017年11月4日根据历次修正案修正)

第五十条　判处死刑缓期执行的,在死刑缓期执行期间,如果没有故意犯罪,二年期满以后,减为无期徒刑;如果确有重大立功表现,二年期满以后,减为二十五年有期徒刑;如果故意犯罪,情节恶劣的,报请最高人民法院核准后执行死刑;对于故意犯罪未执行死刑的,死刑缓期执行的期间重新计算,并报最高人民法院备案。

对被判处死刑缓期执行的累犯以及因故意杀人、强奸、抢劫、绑架、放火、爆炸、投放危险物质或者有组织的暴力性犯罪被判处死刑缓期执行的犯罪分子,人民法院根据犯罪情节等情况可以同时决定对其限制减刑。

第六十六条　危害国家安全犯罪、恐怖活动犯罪、黑社会性质的组织犯罪的犯罪分子,在刑罚执行完毕或者赦免以后,在任何时候再犯上述任一类罪的,都以累犯论处。

第七十四条　对于累犯和犯罪集团的首要分子,不适用缓刑。

第八十一条　被判处有期徒刑的犯罪分子,执行原判刑期二分之一以上,被判处无期徒刑的犯罪分子,实际执行十三年以上,如果认真遵守监规,接受教育改造,确有悔改表现,没有再犯罪的危险的,可以假释。如果有特殊情况,经最高人民法院核准,可以不受上述执行刑期的限制。

对累犯以及因故意杀人、强奸、抢劫、绑架、放火、爆炸、投放危险物质或者有组织的暴力性犯罪被判处十年以上有期徒刑、无期徒刑的犯罪分子,不得假释。

对犯罪分子决定假释时,应当考虑其假释后对所居住社区的影响。

第二百二十六条　以暴力、威胁手段,实施下列行为之一,情节严重的,处三年以下有期徒刑或者拘役,并处或者单处罚金;情节特别严重的,处三年以上七年以下有期徒刑,并处罚金:

(一)强买强卖商品的;

(二)强迫他人提供或者接受服务的;

(三)强迫他人参与或者退出投标、拍卖的;

(四)强迫他人转让或者收购公司、企业的股份、债券或者其他资产的;

(五)强迫他人参与或者退出特定的经营活动的。

第二百七十四条　敲诈勒索公私财物,数额较大或者多次敲诈勒索的,处三年以下有期徒刑、拘役或者管制,并处或者单处罚金;数额巨大或者有其他严重情节的,处三年以上十年以下有期徒刑,并处罚金;数额特别巨大或者有其他特别严重情节的,处十年以上有期徒刑,并处罚金。

第二百九十三条　有下列寻衅滋事行为之一,破坏社会秩序的,处五年以下有期徒刑、拘役或者管制:

(一)随意殴打他人,情节恶劣的;

(二)追逐、拦截、辱骂、恐吓他人,情节恶劣的;

(三)强拿硬要或者任意损毁、占用公私财物,情节严重的;

(四)在公共场所起哄闹事,造成公共场所秩序严重混乱的。

纠集他人多次实施前款行为,严重破坏社会秩序的,处五年以上十年以下有期徒刑,可以并处罚金。

第二百九十四条　组织、领导黑社会性质的组织的,处七年以上有期徒刑,并处没收财产;积极参加的,处三年以上七年以下有期徒刑,可以并处罚金或者没收财产;其他参加的,处三年以下有期徒刑、拘役、管制或者剥夺政治权利,可以并处罚金。

境外的黑社会组织的人员到中华人民共和国境内发展组织成员的,处三年以上十年以下有期徒刑。

国家机关工作人员包庇黑社会性质的组织,或者纵容黑社会性质的组织进行违法犯罪活动的，处五年以下有期徒刑；情节严重的，处五年以上有期徒刑。

犯前三款罪又有其他犯罪行为的，依照数罪并罚的规定处罚。

黑社会性质的组织应当同时具备以下特征：

（一）形成较稳定的犯罪组织，人数较多，有明确的组织者、领导者，骨干成员基本固定；

（二）有组织地通过违法犯罪活动或者其他手段获取经济利益，具有一定的经济实力，以支持该组织的活动；

（三）以暴力、威胁或者其他手段，有组织地多次进行违法犯罪活动，为非作恶，欺压、残害群众；

（四）通过实施违法犯罪活动，或者利用国家工作人员的包庇或者纵容，称霸一方，在一定区域或者行业内，形成非法控制或者重大影响，严重破坏经济、社会生活秩序。

最高人民法院、最高人民检察院、公安部、司法部关于办理黑恶势力犯罪案件若干问题的指导意见（节选）

（2018 年 1 月 16 日　法发〔2018〕1 号）

为贯彻落实《中共中央、国务院关于开展扫黑除恶专项斗争的通知》精神，统一执法思想，提高执法效能，依法、准确、有力惩处黑恶势力犯罪，严厉打击“村霸”、宗族恶势力、“保护伞”以及“软暴力”等犯罪，根据《刑法》、《刑事诉讼法》及有关司法解释等规定，针对实践中遇到的新情况、新问题，现就办理黑恶势力犯罪案件若干问题制定如下指导意见：

一、总体要求

1. 各级人民法院、人民检察院、公安机关和司法行政机关应充分发挥职能作用，密切配合，相互支持，相互制约，形成打击合力，加强预防惩治黑恶势力犯罪长效机制建设。正确运用法律规定加大对黑恶势力违法犯罪以及“保护伞”惩处力度，在侦查、起诉、审判、执行各阶段体现依法从严惩处精神，严格掌握取保候审，严格掌握不起诉，严格掌握缓刑、减刑、假释，严格掌握保外就医适用条件，充分运用《刑法》总则关于共同犯罪和犯罪集团的规定加大惩处力度，充分利用资格刑、财产刑降低再犯可能性。对黑恶势力犯罪，注意串并研判、深挖彻查，防止就案办案，依法加快办理。坚持依法办案、坚持法定标准、坚持以审判为中心，加强法律监督，强化程序意识和证据意识，正确把握“打早打小”与“打准打实”的关系，贯彻落实宽严相济刑事政策,切实做到宽严有据,罚当其罪,实现政治效果、法律效果和社会效果的统一。

2. 各级人民法院、人民检察院、公安机关和司法行政机关应聚焦黑恶势力犯罪突出的重点地区、重点行业和重点领域,重点打击威胁政治安全特别是政权安全、制度安全以及向政治领域渗透的黑恶势力;把持基层政权、操纵破坏基层换届选举、垄断农村资源、侵吞集体资产的黑恶势力;利用家族、宗族势力横行乡里、称霸一方、欺压残害百姓的“村霸”等黑恶势力;在征地、租地、拆迁、工程项目建设等过程中煽动闹事的黑恶势力;在建筑工程、交通运输、矿产资源、渔业捕捞等行业、领域,强揽工程、恶意竞标、非法占地、滥开滥采的黑恶势力;在商贸集市、批发市场、车站码头、旅游景区等场所欺行霸市、强买强卖、收保护费的市霸、行霸等黑恶势力;操纵、经营“黄赌毒”等违法犯罪活动的黑恶势力;非法高利放贷、暴力讨债的黑恶势力;插手民间纠纷,充当“地下执法队”的黑恶势力;组织或雇佣网络“水军”在网上威胁、恐吓、侮辱、诽谤、滋扰的黑恶势力;境外黑社会入境发展渗透以及跨国跨境的黑恶势力。同时,坚决深挖黑恶势力“保护伞”。

二、依法认定和惩处黑社会性质组织犯罪

3. 黑社会性质组织应同时具备《刑法》第二百九十四条第五款中规定的“组织特征”“经济特征”“行为特征”和“危害性特征”。由于实践中许多黑社会性质组织并非这“四个特征”都很明显,在具体认定时,应根据立法本意,认真审查、分析黑社会性质组织“四个特征”相互间的内在联系,准确评价涉案犯罪组织所造成的社会危害,做到不枉不纵。

4. 发起、创建黑社会性质组织,或者对黑社会性质组织进行合并、分立、重组的行为,应当认定为“组织黑社会性质组织”;实际对整个组织的发展、运行、活动进行决策、指挥、协调、管理的行为,应当认定为“领导黑社会性质组织”。黑社会性质组织的组织者、领导者,既包括通过一定形式产生的有明确职务、称谓的组织者、领导者,也包括在黑社会性质组织中被公认的事实上的组织者、领导者。

5. 知道或者应当知道是以实施违法犯罪为基本活动内容的组织，仍加入并接受其领导和管理的行为，应当认定为“参加黑社会性质组织”。没有加入黑社会性质组织的意愿，受雇到黑社会性质组织开办的公司、企业、社团工作，未参与黑社会性质组织违法犯罪活动的，不应认定为“参加黑社会性质组织”。

参加黑社会性质组织并具有以下情形之一的，一般应当认定为“积极参加黑社会性质组织”：多次积极参与黑社会性质组织的违法犯罪活动，或者积极参与较严重的黑社会性质组织的犯罪活动且作用突出，以及其他在组织中起重要作用的情形，如具体主管黑社会性质组织的财务、人员管理等事项。

6. 组织形成后，在一定时期内持续存在，应当认定为“形成较稳定的犯罪组织”。

黑社会性质组织一般在短时间内难以形成，而且成员人数较多，但鉴于“恶势力”团伙和犯罪集团向黑社会性质组织发展是一个渐进的过程，没有明显的性质转变的节点，故对黑社会性质组织存在时间、成员人数问题不宜作出“一刀切”的规定。

黑社会性质组织未举行成立仪式或者进行类似活动的，成立时间可以按照足以反映其初步形成非法影响的标志性事件的发生时间认定。没有明显标志性事件的，可以按照本意见中关于黑社会性质组织违法犯罪活动认定范围的规定，将组织者、领导者与其他组织成员首次共同实施该组织犯罪活动的时间认定为该组织的形成时间。该组织者、领导者因未到案或者因死亡等法定情形未被起诉的，不影响认定。

黑社会性质组织成员既包括已有充分证据证明但尚未归案的组织成员，也包括虽有参加黑社会性质组织的行为但因尚未达到刑事责任年龄或因其他法定情形而未被起诉，或者根据具体情节不作为犯罪处理的组织成员。

7. 在组织的形成、发展过程中通过以下方式获取经济利益的，应当认定为“有组织地通过违法犯罪活动或者其他手段获取经济利益”：

（1）有组织地通过违法犯罪活动或其他不正当手段聚敛；

(2)有组织地以投资、控股、参股、合伙等方式通过合法的生产、经营活动获取;

(3)由组织成员提供或通过其他单位、组织、个人资助取得。

8. 通过上述方式获得一定数量的经济利益,应当认定为“具有一定的经济实力”,同时也包括调动一定规模的经济资源用以支持该组织活动的能力。通过上述方式获取的经济利益,即使是由部分组织成员个人掌控,也应计入黑社会性质组织的“经济实力”。组织成员主动将个人或者家庭资产中的一部分用于支持该组织活动,其个人或者家庭资产可全部计入“一定的经济实力”,但数额明显较小或者仅提供动产、不动产使用权的除外。

由于不同地区的经济发展水平、不同行业的利润空间均存在很大差异,加之黑社会性质组织存在、发展的时间也各有不同,在办案时不能一般性地要求黑社会性质组织所具有的经济实力必须达到特定规模或特定数额。

9. 黑社会性质组织实施的违法犯罪活动包括非暴力性的违法犯罪活动,但暴力或以暴力相威胁始终是黑社会性质组织实施违法犯罪活动的基本手段,并随时可能付诸实施。暴力、威胁色彩虽不明显,但实际是以组织的势力、影响和犯罪能力为依托,以暴力、威胁的现实可能性为基础,足以使他人产生恐惧、恐慌进而形成心理强制或者足以影响、限制人身自由、危及人身财产安全或者影响正常生产、工作、生活的手段,属于《刑法》第二百九十四条第五款第(三)项中的“其他手段”,包括但不限于所谓的“谈判”“协商”“调解”以及滋扰、纠缠、哄闹、聚众造势等手段。

10. 为确立、维护、扩大组织的势力、影响、利益或者按照纪律规约、组织惯例多次实施违法犯罪活动,侵犯不特定多人的人身权利、民主权利、财产权利,破坏经济秩序、社会秩序,应当认定为“有组织地多次进行违法犯罪活动,为非作恶,欺压、残害群众”。

符合以下情形之一的,应当认定为是黑社会性质组织实施的违法犯罪活动:

(1)为该组织争夺势力范围、打击竞争对手、形成强势地位、谋取经济利益、树立非法权威、扩大非法影响、寻求非法保护、增强犯罪能力等实施的;

（2）按照该组织的纪律规约、组织惯例实施的；

（3）组织者、领导者直接组织、策划、指挥、参与实施的；

（4）由组织成员以组织名义实施，并得到组织者、领导者认可或者默许的；

（5）多名组织成员为逞强争霸、插手纠纷、报复他人、替人行凶、非法敛财而共同实施，并得到组织者、领导者认可或者默许的；

（6）其他应当认定为黑社会性质组织实施的。

11. 鉴于黑社会性质组织非法控制和影响的“一定区域”的大小具有相对性，不能简单地要求“一定区域”必须达到某一特定的空间范围，而应当根据具体案情，并结合黑社会性质组织对经济、社会生活秩序的危害程度加以综合分析判断。

通过实施违法犯罪活动，或者利用国家工作人员的包庇或者不依法履行职责，放纵黑社会性质组织进行违法犯罪活动的行为，称霸一方，并具有以下情形之一的，可认定为“在一定区域或者行业内，形成非法控制或者重大影响，严重破坏经济、社会生活秩序”：

（1）致使在一定区域内生活或者在一定行业内从事生产、经营的多名群众，合法利益遭受犯罪或严重违法活动侵害后，不敢通过正当途径举报、控告的；

（2）对一定行业的生产、经营形成垄断，或者对涉及一定行业的准入、经营、竞争等经济活动形成重要影响的；

（3）插手民间纠纷、经济纠纷，在相关区域或者行业内造成严重影响的；

（4）干扰、破坏他人正常生产、经营、生活，并在相关区域或者行业内造成严重影响的；

（5）干扰、破坏公司、企业、事业单位及社会团体的正常生产，经营、工作秩序，在相关区域、行业内造成严重影响，或者致使其不能正常生产、经营、工作的；

（6）多次干扰、破坏党和国家机关、行业管理部门以及村委会、居委会等基层群众自治组织的工作秩序，或者致使上述单位、组织的职能不能正常行使的；

(7)利用组织的势力、影响，帮助组织成员或他人获取政治地位，或者在党政机关、基层群众自治组织中担任一定职务的；

(8)其他形成非法控制或者重大影响，严重破坏经济、社会生活秩序的情形。

12. 对于组织者、领导者和因犯参加黑社会性质组织罪被判处五年以上有期徒刑的积极参加者，可根据《刑法》第五十六条第一款的规定适用附加剥夺政治权利。对于符合《刑法》第三十七条之一规定的组织成员，应当依法禁止其从事相关职业。符合《刑法》第六十六条规定的组织成员，应当认定为罪犯，依法从重处罚。

对于因有组织的暴力性犯罪被判处死刑缓期执行的黑社会性质组织犯罪分子，可以根据《刑法》第五十条第二款的规定同时决定对其限制减刑。对于因有组织的暴力性犯罪被判处十年以上有期徒刑、无期徒刑的黑社会性质组织犯罪分子，应当根据《刑法》第八十一条第二款规定，不得假释。

13. 对于组织者、领导者一般应当并处没收个人全部财产。对于确属骨干成员或者为该组织转移、隐匿资产的积极参加者，可以并处没收个人全部财产。对于其他组织成员，应当根据所参与实施违法犯罪活动的次数、性质、地位、作用、违法所得数额以及造成损失的数额等情节，依法决定财产刑的适用。

三、依法惩处恶势力犯罪

14. 具有下列情形的组织，应当认定为“恶势力”：经常纠集在一起，以暴力、威胁或者其他手段，在一定区域或者行业内多次实施违法犯罪活动，为非作恶，欺压百姓，扰乱经济、社会生活秩序，造成较为恶劣的社会影响，但尚未形成黑社会性质组织的违法犯罪组织。恶势力一般为三人以上，纠集者相对固定，违法犯罪活动主要为强迫交易、故意伤害、非法拘禁、敲诈勒索、故意毁坏财物、聚众斗殴、寻衅滋事等，同时还可能伴随实施开设赌场、组织卖淫、强迫卖淫、贩卖毒品、运输毒品、制造毒品、抢劫、抢夺、聚众扰乱社会秩序、聚众扰乱公共场所秩序、交通秩序以及聚众“打砸抢”等。

在相关法律文书中的犯罪事实认定部分,可使用“恶势力”等表述加以描述。

15. 恶势力犯罪集团是符合犯罪集团法定条件的恶势力犯罪组织,其特征表现为:有三名以上的组织成员,有明显的首要分子,重要成员较为固定,组织成员经常纠集在一起,共同故意实施三次以上恶势力惯常实施的犯罪活动或者其他犯罪活动。

16. 公安机关、人民检察院、人民法院在办理恶势力犯罪案件时,应当依照上述规定,区别于普通刑事案件,充分运用《刑法》总则关于共同犯罪和犯罪集团的规定,依法从严惩处。

四、依法惩处利用“软暴力”实施的犯罪

17. 黑恶势力为谋取不法利益或形成非法影响,有组织地采用滋扰、纠缠、哄闹、聚众造势等手段侵犯人身权利、财产权利,破坏经济秩序、社会秩序,构成犯罪的,应当分别依照《刑法》相关规定处理:

(1)有组织地采用滋扰、纠缠、哄闹、聚众造势等手段扰乱正常的工作、生活秩序,使他人产生心理恐惧或者形成心理强制,分别属于《刑法》第二百九十三条第一款第(二)项规定的“恐吓”、《刑法》第二百二十六条规定的“威胁”,同时符合其他犯罪构成条件的,应分别以寻衅滋事罪、强迫交易罪定罪处罚。

《关于办理寻衅滋事刑事案件适用法律若干问题的解释》第二条至第四条中的“多次”一般应当理解为二年内实施寻衅滋事行为三次以上。二年内多次实施不同种类寻衅滋事行为的,应当追究刑事责任。

(2)以非法占有为目的强行索取公私财物,有组织地采用滋扰、纠缠、哄闹、聚众造势等手段扰乱正常的工作、生活秩序,同时符合《刑法》第二百七十四条规定的其他犯罪构成条件的,应当以敲诈勒索罪定罪处罚。同时由多人实施或者以统一着装、显露纹身、特殊标识以及其他明示或者暗示方式,足以使对方感知相关行为的有组织性的,应当认定为《关于办理敲诈勒

索刑事案件适用法律若干问题的解释》第二条第(五)项规定的“以黑恶势力名义敲诈勒索”。

采用上述手段,同时又构成其他犯罪的,应当依法按照处罚较重的规定定罪处罚。

雇佣、指使他人有组织地采用上述手段强迫交易、敲诈勒索,构成强迫交易罪、敲诈勒索罪的,对雇佣者、指使者,一般应当以共同犯罪中的主犯论处。为强索不受法律保护的债务或者因其他非法目的,雇佣、指使他人有组织地采用上述手段寻衅滋事,构成寻衅滋事罪的,对雇佣者、指使者,一般应当以共同犯罪中的主犯论处;为追讨合法债务或者因婚恋、家庭、邻里纠纷等民间矛盾而雇佣、指使,没有造成严重后果的,一般不作为犯罪处理,但经有关部门批评制止或者处理处罚后仍继续实施的除外。

18. 黑恶势力有组织地多次短时间非法拘禁他人的,应当认定为《刑法》第二百三十八条规定的“以其他方法非法剥夺他人人身自由”。非法拘禁他人三次以上、每次持续时间在四小时以上,或者非法拘禁他人累计时间在十二小时以上的,应以非法拘禁罪定罪处罚。

五、依法打击非法放贷讨债的犯罪活动

19. 在民间借贷活动中,如有擅自设立金融机构、非法吸收公众存款、骗取贷款、套取金融机构资金发放高利贷以及为强索债务而实施故意杀人、故意伤害、非法拘禁、故意毁坏财物等行为的,应当按照具体犯罪侦查、起诉、审判。依法符合数罪并罚条件的,应当并罚。

20. 对于以非法占有为目的,假借民间借贷之名,通过“虚增债务”“签订虚假借款协议”“制造资金走账流水”“肆意认定违约”“转单平账”“虚假诉讼”等手段非法占有他人财产,或者使用暴力、威胁手段强立债权、强行索债的,应当根据案件具体事实,以诈骗、强迫交易、敲诈勒索、抢劫、虚假诉讼等罪名侦查、起诉、审判。对于非法占有的被害人实际所得借款以外的虚高“债务”和以“保证金”“中介费”“服务费”等各种名目扣除或收取的额外费用,均应计入违法所得。对于名义上为被害人所得、但在案证据能够证明实

际上却为犯罪嫌疑人、被告人实施后续犯罪所使用的“借款”，应予以没收。

21. 对采用讨债公司、“地下执法队”等各种形式有组织地进行上述活动，符合黑社会性质组织、犯罪集团认定标准的，应当按照组织、领导、参加黑社会性质组织罪或者犯罪集团侦查、起诉、审判。

六、依法严惩“保护伞”

22.《刑法》第二百九十四条第三款中规定的“包庇”行为，不要求相关国家机关工作人员利用职务便利。利用职务便利包庇黑社会性质组织的，酌情从重处罚。包庇、纵容黑社会性质组织，事先有通谋的，以具体犯罪的共犯论处。

23. 公安机关、人民检察院、人民法院对办理黑恶势力犯罪案件中发现的涉嫌包庇、纵容黑社会性质组织犯罪、收受贿赂、渎职侵权等违法违纪线索，应当及时移送有关主管部门和其他相关部门，坚决依法严惩充当黑恶势力“保护伞”的职务犯罪。

24. 依法严惩农村“两委”等人员在涉农惠农补贴申领与发放、农村基础设施建设、征地拆迁补偿、救灾扶贫优抚、生态环境保护等过程中，利用职权恃强凌弱、吃拿卡要、侵吞挪用国家专项资金的犯罪，以及放纵、包庇“村霸”和宗族恶势力，致使其坐大成患；或者收受贿赂、徇私舞弊，为“村霸”和宗族恶势力充当“保护伞”的犯罪。

25. 公安机关在侦办黑恶势力犯罪案件中，应当注意及时深挖其背后的腐败问题，对于涉嫌特别重大贿赂犯罪案件的犯罪嫌疑人，及时会同有关机关，执行《刑事诉讼法》第三十七条的相关规定，辩护律师在侦查期间会见在押犯罪嫌疑人的，应当经相关侦查机关许可。

七、依法处置涉案财产

26. 公安机关、人民检察院、人民法院根据黑社会性质组织犯罪案件的诉讼需要，应当依法查询、查封、扣押、冻结全部涉案财产。公安机关侦查期间，要会同工商、税务、国土、住建、审计、人民银行等部门全面调查涉黑组织及其成员的财产状况。

对于不宜查封、扣押、冻结的经营性资产,可以申请当地政府指定有关部门或者委托有关机构代管或者托管。

对黑社会性质组织及其成员聚敛的财产及其孳息、收益的数额,办案单位可以委托专门机构评估;确实无法准确计算的,可以根据有关法律规定及查明的事实、证据合理估算。

27. 对于依法查封、冻结、扣押的黑社会性质组织涉案财产,应当全面收集、审查证明其来源、性质、用途、权属及价值大小的有关证据。符合下列情形之一的,应当依法追缴、没收:

(1)组织及其成员通过违法犯罪活动或其他不正当手段聚敛的财产及其孳息、收益;

(2)组织成员通过个人实施违法犯罪活动聚敛的财产及其孳息、收益;

(3)其他单位、组织、个人为支持该组织活动资助或主动提供的财产;

(4)通过合法的生产、经营活动获取的财产或者组织成员个人、家庭合法资产中,实际用于支持该组织活动的部分;

(5)组织成员非法持有的违禁品以及供犯罪所用的本人财物;

(6)其他单位、组织、个人利用黑社会性质组织及其成员的违法犯罪活动获取的财产及其孳息、收益;

(7)其他应当追缴、没收的财产。

28. 违法所得已用于清偿债务或者转让给他人,具有下列情形之一的,应当依法追缴:

(1)对方明知是通过违法犯罪活动或者其他不正当手段聚敛的财产及其孳息、收益的;

(2)对方无偿或者以明显低于市场价格取得的;

(3)对方是因非法债务或者违法犯罪活动而取得的;

(4)通过其他方式恶意取得的。

29. 依法应当追缴、没收的财产无法找到、被他人善意取得、价值灭失或者与其他合法财产混合且不可分割的,可以追缴、没收其他等值财产。

30. 黑社会性质组织犯罪嫌疑人、被告人逃匿，在通缉一年后不能到案，或者犯罪嫌疑人、被告人死亡的，应当依照法定程序没收其违法所得。

31. 对于依法查封、扣押、冻结的涉案财产，有证据证明确属被害人合法财产，或者确与黑社会性质组织及其违法犯罪活动无关的应予以返还。

全国部分法院审理黑社会性质组织犯罪案件工作座谈会纪要

（2015年10月13日　法〔2015〕291号）

2009年印发的《最高人民法院、最高人民检察院、公安部办理黑社会性质组织犯罪案件座谈会纪要》（以下简称2009年《座谈会纪要》）对于指导审判实践发挥了重要作用。由于黑社会性质组织犯罪始终处于不断发展变化之中，且刑法、刑事诉讼法的相关规定均有修改，因此，对于一些实践中反映较为突出，但2009年《座谈会纪要》未作规定或者有关规定尚需进一步细化和完善的问题，确有必要及时加以研究解决。经过与会代表的认真研究，会议就人民法院审理黑社会性质组织犯罪案件时遇到的部分政策把握及具体应用法律问题形成了共识。同时，与会代表也一致认为，本次会议所取得的成果是对2009年《座谈会纪要》的继承与发展，原有内容审判时仍应遵照执行；内容有所补充的，审判时应结合执行。纪要如下。

一、准确把握形势、任务，坚定不移地在法治轨道上深入推进打黑除恶专项斗争

（一）毫不动摇地贯彻依法严惩方针

会议认为，受国内国际多种因素影响，我国黑社会性质组织犯罪活跃、多发的基本态势在短期内不会改变。此类犯罪组织化程度较高，又与各种社会治安问题相互交织，破坏力成倍增加，严重威胁人民群众的生命、财产安全。而且，黑社会性质组织还具有极强的向经济领域、政治领域渗透的能力，严重侵蚀维系社会和谐稳定的根基。各级人民法院必须切实增强政治

意识、大局意识、忧患意识和责任意识，进一步提高思想认识，充分发挥审判职能作用，继续深入推进打黑除恶专项斗争，在严格把握黑社会性质组织认定标准的基础上始终保持对于此类犯罪的严惩高压态势。对于黑社会性质组织犯罪分子要依法加大资格刑、财产刑的适用力度，有效运用刑法中关于禁止令的规定，严格把握减刑、假释适用条件，全方位、全过程地体现从严惩处的精神。

（二）认真贯彻落实宽严相济刑事政策

审理黑社会性质组织犯罪案件应当认真贯彻落实宽严相济刑事政策。要依照法律规定，根据具体的犯罪事实、情节以及人身危险性、主观恶性、认罪悔罪态度等因素充分体现刑罚的个别化。同时要防止片面强调从宽或者从严，切实做到区别对待，宽严有据，罚当其罪。对于黑社会性质组织的组织者、领导者、骨干成员及其“保护伞”，要依法从严惩处。根据所犯具体罪行的严重程度，依法应当判处重刑的要坚决判处重刑。确属罪行极其严重，依法应当判处死刑的，也必须坚决判处。对于不属于骨干成员的积极参加者以及一般参加者，确有自首、立功等法定情节的，要依法从轻、减轻或免除处罚；具有初犯、偶犯等酌定情节的，要依法酌情从宽处理。对于一般参加者，虽然参与实施了少量的违法犯罪活动，但系未成年人或是只起次要、辅助作用的，应当依法从宽处理。符合缓刑条件的，可以适用缓刑。

（三）正确把握“打早打小”与“打准打实”的关系

“打早打小”，是指各级政法机关必须依照法律规定对有可能发展成为黑社会性质组织的犯罪集团、“恶势力”团伙及早打击，绝不能允许其坐大成势，而不应被理解为对尚处于低级形态的犯罪组织可以不加区分地一律按照黑社会性质组织处理。“打准打实”，就是要求审判时应当本着实事求是的态度，在准确查明事实的基础上，构成什么罪，就按什么罪判处刑罚。对于不符合黑社会性质组织认定标准的，应当根据案件事实依照刑法中的相关条款处理，从而把法律规定落到实处。由于黑社会性质组织的形成、发展一般都会经历一个从小到大、由“恶”到“黑”的渐进过程，因此，“打早打小”不仅是政法机关依法惩治黑恶势力犯罪的一贯方针，而且是将黑社会性质组织及时消灭于雏形或萌芽状态，防止其社会危害进一步扩大的有效手段。而“打准打实”既是刑事审判维护公平正义的必然要求，也是确保打黑除恶工作实现预期目标的基本前提。只有打得准，才能有效摧毁黑社会性质组织；只有打得实，才能最大限度地体现惩治力度。“打早打小”和“打准打实”是分别从惩治策略、审判原则的角度对打黑除恶工作提出的要求，各级人民法院对于二者关系的理解不能简单化、片面化，要严格坚持依法办案原则，准确认定黑社会性质组织，既不能“降格”，也不能“拔高”，切实防止以“打早打小”替代“打准打实”。

（四）依法加大惩处“保护伞”的力度

个别国家机关工作人员的包庇、纵容，不仅会对黑社会性质组织的滋生、蔓延起到推波助澜的作用，而且会使此类犯罪的社会危害进一步加大。各级人民法院应当充分认识“保护伞”的严重危害，将依法惩处“保护伞”作为深化打黑除恶工作的重点环节和深入开展反腐败斗争的重要内容，正确运用刑法的有关规定，有效加大对于“保护伞”的惩处力度。同时，各级人民法院还应当全面发挥职能作用，对于审判工作中发现的涉及“保护伞”的线索，应当及时转往有关部门查处，确保实现“除恶务尽”的目标。

（五）严格依照法律履行审判职能

《中华人民共和国刑法修正案（八）》的颁布实施以及刑事诉讼法的再次修正，不仅进一步完善了惩处黑恶势力犯罪的相关法律规定，同时也对办理黑社会性质组织犯罪案件提出了更为严格的要求。面对新的形势和任务，各级人民法院应当以审判为中心，进一步增强程序意识和权利保障意识，严格按照法定程序独立行使审判职权，并要坚持罪刑法定、疑罪从无、证据裁判原则，依法排除非法证据，通过充分发挥庭审功能和有效运用证据审查判断规则，切实把好事实、证据与法律适用关，以令人信服的裁判说理来实现审判工作法律效果与社会效果的有机统一。同时，还应当继续加强、完善与公安、检察等机关的配合协作，保证各项长效工作机制运行更为顺畅。

二、关于黑社会性质组织的认定

(一)认定组织特征的问题

黑社会性质组织存续时间的起点,可以根据涉案犯罪组织举行成立仪式或者进行类似活动的时间来认定。没有前述活动的,可以根据足以反映其初步形成核心利益或强势地位的重大事件发生时间进行审查判断。没有明显标志性事件的,也可以根据涉案犯罪组织为维护、扩大组织势力、实力、影响、经济基础或按照组织惯例、纪律、活动规约而首次实施有组织的犯罪活动的时间进行审查判断。存在、发展时间明显过短、犯罪活动尚不突出的,一般不应认定为黑社会性质组织。

黑社会性质组织应当具有一定规模,人数较多,组织成员一般在10人以上。其中,既包括已有充分证据证明但尚未归案的组织成员,也包括虽有参加黑社会性质组织的行为但因尚未达到刑事责任年龄或因其他法定情形而未被起诉,或者根据具体情节不作为犯罪处理的组织成员。

黑社会性质组织应有明确的组织者、领导者,骨干成员基本固定,并有比较明确的层级和职责分工,一般有三种类型的组织成员,即:组织者、领导者与积极参加者、一般参加者(也即“其他参加者”)。骨干成员,是指直接听命于组织者、领导者,并多次指挥或积极参与实施有组织的违法犯罪活动或者其他长时间在犯罪组织中起重要作用的犯罪分子,属于积极参加者的一部分。

对于黑社会性质组织的组织纪律、活动规约,应当结合制定、形成相关纪律、规约的目的与意图来进行审查判断。凡是为了增强实施违法犯罪活动的组织性、隐蔽性而制定或者自发形成,并用以明确组织内部人员管理、职责分工、行为规范、利益分配、行动准则等事项的成文或不成文的规定、约定,均可认定为黑社会性质组织的组织纪律、活动规约。

对于参加黑社会性质组织,没有实施其他违法犯罪活动,或者受蒙蔽、威胁参加黑社会性质组织,情节轻微的,可以不作为犯罪处理。对于参加黑社会性质组织后仅参与少量情节轻微的违法活动的,也可以不作为犯罪处理。

以下人员不属于黑社会性质组织的成员：1. 主观上没有加入黑社会性质组织的意愿，受雇到黑社会性质组织开办的公司、企业、社团工作，未参与或者仅参与少量黑社会性质组织的违法犯罪活动的人员；2. 因临时被纠集、雇佣或受蒙蔽为黑社会性质组织实施违法犯罪活动或者提供帮助、支持、服务的人员；3. 为维护或扩大自身利益而临时雇佣、收买、利用黑社会性质组织实施违法犯罪活动的人员。上述人员构成其他犯罪的，按照具体犯罪处理。

对于被起诉的组织成员主要为未成年人的案件，定性时应当结合“四个特征”审慎把握。

（二）认定经济特征的问题

“一定的经济实力”，是指黑社会性质组织在形成、发展过程中获取的，足以支持该组织运行、发展以及实施违法犯罪活动的经济利益。包括：1. 有组织地通过违法犯罪活动或其他不正当手段聚敛的资产；2. 有组织地通过合法的生产、经营活动获取的资产；3. 组织成员以及其他单位、个人资助黑社会性质组织的资产。通过上述方式获取的经济利益，即使是由部分组织成员个人掌控，也应计入黑社会性质组织的“经济实力”。

各高级人民法院可以根据本地区的实际情况，对黑社会性质组织所应具有的“经济实力”在20万～50万元幅度内，自行划定一般掌握的最低数额标准。

是否将所获经济利益全部或部分用于违法犯罪活动或者维系犯罪组织的生存、发展，是认定经济特征的重要依据。无论获利后的分配与使用形式如何变化，只要在客观上能够起到豢养组织成员、维护组织稳定、壮大组织势力的作用即可认定。

（三）认定行为特征的问题

涉案犯罪组织仅触犯少量具体罪名的，是否应认定为黑社会性质组织要结合组织特征、经济特征和非法控制特征（危害性特征）综合判断，严格把握。

黑社会性质组织实施的违法犯罪活动包括非暴力性的违法犯罪活动，但暴力或以暴力相威胁始终是黑社会性质组织实施违法犯罪活动的基本手段，并随时可能付诸实施。因此，在黑社会性质组织所实施的违法犯罪活动中，一般应有一部分能够较明显地体现出暴力或以暴力相威胁的基本特征。否则，定性时应当特别慎重。

属于2009年《座谈会纪要》规定的五种情形之一的，一般应当认定为黑社会性质组织实施的违法犯罪活动，但确与维护和扩大组织势力、实力、影响、经济基础无任何关联，亦不是按照组织惯例、纪律、活动规约而实施，则应作为组织成员个人的违法犯罪活动处理。

组织者、领导者明知组织成员曾多次实施起因、性质类似的违法犯罪活动，但并未明确予以禁止的，如果该类行为对扩大组织影响起到一定作用，可以视为是按照组织惯例实施的违法犯罪活动。

（四）认定非法控制特征（危害性特征）的问题

黑社会性质组织所控制和影响的“一定区域”，应当具备一定空间范围，并承载一定的社会功能。既包括一定数量的自然人共同居住、生活的区域，如乡镇、街道、较大的村庄等，也包括承载一定生产、经营或社会公共服务功能的区域，如矿山、工地、市场、车站、码头等。对此，应当结合一定地域范围内的人口数量、流量、经济规模等因素综合评判。如果涉案犯罪组织的控制和影响仅存在于一座酒店、一处娱乐会所等空间范围有限的场所或者人口数量、流量、经济规模较小的其他区域，则一般不能视为是对“一定区域”的控制和影响。

黑社会性质组织所控制和影响的“一定行业”，是指在一定区域内存在的同类生产、经营活动。黑社会性质组织通过多次有组织地实施违法犯罪活动，对黄、赌、毒等非法行业形成非法控制或重大影响的，同样符合非法控制特征（危害性特征）的要求。

2009年《座谈会纪要》明确了可以认定为“在一定区域或者行业内，形成非法控制或者重大影响，严重破坏经济、社会生活秩序”的八种情形，适用时应当注意以下问题：第1种情形中的“致使合法利益受损的群众不敢举报、控告的”，是指致使多名合法利益遭受犯罪或者严重违法活动侵害的群众不敢通过正当途径维护权益；第2种情形中的“形成垄断”，是指可以操控、左右、决定与一定行业相关的准入、退出、经营、竞争等经济活动。“形成重要影响”，是指对与一定行业相关的准入、退出、经营、竞争等经济活动具有较大的干预和影响能力，或者具有在该行业内占有较大市场份额、通过违法犯罪活动或以其他不正当手段在该行业内敛财数额巨大（最低数额标准由各高院根据本地情况在20万～50万元的幅度内自行划定）、给该行业内从事生产、经营活动的其他单位、组织、个人造成直接经济损失100万元以上等情节之一；第3、4、5种情形中的“造成严重影响”，是指具有致人重伤或致多人轻伤、通过违法犯罪活动或以其他不正当手段敛财数额巨大（数额标准同上）、造成直接经济损失100万元以上、多次引发群体性事件或引发大规模群体性事件等情节之一；第6种情形中的“多次干扰、破坏国家机关、行业管理部门以及村委会、居委会等基层群众自治组织的工作秩序”，包括以拉拢、收买、威胁等手段多次得到国家机关工作人员包庇或纵容，或者多次对前述单位、组织中正常履行职务的工作人员进行打击、报复的情形；第7种情形中的“获取政治地位”，是指当选各级人大代表、政协委员。“担任一定职务”，是指在各级党政机关及其职能部门、基层群众自治组织中担任具有组织、领导、监督、管理职权的职务。

根据实践经验，在黑社会性质组织犯罪案件中，2009年《座谈会纪要》规定的八种情形一般不会单独存在，往往是两种以上的情形同时并存、相互交织，从而严重破坏经济、社会生活秩序。审判时，应当充分认识这一特点，准确认定该特征。

“四个特征”中其他构成要素均已具备，仅在成员人数、经济实力规模方面未达到本纪要提出的一般性要求，但已较为接近，且在非法控制特征（危害性特征）方面同时具有2009年《座谈会纪要》相关规定中的多种情形，其中至少有一种情形已明显超出认定标准的，也可以认定为黑社会性质组织。

三、关于刑事责任和刑罚适用

（一）已退出或者新接任的组织者、领导者的刑事责任问题

对于在黑社会性质组织形成、发展过程中已经退出的组织者、领导者，

或者在加入黑社会性质组织之后逐步发展成为组织者、领导者的犯罪分子，应对其本人参与及其实际担任组织者、领导者期间该组织所犯的全部罪行承担刑事责任。

（二）量刑情节的运用问题

黑社会性质组织的成员虽不具有自首情节，但到案后能够如实供述自己罪行，并具有以下情形之一的，一般应当适用《刑法》第六十七条第三款的规定予以从轻处罚：1. 如实交代大部分尚未被掌握的同种犯罪事实；2. 如实交代尚未被掌握的较重的同种犯罪事实；3. 如实交代犯罪事实，并对收集定案证据、查明案件事实有重要作用的。

积极参加者、一般参加者配合司法机关查办案件，有提供线索、帮助收集证据或者其他协助行为，并在侦破黑社会性质组织犯罪案件、认定黑社会性质组织及其主要成员、追缴黑社会性质组织违法所得、查处“保护伞”等方面起到较大作用的，即使依法不能认定立功，一般也应酌情对其从轻处罚。

组织者、领导者、骨干成员以及“保护伞”协助抓获同案中其他重要的组织成员，或者骨干成员能够检举揭发其他犯罪案件中罪行同样严重的犯罪分子，原则上依法应予从轻或者减轻处罚。组织者、领导者检举揭发与该黑社会性质组织及其违法犯罪活动有关联的其他犯罪线索，如果在是否认定立功的问题上存在事实、证据或法律适用方面的争议，应当严格把握。依法应认定为立功或者重大立功的，在决定是否从宽处罚、如何从宽处罚时，应当根据罪责刑相一致原则从严掌握。可能导致全案量刑明显失衡的，不予从宽处罚。

审理黑社会性质组织犯罪案件，应当通过判处和执行民事赔偿以及积极开展司法救助来最大限度地弥补被害人及其亲属的损失。被害人及其亲属确有特殊困难，需要接受被认定为黑社会性质组织成员的被告人赔偿并因此表示谅解的，量刑时应当特别慎重。不仅应当查明谅解是否确属真实意思表示以及赔偿款项与黑社会性质组织违法所得有无关联，而且在决定是否从宽处罚、如何从宽处罚时，也应当从严掌握。可能导致全案量刑明显失衡的，不予从宽处罚。

（三）附加剥夺政治权利的适用问题

对于黑社会性质组织的组织者、领导者，可以适用《刑法》第五十六条第一款的规定附加剥夺政治权利。对于因犯参加黑社会性质组织罪被判处5年以上有期徒刑的积极参加者，也可以适用该规定附加剥夺政治权利。

（四）财产刑的适用问题

对于黑社会性质组织的组织者、领导者，依法应当并处没收财产。黑社会性质组织敛财数额特别巨大，但因犯罪分子转移、隐匿、毁灭证据或者拒不交代涉案财产来源、性质，导致违法所得以及其他应当追缴的财产难以准确查清和追缴的，对于组织者、领导者以及为该组织转移、隐匿资产的积极参加者可以并处没收个人全部财产。

对于确属骨干成员的积极参加者一般应当并处罚金或者没收财产。对于其他积极参加者和一般参加者，应当根据所参与实施违法犯罪活动的次数、性质、地位、作用、违法所得数额以及造成损失的数额等情节，依法决定财产刑的适用。

四、关于审判程序和证据审查

（一）分案审理问题

为便宜诉讼，提高审判效率，防止因法庭审理过于拖延而损害当事人的合法权益，对于被告人人数众多，合并审理难以保证庭审质量和庭审效率的黑社会性质组织犯罪案件，可分案进行审理。分案应当遵循有利于案件顺利审判、有利于查明案件事实、有利于公正定罪量刑的基本原则，确保有效质证、事实统一、准确定罪、均衡量刑。对于被作为组织者、领导者、积极参加者起诉的被告人，以及黑社会性质组织重大犯罪的共同作案人，分案审理影响庭审调查的，一般不宜分案审理。

（二）证明标准和证据运用问题

办理黑社会性质组织犯罪案件应当坚持“事实清楚，证据确实、充分”的法定证明标准。黑社会性质组织犯罪案件侦查取证难度大，“四个特征”往往难以通过实物证据来加以证明。审判时，应当严格依照刑事诉讼法及有关司法解释的规定对相关证据进行审查与认定。在确保被告人供述、证人证言、被害人陈述等言词证据取证合法、内容真实，且综合全案证据，已排除合理怀疑的情况下，同样可以认定案件事实。

（三）法庭举证、质证问题

审理黑社会性质组织犯罪案件时，合议庭应当按照刑事诉讼法及有关司法解释的规定有效引导控辩双方举证、质证。不得因为案件事实复杂、证据繁多，而不当限制控辩双方就证据问题进行交叉询问、相互辩论的权利。庭审时，应当根据案件事实繁简、被告人认罪态度等采取适当的举证、质证方式，突出重点；对黑社会性质组织的“四个特征”应单独举证、质证。为减少重复举证、质证，提高审判效率，庭审中可以先就认定具体违法犯罪事实的证据进行举证、质证。对认定黑社会性质组织行为特征的证据进行举证、质证时，之前已经宣读、出示过的证据，可以在归纳、概括之后简要征询控辩双方意见。对于认定组织特征、经济特征、非法控制特征（危害性特征）的证据，举证、质证时一般不宜采取前述方式。

（四）对出庭证人、鉴定人、被害人的保护问题

人民法院受理黑社会性质组织犯罪案件后，应当及时了解在侦查、审查起诉阶段有无对证人、鉴定人、被害人采取保护措施的情况，确保相关保护措施在审判阶段能够紧密衔接。开庭审理时，证人、鉴定人、被害人因出庭作证，本人或其近亲属的人身安全面临危险的，应当采取不暴露外貌、真实声音等出庭作证措施。必要时，可以进行物理隔离，以音频、视频传送的方式作证，并对声音、图像进行技术处理。有必要禁止特定人员接触证人、鉴定人、被害人及其近亲属的，以及需要对证人、鉴定人、被害人及其近亲属的人身和住宅采取专门性保护措施的，应当及时与检察机关、公安机关协调，确保保护措施及时执行到位。依法决定不公开证人、鉴定人、被害人真实姓名、住址和工作单位等个人信息的，应当在开庭前核实其身份。证人、鉴定人签署的如实作证保证书应当列入审判副卷，不得对外公开。

五、关于黑社会性质组织犯罪案件审判工作相关问题

(一)涉案财产的处置问题

审理黑社会性质组织犯罪案件时,对于依法查封、冻结、扣押的涉案财产,应当全面审查证明财产来源、性质、用途、权属及价值大小的有关证据,调查财产的权属情况以及是否属于违法所得或者依法应当追缴的其他财物。属于下列情形的,依法应当予以追缴、没收:1. 黑社会性质组织形成、发展过程中,该组织及其组织成员通过违法犯罪活动或其他不正当手段聚敛的财产及其孳息、收益,以及合法获取的财产中实际用于支持该组织存在、发展和实施违法犯罪活动的部分;2. 其他单位、个人为支持黑社会性质组织存在、发展以及实施违法犯罪活动而资助或提供的财产;3. 组织成员通过个人实施的违法犯罪活动所聚敛的财产及其孳息、收益,以及供个人犯罪所用的本人财物;4. 黑社会性质组织及其组织成员个人非法持有的违禁品;5. 依法应当追缴的其他涉案财物。

(二)发挥庭审功能问题

黑社会性质组织犯罪案件开庭前,应当按照重大案件的审判要求做好从物质保障到人员配备等各方面的庭审准备,并制定详细的庭审预案和庭审提纲。同时,还要充分发挥庭前会议了解情况、听取意见的应有作用,提前了解控辩双方的主要意见,及时解决可能影响庭审顺利进行的程序性问题。对于庭前会议中出示的证据材料,控辩双方无异议的,庭审举证、质证时可以简化。庭审过程中,合议庭应当针对争议焦点和关键的事实、证据问题,有效引导控辩双方进行法庭调查与法庭辩论。庭审时,还应当全程录音录像,相关音视频资料应当存卷备查。

最高人民法院、最高人民检察院、公安部办理黑社会性质组织犯罪案件座谈会纪要

（2009 年 12 月 9 日　法〔2009〕382 号）

自 1997 年刑法增设黑社会性质组织犯罪的规定以来，全国人大常委会、最高人民法院分别作出了《关于〈中华人民共和国刑法〉第二百九十四条第一款的解释》（以下简称《立法解释》）、《关于审理黑社会性质组织犯罪的案件具体应用法律若干问题的解释》（以下简称《司法解释》），对于指导司法实践发挥了重要作用。但由于黑社会性质组织犯罪的构成要件和所涉及的法律关系较为复杂，在办案过程中对法律规定的理解还不尽相同。为了进一步统一司法标准，会议就实践中争议较大的问题进行了深入研讨，并取得了一致意见：

（一）关于黑社会性质组织的认定

黑社会性质组织必须同时具备《立法解释》中规定的“组织特征”、“经济特征”、“行为特征”和“危害性特征”。由于实践中许多黑社会性质组织并非这“四个特征”都很明显，因此，在具体认定时，应根据立法本意，认真审查、分析黑社会性质组织“四个特征”相互间的内在联系，准确评价涉案犯罪组织所造成的社会危害，确保不枉不纵。

1. 关于组织特征。黑社会性质组织不仅有明确的组织者、领导者，骨干成员基本固定，而且组织结构较为稳定，并有比较明确的层级和职责分工。

当前，一些黑社会性质组织为了增强隐蔽性，往往采取各种手段制造“人员频繁更替、组织结构松散”的假象。因此，在办案时，要特别注意审查组织者、领导者，以及对组织运行、活动起着突出作用的积极参加者等骨干

成员是否基本固定、联系是否紧密，不要被其组织形式的表象所左右。

关于组织者、领导者、积极参加者和其他参加者的认定。组织者、领导者，是指黑社会性质组织的发起者、创建者，或者在组织中实际处于领导地位，对整个组织及其运行、活动起着决策、指挥、协调、管理作用的犯罪分子，既包括通过一定形式产生的有明确职务、称谓的组织者、领导者，也包括在黑社会性质组织中被公认的事实上的组织者、领导者；积极参加者，是指接受黑社会性质组织的领导和管理，多次积极参与黑社会性质组织的违法犯罪活动，或者积极参与较严重的黑社会性质组织的犯罪活动且作用突出，以及其他在组织中起重要作用的犯罪分子，如具体主管黑社会性质组织的财务、人员管理等事项的犯罪分子；其他参加者，是指除上述组织成员之外，其他接受黑社会性质组织的领导和管理的犯罪分子。根据《司法解释》第三条第二款的规定，对于参加黑社会性质的组织，没有实施其他违法犯罪活动的，或者受蒙蔽、胁迫参加黑社会性质的组织，情节轻微的，可以不作为犯罪处理。

关于黑社会性质组织成员的主观明知问题。在认定黑社会性质组织的成员时，并不要求其主观上认为自己参加的是黑社会性质组织，只要其知道或者应当知道该组织具有一定规模，且是以实施违法犯罪为主要活动的，即可认定。

对于黑社会性质组织存在时间、成员人数及组织纪律等问题的把握。黑社会性质组织一般在短时间内难以形成，而且成员人数较多，但鉴于普通犯罪集团、“恶势力”团伙向黑社会性质组织发展是一个渐进的过程，没有明显的性质转变的节点，故对黑社会性质组织存在时间、成员人数问题不宜作出“一刀切”的规定。对于那些已存在一定时间，且成员人数较多的犯罪组织，在定性时要根据其是否已具备一定的经济实力，是否已在一定区域或行业内形成非法控制或重大影响等情况综合分析判断。此外在通常情况下，黑社会性质组织为了维护自身的安全和稳定，一般会有一些约定俗成的纪律、规约，有些甚至还有明确的规定。因此，具有一定的组织纪律、活动规约，也是认定黑社会性质组织特征时的重要参考依据。

2. 关于经济特征。一定的经济实力是黑社会性质组织坐大成势,称霸一方的基础。由于不同地区的经济发展水平、不同行业的利润空间均存在很大差异,加之黑社会性质组织存在、发展的时间也各有不同,因此,在办案时不能一般性地要求黑社会性质组织所具有的经济实力必须达到特定规模或特定数额。此外,黑社会性质组织的敛财方式也具有多样性。实践中,黑社会性质组织不仅会通过实施赌博、敲诈、贩毒等违法犯罪活动攫取经济利益,而且还往往会通过开办公司、企业等方式“以商养黑”、“以黑护商”。因此,无论其财产是通过非法手段聚敛,还是通过合法的方式获取,只要将其中部分或全部用于违法犯罪活动或者维系犯罪组织的生存、发展即可。

“用于违法犯罪活动或者维系犯罪组织的生存、发展”,一般是指购买作案工具、提供作案经费,为受伤、死亡的组织成员提供医疗费、丧葬费,为组织成员及其家属提供工资、奖励、福利、生活费用,为组织寻求非法保护以及其他与实施有组织的违法犯罪活动有关的费用支出等。

3. 关于行为特征。暴力性、胁迫性和有组织性是黑社会性质组织行为方式的主要特征,但有时也会采取一些“其他手段”。

根据司法实践经验,《立法解释》中规定的“其他手段”主要包括:以暴力、威胁为基础,在利用组织势力和影响已对他人形成心理强制或威慑的情况下,进行所谓的“谈判”、“协商”、“调解”;滋扰、哄闹、聚众等其他干扰、破坏正常经济、社会生活秩序的非暴力手段。

“黑社会性质组织实施的违法犯罪活动”主要包括以下情形:由组织者、领导者直接组织、策划、指挥、参与实施的违法犯罪活动;由组织成员以组织名义实施,并得到组织者、领导者认可或者默许的违法犯罪活动;多名组织成员为逞强争霸、插手纠纷、报复他人、替人行凶、非法敛财而共同实施,并得到组织者、领导者认可或者默许的违法犯罪活动;组织成员为组织争夺势力范围、排除竞争对手、确立强势地位、谋取经济利益、维护非法权威或者按照组织的纪律、惯例、共同遵守的约定而实施的违法犯罪活动;由黑社会性质组织实施的其他违法犯罪活动。

会议认为,在办案时还应准确理解《立法解释》中关于“多次进行违法犯罪活动”的规定。黑社会性质组织实施犯罪活动过程中,往往伴随着大量的违法活动,对此均应作为黑社会性质组织的违法犯罪事实予以认定。但如果仅实施了违法活动,而没有实施犯罪活动的,则不能认定为黑社会性质组织。此外,“多次进行违法犯罪活动”只是认定黑社会性质组织的必要条件之一,最终能否认定为黑社会性质组织,还要结合危害性特征来加以判断。即使有些案件中的违法犯罪活动已符合“多次”的标准,但根据其性质和严重程度,尚不足以形成非法控制或者重大影响的,也不能认定为黑社会性质组织。

4. 关于危害性特征。称霸一方,在一定区域或者行业内,形成非法控制或者重大影响,从而严重破坏经济、社会生活秩序,是黑社会性质组织的本质特征,也是黑社会性质组织区别于一般犯罪集团的关键所在。

对于“一定区域”的理解和把握。区域的大小具有相对性,且黑社会性质组织非法控制和影响的对象并不是区域本身,而是在一定区域中生活的人,以及该区域内的经济、社会生活秩序。因此,不能简单地要求“一定区域”必须达到某一特定的空间范围,而应当根据具体案情,并结合黑社会性质组织对经济、社会生活秩序的危害程度加以综合分析判断。

对于“一定行业”的理解和把握。黑社会性质组织所控制和影响的行业,既包括合法行业,也包括黄、赌、毒等非法行业。这些行业一般涉及生产、流通、交换、消费等一个或多个市场环节。

通过实施违法犯罪活动,或者利用国家工作人员的包庇、纵容,称霸一方,并具有以下情形之一的,可认定为“在一定区域或者行业内,形成非法控制或者重大影响,严重破坏经济、社会生活秩序”:对在一定区域内生活或者在一定行业内从事生产、经营的群众形成心理强制、威慑,致使合法利益受损的群众不敢举报、控告的;对一定行业的生产、经营形成垄断,或者对涉及一定行业的准入、经营、竞争等经济活动形成重要影响的;插手民间纠纷、经济纠纷,在相关区域或者行业内造成严重影响的;干扰、破坏他人正常生产、经营、生活,并在相关区域或者行业内造成严重影响的;干扰、破坏公司、企业、事业单位及社会团体的正常生产、经营、工作秩序,在相关区域、行业内造成严重影响,或者致使其不能正常生产、经营、工作的;多次干扰、破坏国家机关、行业管理部门以及村委会、居委会等基层群众自治组织的工作秩序,或者致使上述单位、组织的职能不能正常行使的;利用组织的势力、影响,使组织成员获取政治地位,或者在党政机关、基层群众自治组织中担任一定职务的;其他形成非法控制或者重大影响,严重破坏经济、社会生活秩序的情形。

(二)关于办理黑社会性质组织犯罪案件的其他问题

1. 关于包庇、纵容黑社会性质组织罪主观要件的认定。本罪主观方面要求必须是出于故意,过失不能构成本罪。会议认为,只要行为人知道或者应当知道是从事违法犯罪活动的组织,仍对该组织及其成员予以包庇,或者纵容其实施违法犯罪活动,即可认定本罪。至于行为人是否明知该组织系黑社会性质组织,不影响本罪的成立。

2. 关于黑社会性质组织成员的刑事责任。对黑社会性质组织的组织者、领导者,应根据法律规定和本纪要中关于"黑社会性质组织实施的违法犯罪活动"的规定,按照该组织所犯的全部罪行承担刑事责任。组织者、领导者对于具体犯罪所承担的刑事责任,应当根据其在该起犯罪中的具体地位、作用来确定。对黑社会性质组织中的积极参加者和其他参加者,应按照其所参与的犯罪,根据其在具体犯罪中的地位和作用,依照罪责刑相适应的原则,确定应承担的刑事责任。

3. 关于涉黑犯罪财物及其收益的认定和处置。在办案时,要依法运用查封、扣押、冻结、追缴、没收等手段,彻底摧毁黑社会性质组织的经济基础,防止其死灰复燃。对于涉黑犯罪财物及其收益以及犯罪工具,均应按照刑法第六十四条和《司法解释》第七条的规定予以追缴、没收。黑社会性质组织及其成员通过犯罪活动聚敛的财物及其收益,是指在黑社会性质组织的形成、发展过程中,该组织及组织成员通过违法犯罪活动或其他不正当手段聚敛的全部财物、财产性权益及其孳息、收益。在办案工作中,应认真审查涉案财产的来源、性质,对被告人及其他单位、个人的合法财产应依法予以保护。

4. 关于认定黑社会性质组织犯罪的证据要求。办理涉黑案件同样应当坚持案件"事实清楚,证据确实、充分"的法定证明标准。但应当注意的是,"事实清楚"是指能够对定罪量刑产生影响的事实必须清楚,而不是指整个案件的所有事实和情节都要一一查证属实;"证据确实、充分"是指能够据以定罪量刑的证据确实、充分,而不是指案件中所涉全部问题的证据都要达到确实、充分的程度。对此,一定要准确理解和把握,不要纠缠那些不影响定罪量刑的枝节问题。比如,在可以认定某犯罪组织已将所获经济利益部分用于组织活动的情况下,即使此部分款项的具体数额难以全部查实,也不影响定案。

5. 关于黑社会性质组织成员的立功问题。积极参加者、其他参加者配合司法机关查办案件,有提供线索、帮助收集证据或者其他协助行为,并对侦破黑社会性质组织犯罪案件起到一定作用的,即使依法不能认定立功,一般也应酌情对其从轻处罚。组织者、领导者检举揭发与该黑社会性质组织及其违法犯罪活动有关联的其他犯罪线索,即使依法构成立功或者重大立功,在量刑时也应从严掌握。

6. 关于对"恶势力"团伙的认定和处理。"恶势力"是黑社会性质组织的雏形,有的最终发展成为了黑社会性质组织。因此,及时严惩"恶势力"团伙犯罪,是遏制黑社会性质组织滋生,防止违法犯罪活动造成更大社会危害的有效途径。

会议认为,"恶势力"是指经常纠集在一起,以暴力、威胁或其他手段,在一定区域或者行业内多次实施违法犯罪活动,为非作恶,扰乱经济、社会生活秩序,造成较为恶劣的社会影响,但尚未形成黑社会性质组织的犯罪团伙。"恶势力"一般为3人以上,纠集者、骨干成员相对固定,违法犯罪活动一般表现为敲诈勒索、强迫交易、欺行霸市、聚众斗殴、寻衅滋事、非法拘禁、故意伤害、抢劫、抢夺或者黄、赌、毒等。各级人民法院、人民检察院和公安机关在办案时应根据本纪要的精神,结合组织化程度的高低、经济实力的强弱、有无追求和实现对社会的非法控制等特征,对黑社会性质组织与"恶势力"团伙加以正确区分。同时,还要本着实事求是的态度,正确理解和把握

“打早打小”方针。在准确查明“恶势力”团伙具体违法犯罪事实的基础上，构成什么罪，就按什么罪处理，并充分运用刑法总则关于共同犯罪的规定，依法惩处。对符合犯罪集团特征的，要按照犯罪集团处理，以切实加大对“恶势力”团伙依法惩处的力度。

7. 关于视听资料的收集、使用。公安机关在侦查时要特别重视对涉黑犯罪视听资料的收集。对于那些能够证明涉案犯罪组织具备黑社会性质组织的“四个特征”及其实施的具体违法犯罪活动的录音、录像资料，要及时提取、固定、移送。通过特殊侦查措施获取的视听资料，在移送审查起诉时，公安机关对证据的来源、提取经过应予说明。

8. 庭审时应注意的有关问题。为确保庭审效果，人民法院在开庭审理涉黑案件之前，应认真做好庭审预案。法庭调查时，除必须传唤共同被告人同时到庭质证外，对各被告人应当分别讯问，以防止被告人当庭串供或者不敢如实供述、作证。对于诉讼参与人、旁听人员破坏法庭秩序、干扰法庭审理的，法庭应按照刑事诉讼法及有关司法解释的规定及时作出处理。构成犯罪的，应当依法追究刑事责任。

最高人民法院关于审理黑社会性质组织犯罪的案件具体应用法律若干问题的解释

（2000 年 12 月 5 日　法释〔2000〕42 号）

为依法惩治黑社会性质组织的犯罪活动，根据刑法有关规定，现就审理黑社会性质组织的犯罪案件具体应用法律的若干问题解释如下：

第一条　刑法第二百九十四条规定的"黑社会性质的组织"，一般应具备以下特征：

（一）组织结构比较紧密，人数较多，有比较明确的组织者、领导者，骨干成员基本固定，有较为严格的组织纪律；

（二）通过违法犯罪活动或者其他手段获取经济利益，具有一定的经济实力；

（三）通过贿赂、威胁等手段，引诱、逼迫国家工作人员参加黑社会性质组织活动，或者为其提供非法保护；

（四）在一定区域或者行业范围内，以暴力、威胁、滋扰等手段，大肆进行敲诈勒索、欺行霸市、聚众斗殴、寻衅滋事、故意伤害等违法犯罪活动，严重破坏经济、社会生活秩序。

第二条　刑法第二百九十四条第二款规定的"发展组织成员"，是指将境内、外人员吸收为该黑社会组织成员的行为。对黑社会组织成员进行内部调整等行为，可视为"发展组织成员"。

港、澳、台黑社会组织到内地发展组织成员的，适用刑法第二百九十四条第二款的规定定罪处罚。

第三条　组织、领导、参加黑社会性质的组织又有其他犯罪行为的，根据刑法第二百九十四条第三款的规定，依照数罪并罚的规定处罚；对于黑社会性质组织的组织者、领导者，应当按照其所组织、领导的黑社会性质组织所犯的全部罪行处罚；对于黑社会性质组织的参加者，应当按照其所参与的犯罪处罚。

对于参加黑社会性质的组织，没有实施其他违法犯罪活动的，或者受蒙蔽、胁迫参加黑社会性质的组织，情节轻微的，可以不作为犯罪处理。

第四条　国家机关工作人员组织、领导、参加黑社会性质组织的，从重处罚。

第五条　刑法第二百九十四条第四款规定的“包庇”，是指国家机关工作人员为使黑社会性质组织及其成员逃避查禁，而通风报信，隐匿、毁灭、伪造证据，阻止他人作证、检举揭发，指使他人作伪证，帮助逃匿，或者阻挠其他国家机关工作人员依法查禁等行为。

刑法第二百九十四条第四款规定的“纵容”，是指国家机关工作人员不依法履行职责，放纵黑社会性质组织进行违法犯罪活动的行为。

第六条　国家机关工作人员包庇、纵容黑社会性质的组织，有下列情形之一的，属于刑法第二百九十四条第四款规定的“情节严重”：

（一）包庇、纵容黑社会性质组织跨境实施违法犯罪活动的；

（二）包庇、纵容境外黑社会组织在境内实施违法犯罪活动的；

（三）多次实施包庇、纵容行为的；

（四）致使某一区域或者行业的经济、社会生活秩序遭受黑社会性质组织特别严重破坏的；

（五）致使黑社会性质组织的组织者、领导者逃匿，或者致使对黑社会性质组织的查禁工作严重受阻的；

（六）具有其他严重情节的。

第七条　对黑社会性质组织和组织、领导、参加黑社会性质组织的犯罪分子聚敛的财物及其收益，以及用于犯罪的工具等，应当依法追缴、没收。

最高人民法院、最高人民检察院、公安部、司法部关于办理恶势力刑事案件若干问题的意见

（2019 年 4 月 9 日）

为认真贯彻落实中央开展扫黑除恶专项斗争的部署要求，正确理解和适用最高人民法院、最高人民检察院、公安部、司法部《关于办理黑恶势力犯罪案件若干问题的指导意见》（法发〔2018〕1 号，以下简称《指导意见》），根据刑法、刑事诉讼法及有关司法解释、规范性文件的规定，现对办理恶势力刑事案件若干问题提出如下意见：

一、办理恶势力刑事案件的总体要求

1. 人民法院、人民检察院、公安机关和司法行政机关要深刻认识恶势力违法犯罪的严重社会危害，毫不动摇地坚持依法严惩方针，在侦查、起诉、审判、执行各阶段，运用多种法律手段全面体现依法从严惩处精神，有力震慑恶势力违法犯罪分子，有效打击和预防恶势力违法犯罪。

2. 人民法院、人民检察院、公安机关和司法行政机关要严格坚持依法办案，确保在案件事实清楚，证据确实、充分的基础上，准确认定恶势力和恶势力犯罪集团，坚决防止人为拔高或者降低认定标准。要坚持贯彻落实宽严相济刑事政策，根据犯罪嫌疑人、被告人的主观恶性、人身危险性、在恶势力、恶势力犯罪集团中的地位、作用以及在具体犯罪中的罪责，切实做到宽严有据，罚当其罪，实现政治效果、法律效果和社会效果的统一。

3. 人民法院、人民检察院、公安机关和司法行政机关要充分发挥各自职能，分工负责，互相配合，互相制约，坚持以审判为中心的刑事诉讼制度改革要求，严格执行“三项规程”，不断强化程序意识和证据意识，有效加强法律

监督，确保严格执法、公正司法，充分保障当事人、诉讼参与人的各项诉讼权利。

二、恶势力、恶势力犯罪集团的认定标准

4. 恶势力，是指经常纠集在一起，以暴力、威胁或者其他手段，在一定区域或者行业内多次实施违法犯罪活动，为非作恶，欺压百姓，扰乱经济、社会生活秩序，造成较为恶劣的社会影响，但尚未形成黑社会性质组织的违法犯罪组织。

5. 单纯为牟取不法经济利益而实施的“黄、赌、毒、盗、抢、骗”等违法犯罪活动，不具有为非作恶、欺压百姓特征的，或者因本人及近亲属的婚恋纠纷、家庭纠纷、邻里纠纷、劳动纠纷、合法债务纠纷而引发以及其他确属事出有因的违法犯罪活动，不应作为恶势力案件处理。

6. 恶势力一般为 3 人以上，纠集者相对固定。纠集者，是指在恶势力实施的违法犯罪活动中起组织、策划、指挥作用的违法犯罪分子。成员较为固定且符合恶势力其他认定条件，但多次实施违法犯罪活动是由不同的成员组织、策划、指挥，也可以认定为恶势力，有前述行为的成员均可以认定为纠集者。

恶势力的其他成员，是指知道或应当知道与他人经常纠集在一起是为了共同实施违法犯罪，仍按照纠集者的组织、策划、指挥参与违法犯罪活动的违法犯罪分子，包括已有充分证据证明但尚未归案的人员，以及因法定情形不予追究法律责任，或者因参与实施恶势力违法犯罪活动已受到行政或刑事处罚的人员。仅因临时雇佣或被雇佣、利用或被利用以及受蒙蔽参与少量恶势力违法犯罪活动的，一般不应认定为恶势力成员。

7. “经常纠集在一起，以暴力、威胁或者其他手段，在一定区域或者行业内多次实施违法犯罪活动”，是指犯罪嫌疑人、被告人于 2 年之内，以暴力、威胁或者其他手段，在一定区域或者行业内多次实施违法犯罪活动，且包括纠集者在内，至少应有 2 名相同的成员多次参与实施违法犯罪活动。对于“纠集在一起”时间明显较短，实施违法犯罪活动刚刚达到“多次”标准，且尚不足以造成较为恶劣影响的，一般不应认定为恶势力。

8. 恶势力实施的违法犯罪活动，主要为强迫交易、故意伤害、非法拘禁、敲诈勒索、故意毁坏财物、聚众斗殴、寻衅滋事，但也包括具有为非作恶、欺压百姓特征，主要以暴力、威胁为手段的其他违法犯罪活动。

恶势力还可能伴随实施开设赌场、组织卖淫、强迫卖淫、贩卖毒品、运输毒品、制造毒品、抢劫、抢夺、聚众扰乱社会秩序、聚众扰乱公共场所秩序、交通秩序以及聚众“打砸抢”等违法犯罪活动，但仅有前述伴随实施的违法犯罪活动，且不能认定具有为非作恶、欺压百姓特征的，一般不应认定为恶势力。

9. 办理恶势力刑事案件，“多次实施违法犯罪活动”至少应包括1次犯罪活动。对于反复实施强迫交易、非法拘禁、敲诈勒索、寻衅滋事等单一性质的违法行为，单次情节、数额尚不构成犯罪，但按照刑法或者有关司法解释、规范性文件的规定累加后应作为犯罪处理的，在认定是否属于“多次实施违法犯罪活动”时，可将已用于累加的违法行为计为1次犯罪活动，其他违法行为单独计算违法活动的次数。

已被处理或者已作为民间纠纷调处，后经查证确属恶势力违法犯罪活动的，均可以作为认定恶势力的事实依据，但不符合法定情形的，不得重新追究法律责任。

10. 认定“扰乱经济、社会生活秩序，造成较为恶劣的社会影响”，应当结合侵害对象及其数量、违法犯罪次数、手段、规模、人身损害后果、经济损失数额、违法所得数额、引起社会秩序混乱的程度以及对人民群众安全感的影响程度等因素综合把握。

11. 恶势力犯罪集团，是指符合恶势力全部认定条件，同时又符合犯罪集团法定条件的犯罪组织。

恶势力犯罪集团的首要分子，是指在恶势力犯罪集团中起组织、策划、指挥作用的犯罪分子。恶势力犯罪集团的其他成员，是指知道或者应当知道是为共同实施犯罪而组成的较为固定的犯罪组织，仍接受首要分子领导、管理、指挥，并参与该组织犯罪活动的犯罪分子。

恶势力犯罪集团应当有组织地实施多次犯罪活动，同时还可能伴随实施违法活动。恶势力犯罪集团所实施的违法犯罪活动，参照《指导意见》第十条第二款的规定认定。

12. 全部成员或者首要分子、纠集者以及其他重要成员均为未成年人、老年人、残疾人的，认定恶势力、恶势力犯罪集团时应当特别慎重。

三、正确运用宽严相济刑事政策的有关要求

13. 对于恶势力的纠集者、恶势力犯罪集团的首要分子、重要成员以及恶势力、恶势力犯罪集团共同犯罪中罪责严重的主犯，要正确运用法律规定加大惩处力度，对依法应当判处重刑或死刑的，坚决判处重刑或死刑。同时要严格掌握取保候审，严格掌握不起诉，严格掌握缓刑、减刑、假释，严格掌握保外就医适用条件，充分利用资格刑、财产刑等法律手段全方位从严惩处。对于符合刑法第三十七条之一规定的，可以依法禁止其从事相关职业。

对于恶势力、恶势力犯罪集团的其他成员，在共同犯罪中罪责相对较小、人身危险性、主观恶性相对不大的，具有自首、立功、坦白、初犯等法定或酌定从宽处罚情节，可以依法从轻、减轻或免除处罚。认罪认罚或者仅参与实施少量的犯罪活动且只起次要、辅助作用，符合缓刑条件的，可以适用缓刑。

14. 恶势力犯罪集团的首要分子检举揭发与该犯罪集团及其违法犯罪活动有关联的其他犯罪线索，如果在认定立功的问题上存在事实、证据或法律适用方面的争议，应当严格把握。依法应认定为立功或者重大立功的，在决定是否从宽处罚、如何从宽处罚时，应当根据罪责刑相一致原则从严掌握。可能导致全案量刑明显失衡的，不予从宽处罚。

恶势力犯罪集团的其他成员如果能够配合司法机关查办案件，有提供线索、帮助收集证据或者其他协助行为，并在侦破恶势力犯罪集团案件、查处“保护伞”等方面起到较大作用的，即使依法不能认定立功，一般也应酌情对其从轻处罚。

15. 犯罪嫌疑人、被告人同时具有法定、酌定从严和法定、酌定从宽处罚情节的，量刑时要根据所犯具体罪行的严重程度，结合被告人在恶势力、恶势力犯罪集团中的地位、作用、主观恶性、人身危险性等因素整体把握。对于恶势力的纠集者、恶势力犯罪集团的首要分子、重要成员，量刑时要体现总体从严。对于在共同犯罪中罪责相对较小、人身危险性、主观恶性相对不大，且能够真诚认罪悔罪的其他成员，量刑时要体现总体从宽。

16. 恶势力刑事案件的犯罪嫌疑人、被告人自愿如实供述自己的罪行，承认指控的犯罪事实，愿意接受处罚的，可以依法从宽处理，并适用认罪认罚从宽制度。对于犯罪性质恶劣、犯罪手段残忍、社会危害严重的犯罪嫌疑人、被告人，虽然认罪认罚，但不足以从轻处罚的，不适用该制度。

四、办理恶势力刑事案件的其他问题

17. 人民法院、人民检察院、公安机关经审查认为案件符合恶势力认定标准的，应当在起诉意见书、起诉书、判决书、裁定书等法律文书中的案件事实部分明确表述，列明恶势力的纠集者、其他成员、违法犯罪事实以及据以认定的证据；符合恶势力犯罪集团认定标准的，应当在上述法律文书中明确定性，列明首要分子、其他成员、违法犯罪事实以及据以认定的证据，并引用刑法总则关于犯罪集团的相关规定。被告人及其辩护人对恶势力定性提出辩解和辩护意见，人民法院可以在裁判文书中予以评析回应。

恶势力刑事案件的起诉意见书、起诉书、判决书、裁定书等法律文书，可以在案件事实部分先概述恶势力、恶势力犯罪集团的概括事实，再分述具体的恶势力违法犯罪事实。

18. 对于公安机关未在起诉意见书中明确认定，人民检察院在审查起诉期间发现构成恶势力或者恶势力犯罪集团，且相关违法犯罪事实已经查清，证据确实、充分，依法应追究刑事责任的，应当作出起诉决定，根据查明的事实向人民法院提起公诉，并在起诉书中明确认定为恶势力或者恶势力犯罪集团。人民检察院认为恶势力相关违法犯罪事实不清、证据不足，或者存在遗漏恶势力违法犯罪事实、遗漏同案犯罪嫌疑人等情形需要补充侦查的，应当提出具体的书面意见，连同案卷材料一并退回公安机关补充侦查；人民检察院也可以自行侦查，必要时可以要求公安机关提供协助。

对于人民检察院未在起诉书中明确认定，人民法院在审判期间发现构成恶势力或恶势力犯罪集团的，可以建议人民检察院补充或者变更起诉；人民检察院不同意或者在七日内未回复意见的，人民法院不应主动认定，可仅就起诉指控的犯罪事实依照相关规定作出判决、裁定。

审理被告人或者被告人的法定代理人、辩护人、近亲属上诉的案件时，一审判决认定黑社会性质组织有误的，二审法院应当纠正，符合恶势力、恶势力犯罪集团认定标准，应当作出相应认定；一审判决认定恶势力或恶势力犯罪集团有误的，应当纠正，但不得升格认定；一审判决未认定恶势力或恶势力犯罪集团的，不得增加认定。

19. 公安机关、人民检察院、人民法院应当分别以起诉意见书、起诉书、裁判文书所明确的恶势力、恶势力犯罪集团，作为相关数据的统计依据。

20. 本意见自2019年4月9日起施行。

最高人民法院、最高人民检察院、公安部、司法部关于办理实施"软暴力"的刑事案件若干问题的意见

(2019年4月9日)

为深入贯彻落实中央关于开展扫黑除恶专项斗争的决策部署,正确理解和适用最高人民法院、最高人民检察院、公安部、司法部《关于办理黑恶势力犯罪案件若干问题的指导意见》(法发〔2018〕1号,以下简称《指导意见》)关于对依法惩处采用"软暴力"实施犯罪的规定,依法办理相关犯罪案件,根据《刑法》《刑事诉讼法》及有关司法解释、规范性文件,提出如下意见:

一、"软暴力"是指行为人为谋取不法利益或形成非法影响,对他人或者在有关场所进行滋扰、纠缠、哄闹、聚众造势等,足以使他人产生恐惧、恐慌进而形成心理强制,或者足以影响、限制人身自由、危及人身财产安全,影响正常生活、工作、生产、经营的违法犯罪手段。

二、"软暴力"违法犯罪手段通常的表现形式有:

(一)侵犯人身权利、民主权利、财产权利的手段,包括但不限于跟踪贴靠、扬言传播疾病、揭发隐私、恶意举报、诬告陷害、破坏、霸占财物等;

(二)扰乱正常生活、工作、生产、经营秩序的手段,包括但不限于非法侵入他人住宅、破坏生活设施、设置生活障碍、贴报喷字、拉挂横幅、燃放鞭炮、播放哀乐、摆放花圈、泼洒污物、断水断电、堵门阻工,以及通过驱赶从业人员、派驻人员据守等方式直接或间接地控制厂房、办公区、经营场所等;

(三)扰乱社会秩序的手段,包括但不限于摆场架势示威、聚众哄闹滋

扰、拦路闹事等；

（四）其他符合本意见第一条规定的“软暴力”手段。

通过信息网络或者通讯工具实施，符合本意见第一条规定的违法犯罪手段，应当认定为“软暴力”。

三、行为人实施“软暴力”，具有下列情形之一，可以认定为足以使他人产生恐惧、恐慌进而形成心理强制或者足以影响、限制人身自由、危及人身财产安全或者影响正常生活、工作、生产、经营：

（一）黑恶势力实施的；

（二）以黑恶势力名义实施的；

（三）曾因组织、领导、参加黑社会性质组织、恶势力犯罪集团、恶势力以及因强迫交易、非法拘禁、敲诈勒索、聚众斗殴、寻衅滋事等犯罪受过刑事处罚后又实施的；

（四）携带凶器实施的；

（五）有组织地实施的或者足以使他人认为暴力、威胁具有现实可能性的；

（六）其他足以使他人产生恐惧、恐慌进而形成心理强制或者足以影响、限制人身自由、危及人身财产安全或者影响正常生活、工作、生产、经营的情形。

由多人实施的，编造或明示暴力违法犯罪经历进行恐吓的，或者以自报组织、头目名号、统一着装、显露纹身、特殊标识以及其他明示、暗示方式，足以使他人感知相关行为的有组织性的，应当认定为“以黑恶势力名义实施”。

由多人实施的，只要有部分行为人符合本条第一款第（一）项至第（四）项所列情形的，该项即成立。

虽然具体实施“软暴力”的行为人不符合本条第一款第（一）项、第（三）项所列情形，但雇佣者、指使者或者纠集者符合的，该项成立。

四、“软暴力”手段属于《刑法》第二百九十四条第五款第（三）项“黑社会性质组织行为特征”以及《指导意见》第14条“恶势力”概念中的“其他手段”。

五、采用“软暴力”手段，使他人产生心理恐惧或者形成心理强制，分别属于《刑法》第二百二十六条规定的“威胁”、《刑法》第二百九十三条第一款第（二）项规定的“恐吓”，同时符合其他犯罪构成要件的，应当分别以强迫交易罪、寻衅滋事罪定罪处罚。

《关于办理寻衅滋事刑事案件适用法律若干问题的解释》第二条至第四条中的“多次”一般应当理解为二年内实施寻衅滋事行为三次以上。三次以上寻衅滋事行为既包括同一类别的行为，也包括不同类别的行为；既包括未受行政处罚的行为，也包括已受行政处罚的行为。

六、有组织地多次短时间非法拘禁他人的，应当认定为《刑法》第二百三十八条规定的“以其他方法非法剥夺他人人身自由”。非法拘禁他人三次以上、每次持续时间在四小时以上，或者非法拘禁他人累计时间在十二小时以上的，应当以非法拘禁罪定罪处罚。

七、以“软暴力”手段非法进入或者滞留他人住宅的，应当认定为《刑法》第二百四十五条规定的“非法侵入他人住宅”，同时符合其他犯罪构成要件的，应当以非法侵入住宅罪定罪处罚。

八、以非法占有为目的，采用“软暴力”手段强行索取公私财物，同时符合《刑法》第二百七十四条规定的其他犯罪构成要件的，应当以敲诈勒索罪定罪处罚。

《关于办理敲诈勒索刑事案件适用法律若干问题的解释》第三条中“二年内敲诈勒索三次以上”，包括已受行政处罚的行为。

九、采用“软暴力”手段，同时构成两种以上犯罪的，依法按照处罚较重的犯罪定罪处罚，法律另有规定的除外。

十、根据本意见第五条、第八条规定，对已受行政处罚的行为追究刑事责任的，行为人先前所受的行政拘留处罚应当折抵刑期，罚款应当抵扣罚金。

十一、雇佣、指使他人采用“软暴力”手段强迫交易、敲诈勒索，构成强迫交易罪、敲诈勒索罪的，对雇佣者、指使者，一般应当以共同犯罪中的主犯论处。

为强索不受法律保护的债务或者因其他非法目的，雇佣、指使他人采用“软暴力”手段非法剥夺他人人身自由构成非法拘禁罪，或者非法侵入他人住宅、寻衅滋事，构成非法侵入住宅罪、寻衅滋事罪的，对雇佣者、指使者，一般应当以共同犯罪中的主犯论处；因本人及近亲属合法债务、婚恋、家庭、邻里纠纷等民间矛盾而雇佣、指使，没有造成严重后果的，一般不作为犯罪处理，但经有关部门批评制止或者处理处罚后仍继续实施的除外。

十二、本意见自2019年4月9日起施行。

最高人民法院、最高人民检察院、公安部 、司法部关于办理“套路贷”刑事案件若干问题的意见

（2019年4月9日）

为持续深入开展扫黑除恶专项斗争，准确甄别和依法严厉惩处“套路贷”违法犯罪分子，根据刑法、刑事诉讼法、有关司法解释以及最高人民法院、最高人民检察院、公安部、司法部《关于办理黑恶势力犯罪案件若干问题的指导意见》等规范性文件的规定，现对办理“套路贷”刑事案件若干问题提出如下意见：

一、准确把握“套路贷”与民间借贷的区别

1.“套路贷”，是对以非法占有为目的，假借民间借贷之名，诱使或迫使被害人签订“借贷”或变相“借贷”“抵押”“担保”等相关协议，通过虚增借贷金额、恶意制造违约、肆意认定违约、毁匿还款证据等方式形成虚假债权债务，并借助诉讼、仲裁、公证或者采用暴力、威胁以及其他手段非法占有被害人财物的相关违法犯罪活动的概括性称谓。

2.“套路贷”与平等主体之间基于意思自治而形成的民事借贷关系存在本质区别，民间借贷的出借人是为了到期按照协议约定的内容收回本金并获取利息，不具有非法占有他人财物的目的，也不会在签订、履行借贷协议过程中实施虚增借贷金额、制造虚假给付痕迹、恶意制造违约、肆意认定违约、毁匿还款证据等行为。

司法实践中，应当注意非法讨债引发的案件与“套路贷”案件的区别，犯罪嫌疑人、被告人不具有非法占有目的，也未使用“套路”与借款人形成虚假债权债务，不应视为“套路贷”。因使用暴力、威胁以及其他手段强行索债构

成犯罪的，应当根据具体案件事实定罪处罚。

3. 实践中，“套路贷”的常见犯罪手法和步骤包括但不限于以下情形：

（1）制造民间借贷假象。犯罪嫌疑人、被告人往往以“小额贷款公司”“投资公司”“咨询公司”“担保公司”“网络借贷平台”等名义对外宣传，以低息、无抵押、无担保、快速放款等为诱饵吸引被害人借款，继而以“保证金”“行规”等虚假理由诱使被害人基于错误认识签订金额虚高的“借贷”协议或相关协议。有的犯罪嫌疑人、被告人还会以被害人先前借贷违约等理由，迫使对方签订金额虚高的“借贷”协议或相关协议。

（2）制造资金走账流水等虚假给付事实。犯罪嫌疑人、被告人按照虚高的“借贷”协议金额将资金转入被害人账户，制造已将全部借款交付被害人的银行流水痕迹，随后便采取各种手段将其中全部或者部分资金收回，被害人实际上并未取得或者完全取得“借贷”协议、银行流水上显示的钱款。

（3）故意制造违约或者肆意认定违约。犯罪嫌疑人、被告人往往会以设置违约陷阱、制造还款障碍等方式，故意造成被害人违约，或者通过肆意认定违约，强行要求被害人偿还虚假债务。

（4）恶意垒高借款金额。当被害人无力偿还时，有的犯罪嫌疑人、被告人会安排其所属公司或者指定的关联公司、关联人员为被害人偿还“借款”，继而与被害人签订金额更大的虚高“借贷”协议或相关协议，通过这种“转单平账”“以贷还贷”的方式不断垒高“债务”。

（5）软硬兼施“索债”。在被害人未偿还虚高“借款”的情况下，犯罪嫌疑人、被告人借助诉讼、仲裁、公证或者采用暴力、威胁以及其他手段向被害人或者被害人的特定关系人索取“债务”。

二、依法严惩“套路贷”犯罪

4. 实施“套路贷”过程中，未采用明显的暴力或者威胁手段，其行为特征从整体上表现为以非法占有为目的，通过虚构事实、隐瞒真相骗取被害人财物的，一般以诈骗罪定罪处罚；对于在实施“套路贷”过程中多种手段并用，构成诈骗、敲诈勒索、非法拘禁、虚假诉讼、寻衅滋事、强迫交易、抢劫、绑架等多种犯罪的，应当根据具体案件事实，区分不同情况，依照刑法及有关司法解释的规定数罪并罚或者择一重处。

5. 多人共同实施"套路贷"犯罪,犯罪嫌疑人、被告人在所参与的犯罪中起主要作用的,应当认定为主犯,对其参与或组织、指挥的全部犯罪承担刑事责任;起次要或辅助作用的,应当认定为从犯。

明知他人实施"套路贷"犯罪,具有以下情形之一的,以相关犯罪的共犯论处,但刑法和司法解释等另有规定的除外:

(1)组织发送"贷款"信息、广告,吸引、介绍被害人"借款"的;

(2)提供资金、场所、银行卡、账号、交通工具等帮助的;

(3)出售、提供、帮助获取公民个人信息的;

(4)协助制造走账记录等虚假给付事实的;

(5)协助办理公证的;

(6)协助以虚假事实提起诉讼或者仲裁的;

(7)协助套现、取现、办理动产或不动产过户等,转移犯罪所得及其产生的收益的;

(8)其他符合共同犯罪规定的情形。

上述规定中的"明知他人实施'套路贷'犯罪",应当结合行为人的认知能力、既往经历、行为次数和手段、与同案人、被害人的关系、获利情况、是否曾因"套路贷"受过处罚、是否故意规避查处等主客观因素综合分析认定。

6. 在认定"套路贷"犯罪数额时,应当与民间借贷相区别,从整体上予以否定性评价,"虚高债务"和以"利息""保证金""中介费""服务费""违约金"等名目被犯罪嫌疑人、被告人非法占有的财物,均应计入犯罪数额。

犯罪嫌疑人、被告人实际给付被害人的本金数额,不计入犯罪数额。

已经着手实施"套路贷",但因意志以外原因未得逞的,可以根据相关罪名所涉及的刑法、司法解释规定,按照已着手非法占有的财物数额认定犯罪未遂。既有既遂,又有未遂,犯罪既遂部分与未遂部分分别对应不同法定刑幅度的,应当先决定对未遂部分是否减轻处罚,确定未遂部分对应的法定刑幅度,再与既遂部分对应的法定刑幅度进行比较,选择处罚较重的法定刑幅度,并酌情从重处罚;二者在同一量刑幅度的,以犯罪既遂酌情从重处罚。

7. 犯罪嫌疑人、被告人实施“套路贷”违法所得的一切财物，应当予以追缴或者责令退赔；对被害人的合法财产，应当及时返还。有证据证明是犯罪嫌疑人、被告人为实施“套路贷”而交付给被害人的本金，赔偿被害人损失后如有剩余，应依法予以没收。

犯罪嫌疑人、被告人已将违法所得的财物用于清偿债务、转让或者设置其他权利负担，具有下列情形之一的，应当依法追缴：

(1)第三人明知是违法所得财物而接受的；

(2)第三人无偿取得或者以明显低于市场的价格取得违法所得财物的；

(3)第三人通过非法债务清偿或者违法犯罪活动取得违法所得财物的；

(4)其他应当依法追缴的情形。

8. 以老年人、未成年人、在校学生、丧失劳动能力的人为对象实施“套路贷”，或者因实施“套路贷”造成被害人或其特定关系人自杀、死亡、精神失常、为偿还“债务”而实施犯罪活动的，除刑法、司法解释另有规定的外，应当酌情从重处罚。

在坚持依法从严惩处的同时，对于认罪认罚、积极退赃、真诚悔罪或者具有其他法定、酌定从轻处罚情节的被告人，可以依法从宽处罚。

9. 对于“套路贷”犯罪分子，应当根据其所触犯的具体罪名，依法加大财产刑适用力度。符合刑法第三十七条之一规定的，可以依法禁止从事相关职业。

10. 三人以上为实施“套路贷”而组成的较为固定的犯罪组织，应当认定为犯罪集团。对首要分子应按照集团所犯全部罪行处罚。

符合黑恶势力认定标准的，应当按照黑社会性质组织、恶势力或者恶势力犯罪集团侦查、起诉、审判。

三、依法确定“套路贷”刑事案件管辖

11. “套路贷”犯罪案件一般由犯罪地公安机关侦查，如果由犯罪嫌疑人居住地公安机关立案侦查更为适宜的，可以由犯罪嫌疑人居住地公安机关立案侦查。犯罪地包括犯罪行为发生地和犯罪结果发生地。

“犯罪行为发生地”包括为实施“套路贷”所设立的公司所在地、“借贷”

协议或相关协议签订地、非法讨债行为实施地、为实施“套路贷”而进行诉讼、仲裁、公证的受案法院、仲裁委员会、公证机构所在地，以及“套路贷”行为的预备地、开始地、途经地、结束地等。

“犯罪结果发生地”包括违法所得财物的支付地、实际取得地、藏匿地、转移地、使用地、销售地等。

除犯罪地、犯罪嫌疑人居住地外，其他地方公安机关对于公民扭送、报案、控告、举报或者犯罪嫌疑人自首的“套路贷”犯罪案件，都应当立即受理，经审查认为有犯罪事实的，移送有管辖权的公安机关处理。

黑恶势力实施的“套路贷”犯罪案件，由侦办黑社会性质组织、恶势力或者恶势力犯罪集团案件的公安机关进行侦查。

12. 具有下列情形之一的，有关公安机关可以在其职责范围内并案侦查：

(1)一人犯数罪的；

(2)共同犯罪的；

(3)共同犯罪的犯罪嫌疑人还实施其他犯罪的；

(4)多个犯罪嫌疑人实施的犯罪存在直接关联，并案处理有利于查明案件事实的。

13. 本意见自2019年4月9日起施行。

最高人民法院、最高人民检察院、公安部、司法部关于办理黑恶势力刑事案件中财产处置若干问题的意见

（2019 年 4 月 9 日）

为认真贯彻中央关于开展扫黑除恶专项斗争的重大决策部署，彻底铲除黑恶势力犯罪的经济基础，根据刑法、刑事诉讼法及最高人民法院、最高人民检察院、公安部、司法部《关于办理黑恶势力犯罪案件若干问题的指导意见》（法发〔2018〕1 号）等规定，现对办理黑恶势力刑事案件中财产处置若干问题提出如下意见：

一、总体工作要求

1. 公安机关、人民检察院、人民法院在办理黑恶势力犯罪案件时，在查明黑恶势力组织违法犯罪事实并对黑恶势力成员依法定罪量刑的同时，要全面调查黑恶势力组织及其成员的财产状况，依法对涉案财产采取查询、查封、扣押、冻结等措施，并根据查明的情况，依法作出处理。

前款所称处理既包括对涉案财产中犯罪分子违法所得、违禁品、供犯罪所用的本人财物以及其他等值财产等依法追缴、没收，也包括对被害人的合法财产等依法返还。

2. 对涉案财产采取措施，应当严格依照法定条件和程序进行。严禁在立案之前查封、扣押、冻结财物。凡查封、扣押、冻结的财物，都应当及时进行审查，防止因程序违法、工作瑕疵等影响案件审理以及涉案财产处置。

3. 对涉案财产采取措施，应当为犯罪嫌疑人、被告人及其所扶养的亲属

保留必需的生活费用和物品。

根据案件具体情况,在保证诉讼活动正常进行的同时,可以允许有关人员继续合理使用有关涉案财产,并采取必要的保值保管措施,以减少案件办理对正常办公和合法生产经营的影响。

4. 要彻底摧毁黑社会性质组织的经济基础,防止其死灰复燃。对于组织者、领导者一般应当并处没收个人全部财产。对于确属骨干成员或者为该组织转移、隐匿资产的积极参加者,可以并处没收个人全部财产。对于其他组织成员,应当根据所参与实施违法犯罪活动的次数、性质、地位、作用、违法所得数额以及造成损失的数额等情节,依法决定财产刑的适用。

5. 要深挖细查并依法打击黑恶势力组织进行的洗钱以及掩饰、隐瞒犯罪所得、犯罪所得收益等转变涉案财产性质的关联犯罪。

二、依法采取措施全面收集证据

6. 公安机关侦查期间,要根据《公安机关办理刑事案件适用查封、冻结措施相关规定》(公通字〔2013〕30 号)等有关规定,会同有关部门全面调查黑恶势力及其成员的财产状况,并可以根据诉讼需要,先行依法对下列财产采取查询、查封、扣押、冻结等措施:

(1)黑恶势力组织的财产;

(2)犯罪嫌疑人个人所有的财产;

(3)犯罪嫌疑人实际控制的财产;

(4)犯罪嫌疑人出资购买的财产;

(5)犯罪嫌疑人转移至他人名下的财产;

(6)犯罪嫌疑人涉嫌洗钱以及掩饰、隐瞒犯罪所得、犯罪所得收益等犯罪涉及的财产;

(7)其他与黑恶势力组织及其违法犯罪活动有关的财产。

7. 查封、扣押、冻结已登记的不动产、特定动产及其他财产,应当通知有关登记机关,在查封、扣押、冻结期间禁止被查封、扣押、冻结的财产流转,不得办理被查封、扣押、冻结财产权属变更、抵押等手续。必要时可以提取有关产权证照。

8. 公安机关对于采取措施的涉案财产，应当全面收集证明其来源、性质、用途、权属及价值的有关证据，审查判断是否应当依法追缴、没收。

证明涉案财产来源、性质、用途、权属及价值的有关证据一般包括：

(1)犯罪嫌疑人、被告人关于财产来源、性质、用途、权属、价值的供述；

(2)被害人、证人关于财产来源、性质、用途、权属、价值的陈述、证言；

(3)财产购买凭证、银行往来凭据、资金注入凭据、权属证明等书证；

(4)财产价格鉴定、评估意见；

(5)可以证明财产来源、性质、用途、权属、价值的其他证据。

9. 公安机关对应当依法追缴、没收的财产中黑恶势力组织及其成员聚敛的财产及其孳息、收益的数额，可以委托专门机构评估；确实无法准确计算的，可以根据有关法律规定及查明的事实、证据合理估算。

人民检察院、人民法院对于公安机关委托评估、估算的数额有不同意见的，可以重新委托评估、估算。

10. 人民检察院、人民法院根据案件诉讼的需要，可以依法采取上述相关措施。

三、准确处置涉案财产

11. 公安机关、人民检察院应当加强对在案财产审查甄别。在移送审查起诉、提起公诉时，一般应当对采取措施的涉案财产提出处理意见建议，并将采取措施的涉案财产及其清单随案移送。

人民检察院经审查，除对随案移送的涉案财产提出处理意见外，还需要对继续追缴的尚未被足额查封、扣押的其他违法所得提出处理意见建议。

涉案财产不宜随案移送的，应当按照相关法律、司法解释的规定，提供相应的清单、照片、录像、封存手续、存放地点说明、鉴定、评估意见、变价处理凭证等材料。

12. 对于不宜查封、扣押、冻结的经营性财产，公安机关、人民检察院、人民法院可以申请当地政府指定有关部门或者委托有关机构代管或者托管。

对易损毁、灭失、变质等不宜长期保存的物品，易贬值的汽车、船艇等物品，或者市场价格波动大的债券、股票、基金等财产，有效期即将届满的汇票、本票、支票等，经权利人同意或者申请，并经县级以上公安机关、人民检察院或者人民法院主要负责人批准，可以依法出售、变现或者先行变卖、拍卖，所得价款由扣押、冻结机关保管，并及时告知当事人或者其近亲属。

13. 人民检察院在法庭审理时应当对证明黑恶势力犯罪涉案财产情况进行举证质证，对于既能证明具体个罪又能证明经济特征的涉案财产情况相关证据在具体个罪中出示后，在经济特征中可以简要说明，不再重复出示。

14. 人民法院作出的判决，除应当对随案移送的涉案财产作出处理外，还应当在判决书中写明需要继续追缴尚未被足额查封、扣押的其他违法所得；对随案移送财产进行处理时，应当列明相关财产的具体名称、数量、金额、处置情况等。涉案财产或者有关当事人人数较多，不宜在判决书正文中详细列明的，可以概括叙述并另附清单。

15. 涉案财产符合下列情形之一的，应当依法追缴、没收：

(1)黑恶势力组织及其成员通过违法犯罪活动或者其他不正当手段聚敛的财产及其孳息、收益；

(2)黑恶势力组织成员通过个人实施违法犯罪活动聚敛的财产及其孳息、收益；

(3)其他单位、组织、个人为支持该黑恶势力组织活动资助或者主动提供的财产；

(4)黑恶势力组织及其成员通过合法的生产、经营活动获取的财产或者组织成员个人、家庭合法财产中，实际用于支持该组织活动的部分；

(5)黑恶势力组织成员非法持有的违禁品以及供犯罪所用的本人财物；

(6)其他单位、组织、个人利用黑恶势力组织及其成员违法犯罪活动获取的财产及其孳息、收益；

(7)其他应当追缴、没收的财产。

16. 应当追缴、没收的的财产已用于清偿债务或者转让、或者设置其他权利负担，具有下列情形之一的，应当依法追缴：

(1)第三人明知是违法犯罪所得而接受的；

(2)第三人无偿或者以明显低于市场的价格取得涉案财物的；

(3)第三人通过非法债务清偿或者违法犯罪活动取得涉案财物的;

(4)第三人通过其他方式恶意取得涉案财物的。

17. 涉案财产符合下列情形之一的,应当依法返还:

(1)有证据证明确属被害人合法财产;

(2)有证据证明确与黑恶势力及其违法犯罪活动无关。

18. 有关违法犯罪事实查证属实后,对于有证据证明权属明确且无争议的被害人、善意第三人或者其他人员合法财产及其孳息,凡返还不损害其他利害关系人的利益,不影响案件正常办理的,应当在登记、拍照或者录像后,依法及时返还。

四、依法追缴、没收其他等值财产

19. 有证据证明依法应当追缴、没收的涉案财产无法找到、被他人善意取得、价值灭失或者与其他合法财产混合且不可分割的,可以追缴、没收其他等值财产。

对于证明前款各种情形的证据,公安机关或者人民检察院应当及时调取。

20. 本意见第19条所称"财产无法找到",是指有证据证明存在依法应当追缴、没收的财产,但无法查证财产去向、下落的。被告人有不同意见的,应当出示相关证据。

21. 追缴、没收的其他等值财产的数额,应当与无法直接追缴、没收的具体财产的数额相对应。

五、其他

22. 本意见所称孳息,包括天然孳息和法定孳息。

本意见所称收益,包括但不限于以下情形:

(1)聚敛、获取的财产直接产生的收益,如使用聚敛、获取的财产购买彩票中奖所得收益等;

(2)聚敛、获取的财产用于违法犯罪活动产生的收益,如使用聚敛、获取的财产赌博赢利所得收益、非法放贷所得收益、购买并贩卖毒品所得收益等;

(3)聚敛、获取的财产投资、置业形成的财产及其收益;

(4)聚敛、获取的财产和其他合法财产共同投资或者置业形成的财产中,与聚敛、获取的财产对应的份额及其收益;

(5)应当认定为收益的其他情形。

23. 本意见未规定的黑恶势力刑事案件财产处置工作其他事宜,根据相关法律法规、司法解释等规定办理。

24. 本意见自2019年4月9日起施行。

全国人民代表大会常务委员会关于《中华人民共和国刑法》第二百九十四条第一款的解释

（2002 年 4 月 28 日）

全国人民代表大会常务委员会讨论了刑法第二百九十四条第一款规定的“黑社会性质的组织”的含义问题，解释如下：

刑法第二百九十四条第一款规定的“黑社会性质的组织”应当同时具备以下特征：

（一）形成较稳定的犯罪组织，人数较多，有明确的组织者、领导者，骨干成员基本固定；

（二）有组织地通过违法犯罪活动或者其他手段获取经济利益，具有一定的经济实力，以支持该组织的活动；

（三）以暴力、威胁或者其他手段，有组织地多次进行违法犯罪活动，为非作恶，欺压、残害群众；

（四）通过实施违法犯罪活动，或者利用国家工作人员的包庇或者纵容，称霸一方，在一定区域或者行业内，形成非法控制或者重大影响，严重破坏经济、社会生活秩序。

现予公告。

河南省黑社会性质组织认定证据参考标准(试行)

黑社会性质组织犯罪是集团犯罪的一种特殊形式,是一种具有严密组织形式的有组织犯罪。认定黑社会性质组织犯罪必须首先区分黑社会性质组织与其他组织的界限。根据刑法第二百九十四条第五款的规定,黑社会性质组织应当同时具备组织特征、经济特征、行为特征、危害性特征。认定一个犯罪组织是否构成黑社会性质组织,应当围绕上述四个特征收集、固定、审查、判断证据。

一、关于组织特征的认定

黑社会性质组织的组织特征,是指形成较稳定的犯罪组织,人数较多,有明确的组织者、领导者,骨干成员基本固定。认定组织特征一般应有证明以下事实的证据:

(一)组织的稳定性

1. 组织形成的时间节点及其标志性事件,包括组织发起、发展过程、组织成立时间、地点、原因、经过、组织活动宗旨、重大经营举措等的证据;

2. 组织存续时间较长,包括组织系为了在较长时间内多次实施违法犯罪而建立或者组织成立后较长时间内以实施违法犯罪活动为主要内容,或者该组织由合法组织逐步演变为黑社会性质组织的证据;

3. 定期或者不定期地组织召集会议或者聚会的证据;

4. 有相对固定的活动场所。包括有进行主要管理活动的场所、经营场所、组织成员主要聚集场所、藏匿犯罪工具、赃款、赃物或者其他财产的场所等的证据。

（二）组织的严密性

1. 通过成文或者不成文的帮规、戒约或者通过毒品控制、精神控制等手段约束组织成员的行为。主要包括证明该组织存在帮规、戒约或规矩等的记录、书信、信息等书证，或者关于上述内容的被告人供述、电子数据、证人证言等证据；

2. 对组织成员实施奖惩情况。主要包括证明实施奖惩的时间、地点、参与人、经过、以及被奖惩组织成员的心理变化等方面的证据；

3. 组织成员在组织内部的任职情况。主要包括证明在开办公司、企业等合法行业的任职情况和在“黄、赌、毒”等非法行业的组织角色分工情况，以及在具体案件中实行行为的分工情况等方面的证据；

4. 为实施违法犯罪购置、使用装备工具等。主要包括证明该组织及其成员为实施违法犯罪活动或者惩戒违规者购买、使用、储存、销毁的刀、枪、棍棒、绳索、通讯联络工具、交通工具、电脑等作案工具以及使用的标志、暗语、代号等方面的证据；

5. 有相对固定的人员对内对外进行协调的情况。主要包括证明对该组织成员内部矛盾的协调，以及实施违法犯罪活动后对案件处理结果协调情况等方面的证据。

（三）组织的规模性

1. 证明该组织有明确的组织者、领导者或者幕后操纵、策划、指挥者的证据；

2. 证明该组织人数较多，且有相对固定的骨干成员的证据；

3. 证明该组织成员组织、领导、参加该组织的动机、目的等方面的证据。主要包括行为人出于称王称霸、相互攀比、寻求靠山或者报复社会等动机，为了攫取金钱、获取权力或称霸一方的目的，以该组织为依托，采用暴力、威胁或者其他手段，或者利用国家工作人员的包庇、纵容，组织、策划、指挥、协调、参加多种违法犯罪活动，大肆攫取金钱，获取权力，为害一方的主观心态的证据；

4. 证明该组织内部层级结构及成员间的隶属关系、相互关系以及该组织决策形成、指令下达、行为实施情况等方面的证据。

二、关于经济特征的认定

黑社会性质组织的经济特征,是指有组织地通过违法犯罪活动或者其他手段获取经济利益,具有一定的经济实力,以支持该组织的活动。认定经济特征一般应有证明以下事实的证据:

(一)组织的经济来源

1. 证明合法收入来源情况,主要包括:

(1)组织成员经营餐饮娱乐、物流运输、建筑、采矿、房地产等经济实体及其收入的证据;

(2)经济实体的工商、税务登记、法人代表、股权变更、注册资本、公司规模、财产状况、盈利能力、经营时间、范围等方面的证据。

2. 证明非法收入来源情况,主要包括:

(1)通过提供非法货物或服务牟取利益方面的证据;

(2)组织非法经营的地点、时间、形式、相关人员及收入等方面的证据;

(3)依仗组织势力通过抢劫、诈骗、敲诈勒索、强迫交易等违法犯罪手段获取经济利益情况的证据;

(4)利用组织的社会影响为本组织或他人获取利益的证据。

(二)利用上述收入维系组织内部关系、使组织发展壮大和实施违法犯罪

1. 为组织成员发放工资、福利,提供生活费用等方面的证据,以及为组织成员亲属提供经济资助的证据;

2. 为组织成员提供资金垫付、收益分红、投资入股等方面的证据;

3. 为实施违法犯罪活动购买作案工具,提供作案经费等方面的证据;

4. 为被采取刑事强制措施或追究刑事责任的组织成员提供生活费或者精神抚慰金,资助作案后在逃的人员等方面的证据;

5. 为受伤、死亡的组织成员提供医疗费、丧葬费等方面的证据。

（三）利用上述收入拉拢腐蚀国家工作人员

1. 为拉拢腐蚀国家工作人员而主动为其休闲、娱乐、消费等活动提供场所或者支付费用的证据；

2. 向国家工作人员行贿以及国家机关工作人员包庇、纵容黑社会性质组织的证据；

3. 以其他方式拉拢腐蚀国家工作人员的证据。

三、关于行为特征的认定

黑社会性质组织的行为特征，是指以暴力、威胁或者其他手段，有组织地多次进行违法犯罪活动，为非作恶，欺压、残害群众。认定行为特征一般应有证明以下事实的证据：

（一）多次实施违法犯罪活动

1. 具体犯罪行为按个案、个罪的证据标准收集固定审查判断证据；

2. 多次违法犯罪活动中至少有一次构成犯罪，且违法犯罪行为具有多样化、关联性等方面的证据。

（二）违法犯罪活动的组织性

1. 实施违法犯罪活动动机和目的的证据；

2. 实施违法犯罪活动事前、事中、事后谋划和请示汇报情况，主要包括：

（1）组织者、领导者直接组织、策划、指挥、参与实施的违法犯罪活动的证据；

（2）由组织成员以组织名义实施，并得到组织者、领导者认可或者默许的违法犯罪活动的证据；

（3）组织成员为逞强争霸、插手经济纠纷、报复他人、替人行凶、非法敛财而实施，并得到组织者、领导者认可或者默许的违法犯罪活动的证据；

（4）组织成员为争夺势力范围、排除竞争对手、确立强势地位、谋取经济利益、维护非法权威或者按照该组织的纪律、惯例、共同遵守的约定而实施的违法犯罪活动的证据；

（5）由黑社会性质组织实施或为黑社会性质组织利益实施的其他违法

犯罪活动的证据。

(三)违法犯罪活动的暴力性

(1)实施暴力或者采取暴力威胁手段的证据;

(2)实施"软暴力",即以暴力、威胁为基础,在利用组织势力和影响已对他人形成心理强制或威慑的情况下,进行所谓的"谈判"、"协商"、"调解",滋扰、哄闹、聚众造势等干扰、破坏正常经济、社会生活秩序行为的证据。

四、关于危害性特征的认定

黑社会性质组织的危害性特征,是指通过实施违法犯罪活动,或者利用国家工作人员的包庇或者纵容,称霸一方,在一定区域或者行业内,形成非法控制或者重大影响,严重破坏经济、社会生活秩序。认定危害性特征一般应有证明以下事实的证据:

(一)形成称霸一方的强势地位,具有下列情形之一的证据:

1. 对群众形成心理强制,致使合法利益受损的群众不敢举报、控告的;

2. 与其他黑恶团伙逞强争霸的;

3. 以强势地位侵蚀基层政权的,如介入基层选举、村民选举等;

4. 利用"保护伞"形成强势地位的;

5. 形成称霸一方的强势地位的其他情形。

(二)形成非法控制或者重大影响,严重破坏社会生活秩序,具有下列情形之一的证据:

1. 采用暴力、威胁手段或者利用其强势地位,多次介入当地各层面的纠纷处理或重大利益分配,如多次代人强立债权、强索债务、插手民间矛盾或经济纠纷,强收"保护费",强行"罚款",干扰或阻碍国家机关正常执法活动等;

2. 严重侵害群众利益,造成严重后果,如引发群众上访、流离失所、多人受伤或者死亡、多人被非法拘禁、造成重大财产损失等;

3. 多次公然使用枪支、刀具等作案,造成群众心理恐慌、安全感下降等;

4. 其他严重破坏社会生活秩序的情形。

（三）形成非法控制或者重大影响，严重破坏社会经济秩序，具有下列情形之一的证据：

1. 造成国家或者集体的财产重大损失，严重破坏集体利益和国家利益；

2. 长期操纵色情、赌博、高利贷、毒品及其他非法行业，获取非法利益；

3. 对抗国家职能部门对行业或市场的正常管理；

4. 对市场或者生产、生活资料和流通领域形成非法垄断或非法经营；

5. 其他严重破坏社会经济秩序的情形。

广东省公安厅、广东省高级人民法院、广东省人民检察院关于办理黑社会性质组织犯罪案件若干问题的意见(试行)

(2007 年 4 月 10 日　粤公通字〔2007〕97 号)

为了准确打击黑社会性质组织犯罪,依照《中华人民共和国刑法》、《全国人民代表大会常务委员会关于〈中华人民共和国刑法〉第二百九十四条第一款的解释》(以下简称“立法解释”)和最高人民法院《关于审理黑社会性质组织犯罪的案件具体应用法律若干问题的解释》(以下简称“司法解释”)的规定,结合我省实际,就办理黑社会性质组织犯罪案件如何适用法律、立法解释、司法解释提出以下意见:

第一条　黑社会性质组织的组织特征一般掌握为:

(一)组织成员人数较多,骨干成员一般应在 3 人以上。

(二)组织关系相对稳定,有明确的组织者、领导者(组织者、领导者可以是一人,也可以是多人),骨干成员基本固定。

(三)有被组织和成员认可的帮规、戒律、家法等行为规则或约定俗成的规矩,但不要求必须具有明确的组织名称、纲领、章程、文字规约等作为必要条件。

第二条　黑社会性质组织的经济特征一般掌握为:

(一)“经济利益”包括:组织及其成员通过违法犯罪或者其他手段获取的利益。

(二)“其他手段”是指除违法犯罪活动以外的手段,包括正常的经营活动、犯罪组织及其成员以非法收益进行投资以及通过其他合法渠道获取的经济利益，只要将获取的经济利益用于该组织的活动，均可视为“其他手段”。

（三）“具有一定的经济实力”一般理解为：组织的经济实力能够支持该组织基本活动或组织成员的部分生活开支，并不要求其经济实力需达到某一固定的数额标准，也不论经济实力是较为雄厚还是较为薄弱，只要将其获取的经济利益用以支持该组织的活动，就可以认定该特征。

（四）获取的经济利益一般由犯罪组织者、领导者或骨干成员管理、分配。

第三条 黑社会性质组织的行为特征一般掌握为：

（一）多次实施故意杀人、故意伤害、抢劫、敲诈勒索、强买强卖、寻衅滋事、聚众斗殴等违法犯罪活动，为非作恶，欺压、残害群众。

（二）“其他手段”包括：

1. 以黑社会性质组织的暴力威胁为后盾，足以对群众形成心理强制的手段。

2. 滋扰正常的社会、经济秩序的非暴力手段。

（三）“有组织地多次进行违法犯罪活动”一般掌握为：

1. 组织者、领导者直接组织、策划、指挥、授意、指使实施的。

2. 组织成员为组织的利益有预谋地实施或按照该组织一贯行为实施的。

第四条 对黑社会性质组织的非法控制特征，有下列情形之一的，可认定为“在一定区域或行业形成非法控制或者重大影响，严重破坏经济、社会生活秩序”：

（一）为组织争夺势力范围、确立强势地位而多次或大规模聚众斗殴、寻衅滋事、或打用谋杀、报复伤害等手段打击竞争对手，或以杀害、伤害无辜、聚众闹事为组织造势的。

（二）采用暴力、威胁手段或利用组织的强势地位多次代人强立债权、强索债务、非法拘禁，或受人雇佣实施杀人、伤害等违法犯罪行为的。

（三）长期在一定区域或者一定行业内采用暴力、威胁或者其他手段欺行霸市、强迫交易、操纵市场、敲诈勒索、寻衅滋事等并逐渐形成垄断地位或重大影响的。

（四）非法行使行业、市场经济秩序的管理权，强行收费，或采用暴力、威胁或者其他手段对其他市场主体强行参股、占股、巧立名目强行摊派的。

（五）煽动、组织或强制其他市场主体采用暴力、威胁或者其他手段抗拒国家对行为、市场进行管理的。

（六）以提供保护为由，非法行使公共治安管理权，在一定范围内采用暴力、威胁手段或者利用组织的强势地位强收保护费、强行罚款、强行干预他人正常生产、经营、生活的。

（七）组织的暴力、威胁、滋扰或者其他违法犯罪活动在其势力范围内对群众造成心理强制，形成重大社会影响，使群众安全感下降，政府公共管理职能受阻的。

（八）其他严重破坏社会生活、经济秩序的。

全国人大“立法解释”第四项中的“行业”，既包括合法的行业，也包括色情、赌博、高利贷、毒品交易等非法行业。

第五条 对黑社会性质组织四个特征的认识，在总体上宜掌握为：

（一）四项特征同时具备的构成黑社会性质组织。

（二）具备非法控制特征的，即使其他特征表现程度较弱的，仍构成黑社会性质组织。

（三）全国人大“立法解释”第（四）项所规定的“通过实施违法犯罪活动形成非法控制或者重大影响”与“通过利用国家工作人员包庇或者纵容形成非法控制或者重大影响”为选择性要件，具有其中这一且符合前三项特征的，均构成黑社会性质组织。

第六条 “立法解释”和“司法解释”中的关于黑社会性质组织的“违法犯罪活动”，既包括犯罪行为，也包括一般违法行为。

第七条 “司法解释”第三条规定的“黑社会性质组织的组织者、领导者，应当按照其所组织、领导的黑社会性质组织所犯的全部罪行处罚”之“全

部罪行”,一般包括下列情形:

(一)组织、指挥、授意和具体实施、参与的行为。

(二)黑社会性质组织成员为组织的利益所实施的犯罪行为。

组织成员为个人目的实施的违法犯罪行为,其行为与组织利益和意图无关的,由该成员个人承担相应的法律责任,组织的组织者、领导者不承担该部分责任。

浙江省关于办理黑社会性质组织犯罪案件具体适用法律若干问题的意见(试行)

(2006年11月20日　浙高法〔2006〕282号)

为严厉打击黑社会性质组织犯罪,根据《中华人民共和国刑法》、《中华人民共和国刑事诉讼法》、《全国人民代表大会常务委员会关于〈中华人民共和国刑法〉第二百九十四条第一款的解释》(以下简称"立法解释")、《最高人民法院关于审理黑社会性质组织犯罪的案件具体应用法律若干问题的解释》(以下简称"司法解释")的规定,结合我省实际,现就办理黑社会性质组织犯罪案件适用法律的有关问题提出以下意见:

第一条　同时具备下列情形,应当以"立法解释"第(一)项"形成较稳定的犯罪组织,人数较多,有明确的组织者、领导者,骨干成员基本固定"认定:

(一)为实施违法犯罪而形成较稳定的犯罪组织,时间一般在6个月以上;

(二)有明确的组织者、领导者,基本固定的骨干成员在3人以上;

(三)参加组织人数相对固定,一般在10人以上,或虽不固定,但为实施违法犯罪临时纠集、雇佣参加者在10人以上的;

(四)有成文或不成文的帮规。

第二条　同时具备下列情形,应当以"立法解释"第(二)项"有组织地通过违法犯罪活动或者其他手段获取经济利益,具有一定的经济实力,以支持该组织的活动"认定:

(一)组织及其成员为了组织的利益,以违法犯罪手段攫取经济利益,或者以非法收益进行投资及利用其经济实体的经营活动获取经济利益;

（二）获取的经济利益一般由组织的组织者、领导者或骨干成员管理、分配，并被用于支持组织的基本活动；

（三）组织获取的经济利益，能够支持组织的基本活动或组织成员的部分生活开支。

第三条 具有下列情形之一的，应当以“立法解释”第（三）项“以暴力、威胁或者其他手段，有组织地多次进行违法犯罪活动，为非作恶，欺压、残害群众”认定：

（一）以暴力或威胁手段，有组织地进行多次违法犯罪活动；

（二）利用组织的淫威对群众形成的心理强制，有组织地以非暴力的手段实施滋扰他人正常生产、经营、生活秩序的。

第四条 具有下列情形之一的，应当以“立法解释”第（四）项“通过实施违法犯罪活动，或者利用国家工作人员的包庇或者纵容，称霸一方，在一定区域或者行业内，形成非法控制或者重大影响，严重破坏经济、社会生活秩序”认定：

（一）在一定区域或行业内采用暴力、威胁或者其他手段扰乱行业、市场经营管理秩序，强迫交易、操纵市场、敲诈勒索、寻衅滋事，排斥其他竞争者，形成垄断地位或重大影响的；

（二）在一定区域或行业内采用暴力、威胁或者其他手段强行参股，或者利用组织的淫威，强拿硬要、强收保护费，滋扰他人正常生产、经营、生活秩序，影响恶劣的；

（三）在一定区域内操纵、控制色情、赌博、高利贷、毒品等非法交易的；

（四）采用暴力、威胁手段或利用组织的淫威，多次代人强立债权、强索债务、非法拘禁的；

（五）为组织争夺势力范围、确立强势地位而进行多次或大规模聚众斗殴，或采用故意杀人、故意伤害、放火、爆炸等手段打击报复竞争对手的；

（六）利用国家工作人员的包庇或者纵容，严重破坏经济、社会生活秩序的。

第五条 下列情形按照“司法解释”第七条所规定的“聚敛的财物及其

收益”认定，应当依法予以追缴、没收：

（一）组织及其成员为了组织利益建立的各种经济实体的财产，以及以投资、入股等方式投入的财产；

（二）组织及其成员为组织利益实施违法犯罪活动所投入的经费、财产；

（三）组织所获取的经济利益；

（四）组织成员从组织分得的利益。

第六条 本意见自发布之日起执行。法律、法规、司法解释有新规定的，按新规定执行。

内蒙古关于办理黑社会性质组织犯罪案件若干问题的意见

（2006年3月29日 内公发〔2006〕4号）

各盟市、呼铁、大林公安局、中级人民法院、人民检察院：

为了依法严厉打击黑社会性质组织犯罪活动，持续深入地开展打黑除恶专项斗争。根据《中华人民共和国刑法》和《全国人民代表大会常务委员会关于〈中华人民共和国刑法〉第二百九十四条第一款的解释》，结合我区实际，现就办理黑社会性质组织犯罪案件如何适用法律、立法解释等问题提出如下意见：

一、黑社会性质组织的组织特征一般掌握为：

对《全国人民代表大会常务委员会关于〈中华人民共和国刑法〉第二百九十四条第一款的解释》第（一）项"形成较稳定的犯罪组织，人数较多，有明确的组织者、领导者，骨干成员基本固定"理解如下：

（一）"形成较稳定的犯罪组织"。一般是指该犯罪组织形成、维系的时间超过3个月以上（包括3个月），而且是为了在较长时间内多次实施违法犯罪而建立起来的。

（二）"人数较多"。一般是指该犯罪组织的成员应在5人以上（包括5人）。

（三）"有明确的组织者、领导者"。一般是指该犯罪组织成员之间的关系明显出现塔形结构，处在塔尖上的是组织者、领导者。组织者、领导者可以是1人、也可以是多人。

（四）"骨干成员基本固定"。一般是指在组织、领导者策划、指挥的多次犯罪或主要犯罪中起主要作用的成员基本是固定的。一般情况下,是这些骨干成员直接实施具体犯罪活动。骨干成员人数至少1人以上(包括1人)。

二、黑社会性质组织的经济特征一般掌握为:

对《全国人民代表大会常务委员会关于〈中华人民共和国刑法〉第二百九十四条第一款的解释》第(二)项"有组织地通过违法犯罪活动或者其他手段获取经济利益,具有一定的经济实力,以支持该组织的活动"理解如下:

(一)"通过其他手段获取经济利益"。应理解为:既包括非法手段、也包括合法手段。关键在于犯罪组织获取的经济利益是否用于该组织的犯罪活动。"具有一定的经济实力"。应理解为:只要该组织的经济利益能够支持和维系组织的基本生活或组织成员的基本生活开支,就应视为具有一定的经济实力,不能简单地以经济规模的大小而定。

(二)获取的经济利益一般由组织进行管理、分配、使用。

(三)黑社会性质组织及其成员所获取的经济利益,应视为最高人民法院"司法解释"第七条所规定的"聚敛的财物及其收益",应按《刑法》第六十四条的规定处理。明知是黑社会性质组织犯罪的违法所得及其产生的收益而为其洗钱的,依照《刑法》第一百九十一条的规定追究刑事责任,并没收违法所得及其产生的收益。

(四)必须在犯罪组织的统一组织、领导下获取经济利益。如果犯罪组织内部成员出于个人意愿,通过其个人行为获取经济利益,就不能视为符合此项规定。犯罪组织成员自愿或者在组织、领导者的要求下,将其个人财物投入组织活动时,应当认定为犯罪组织有组织地获取经济利益。

三、对黑社会性质组织的行为特征一般掌握为:

对《全国人民代表大会常务委员会关于〈中华人民共和国刑法〉第二百九十四条第一款的解释》第(三)项"以暴力、威胁或者其他手段,有组织地多次进行违法犯罪活动,为非作恶,欺压、残害群众"理解如下:

(一)实施故意杀人、抢劫、敲诈勒索、寻衅滋事等"为非作恶,欺压、残害群众"的违法犯罪活动至少3次以上(包括3次),不要求每一次活动都构成犯罪,只要违法或具有“欺压残害群众”的行为即可。实施违法犯罪的主要手段是暴力或威胁,也包括其他使人不能或不敢反抗的手段。

(二)下列手段可视为“其他手段”:1. 利用黑社会性质组织的暴力威胁和影响,足以对群众形成心理强制的手段。2. 滋扰正常社会生活、经济秩序的非暴力手段。

(三)“有组织地多次进行违法犯罪活动”。对“有组织”的理解,一般掌握为:1. 组织、领导者直接组织、策划、指挥、教唆、授意、怂恿、指使实施的。2. 组织成员为组织的利益实施的。3. 组织成员为组织的利益按照该组织一贯行为所实施的。

(四)上述违法犯罪活动必须是在组织、领导者的策划、指挥或默许的情况下,或者按照惯例为了组织利益实施的。犯罪组织内部成员出于个人恩怨或其他目的,并非为组织利益而单独或伙同他人实施违法犯罪活动时,不能将其纳入组织犯罪中。

(五)鉴于 1997 年《刑法》中没有规定黑社会性质组织犯罪,在认定是否构成黑社会性质组织时,不应把 1997 年 10 月 1 日以前实施的违法犯罪活动计算在组织犯罪的次数中。需要追究刑事责任的,应按有关法律规定定罪处罚。

四、黑社会性质组织的非法控制特征一般表现为:

对《全国人民代表大会常务委员会关于〈中华人民共和国刑法〉第二百九十四条第一款的解释》第(四)项“通过实施违法犯罪活动,或者利用国家工作人员的包庇或纵容,称霸一方,在一定区域或者行业内,形成非法控制或者重大影响,严重破坏经济、社会生活秩序”理解如下:

(一)“利用国家工作人员的包庇或纵容”。一般是指:1. 符合《最高人民法院关于审理黑社会性质组织犯罪的案件具体应用法律若干问题的解释》第五条规定的国家工作人员包庇和纵容行为之一的。本人已经具有国家工作人员身份的犯罪组织成员实施的包庇或纵容行为,也视为符合此规定。2. 国家工作人员包庇、纵容黑社会性质组织内部个别成员在该组织的意志之外所实施的违法犯罪活动,不应以包庇、纵容黑社会性质组织罪定罪处罚,需要追究刑事责任的,应当按照有关法律规定定罪处罚。

(二)“在一定区域或者行业内,形成非法控制或者重大影响,严重破坏经济、社会生活秩序”。一般是指:1. 以暴力、威胁或者其他手段造成重大、恶劣社会影响,对群众形成心理强制,破坏社会正常生活秩序的。2. 以暴力、威胁或者其他手段破坏正常经济秩序,形成非法垄断或者非法经营秩序的。3. 为组织争夺势力范围、确立强势地位而多次或大规模聚众斗殴、寻衅滋事,或者用谋杀、报复伤害等手段打击竞争对手,或以杀害、伤害无辜、聚众闹事为组织造势的。4. 采用暴力、威胁手段或利用组织的强势地位多次代人强立债权、强索债务、非法拘禁,或受人雇用实施杀人、伤害等违法犯罪行为的。5. 以提供保护为由,非法行使公共治安管理权,在一定范围内长期、多次采用暴力、威胁手段或者利用组织的强势地位,强收保护费、强行罚款、强行干预他人正常生产、经营、生活的。6. 其组织的暴力、威胁或者其他违法犯罪活动在其势力范围内对群众造成心理强制,形成重大社会影响,使群众安全感下降、政府公共管理职能受阻的。7. 长期在一定区域或行业内采用暴力、威胁或者其他手段欺行霸市、强迫交易、操纵市场、敲诈勒索、寻衅滋事形成垄断地位或重大影响的。8. 非法行使行业、市场经济秩序的管理权强行收费,或采用暴力、威胁或者其他手段对其他市场参与者强行参股、占股、巧立名目强行摊派的。9. 煽动、组织或强制其他市场参与者采用暴力、威胁或者其他手段抗拒国家对行业、市场进行管理的。10. 对《全国人民代表大会常务委员会关于〈中华人民共和国刑法〉第二百九十四条第一款的解释》第(四)项中的“区域”不宜作偏狭的理解。以暴力或暴力手段为后盾长期操控色情、赌博、高利贷、毒品等非法交易,获取非法经营利益的,同样可以视为形成了对“一定区域的非法控制”。11. 其他严重破坏社会生活、经济秩序的。

五、对黑社会性质组织四个特征的认识,在总体上宜掌握为:

对《全国人民代表大会常务委员会关于〈中华人民共和国刑法〉第二百九十四条第一款的解释》所规定的黑社会性质组织的四项特征“应当同时具备”一般理解为:组织特征、经济特征,行为特征属黑社会性质组织的一般属性，非法控制特征是黑社会性质组织的本质属性。

符合以下条件之一的，可视为构成黑社会性质组织：

（一）具备非法控制特征的，即使其他特征表现程度较弱的，仍构成黑社会性质组织。

（二）对《全国人民代表大会常务委员会关于〈中华人民共和国刑法〉第二百九十四条第一款的解释》第（四）项所规定的“通过实施违法犯罪活动”“形成非法控制或者重大影响”与“通过利用国家工作人员包庇或者纵容”“形成非法控制或者重大影响”为选择性要件，具有其中之一的，即构成黑社会性质组织。

山东省办理涉嫌黑社会性质组织犯罪案件指定管辖实施办法

（2011年12月8日　鲁公传发〔2011〕2030号）

第一条　为依法有效打击黑社会性质组织犯罪，根据《中华人民共和国刑事诉讼法》等法律法规及有关司法解释的规定，结合我省实际，制定本实施办法。

第二条　本着更有利于案件侦查、审查起诉和公正审判的原则，山东省公安厅（以下简称“省公安厅”）、山东省人民检察院（以下简称“省检察院”）、山东省高级人民法院（以下简称“省法院”）和各市级公安机关、人民检察院、人民法院根据涉嫌黑社会性质组织犯罪案件具体情况，可以指定主要犯罪地或首要分子居住地以外的市、县级公安机关、人民检察院、人民法院负责案件的侦查、审查起诉和审判工作。

根据案件所处的诉讼阶段，公安机关、人民检察院、人民法院分别行使案件指定管辖权。

第三条　公安机关、人民检察院、人民法院指定涉嫌黑社会性质组织犯罪案件诉讼管辖，应当互相配合，协调一致，综合考虑拟指定地公安机关、人民检察院、人民法院司法资源配置状况，确保诉讼活动顺利进行。

第四条　指定管辖案件范围

1. 最高人民法院、最高人民检察院、公安部指定我省管辖的案件中，需要指定下级机关管辖的。

2. 社会关系复杂，可能存在“保护伞”，由主要犯罪地或首要分子居住地公安机关、人民检察院、人民法院办理可能不利于案件公正处理的。

3. 出现管辖权争议，需要共同的上级机关指定管辖的。

4. 其他需要指定管辖的案件。

第五条 公安机关拟指定案件诉讼管辖的，应当书面通知同级人民检察院、人民法院。同级人民检察院、人民法院应当于收到书面通知之日起七日内，将是否同意指定管辖的意见书面通知同级公安机关。不同意的，应当在书面通知中说明理由。

人民检察院拟指定案件诉讼管辖的，应当书面通知同级人民法院。同级人民法院应当于收到书面通知之日起七日内，将是否同意指定管辖的意见书面通知同级人民检察院。不同意的，应当在书面通知中说明理由。

人民法院拟指定案件诉讼管辖的，应当书面通知同级人民检察院。同级人民检察院应当于收到书面通知之日起七日内，将是否同意指定管辖的意见书面通知同级人民法院。不同意的，应当在书面通知中说明理由。

经协商不能形成一致意见的，由提出指定管辖意见的机关提交省级政法部门打黑除恶工作联席会议研究决定。

第六条 受指定公安机关负责侦查的涉嫌黑社会性质组织犯罪案件，由受指定公安机关所在地同级人民检察院负责案件的审查批准逮捕工作。

受指定公安机关在案件移送起诉时应将上级人民检察院、人民法院同意指定管辖的书面答复意见(复印件)一并移交同级人民检察院。同级人民检察院应当受理案件并及时报请上级人民检察院指定管辖。

受指定人民检察院在对案件提起公诉时应将上级人民法院同意指定管辖的书面答复意见(复印件)一并移交同级人民法院。同级人民法院应当受理案件并及时报请上级人民法院指定管辖。

上级人民检察院、人民法院原则上应指定受指定管辖公安机关所在地同级人民检察院、人民法院负责案件的审查起诉和审判工作。

第七条 下级公安机关、人民检察院、人民法院认为案件需要改变管辖时，应当向上级公安机关、人民检察院、人民法院提交指定管辖的书面建议。上级公安机关、人民检察院、人民法院收到下级机关的书面建议后，认为不需要改变管辖的，七日内书面通知下级公安机关、人民检察院、人民法院；认为需要改变管辖的,按本实施办法第五条的规定办理。

对公安机关指定管辖的涉嫌黑社会性质犯罪案件,上级人民检察院认为确有必要另行指定管辖地的,应当先行书面通知同级公安机关,并说明理由。

第八条 省公安厅、省检察院、省法院指定管辖的案件,受指定市级公安机关、人民检察院、人民法院根据案件情况,报上级单位批准后,可按照本办法第五条的规定指定下级单位管辖,并于作出决定后十日内将《指定管辖决定书》副本报送上级单位备案。

第九条 本办法适用于案件一审审理前的诉讼阶段。

第十条 本办法由省公安厅、省检察院、省法院负责解释。

第十一条 本办法自发布之日起施行。

中华全国律师协会关于律师办理黑恶势力犯罪案件辩护代理工作若干意见

（2018年3月6日　律发通〔2018〕9号）

各省、自治区、直辖市律师协会，新疆生产建设兵团律师协会：

为贯彻落实中央关于开展扫黑除恶专项斗争的通知要求，指导律师严格依法办理黑恶势力犯罪案件，充分发挥律师在扫黑除恶专项斗争中的重要作用，提出如下意见。

一、充分认识扫黑除恶专项斗争的重大意义

在全国开展扫黑除恶专项斗争，是以习近平同志为核心的党中央作出的重大决策，事关社会稳定和国家长治久安，事关人心向背和基层政权巩固，事关进行伟大斗争、建设伟大工程、推进伟大事业、实现伟大梦想。律师是社会主义法治工作者，依法开展黑恶势力犯罪案件辩护代理，使扫黑除恶案件经得起历史的检验、人民的检验、社会的检验，是实现扫黑除恶专项斗争政治效果、法律效果、社会效果相统一的必然要求。各地律师协会和刑事辩护代理律师要进一步提高政治站位，充分认识开展扫黑除恶专项斗争的重大意义，增强“四个意识”，把思想和行动统一到党中央决策部署上来。各地律师协会要积极组织开展专项培训，指导帮助刑事辩护代理律师深入学习、准确把握中央关于开展扫黑除恶专项斗争部署要求，准确把握《刑法》、《刑事诉讼法》和相关司法解释关于共同犯罪、犯罪集团以及相关涉黑涉恶犯罪构成等规定，掌握中共中央、国务院关于开展扫黑除恶专项斗争的通知精神和两院两部关于办理黑恶势力犯罪案件若干问题的指导意见等相关刑事司法政策。组织律师协会会长、刑辩委员会委员和刑事辩护代理律师骨

干积极参加相关司法机关的培训和研讨活动，共同研究制定律师办理黑恶势力犯罪案件辩护代理工作手册，形成法律政策理解把握的共识，加强一体执行，务求取得最佳政治效果、法律效果和社会效果。

二、依法履行辩护代理职责

（一）依法接受委托

律师担任黑恶势力犯罪案件的辩护人或诉讼代理人，必须遵守律师事务所统一接受委托、签订书面委托合同、收取费用各项制度。同一名律师不得为两名或两名以上的同案犯罪嫌疑人、被告人辩护；不得为两名或两名以上的未同案处理但涉嫌的犯罪存在关联的犯罪嫌疑人、被告人辩护；同一律师事务所在接受两名或两名以上的同案犯罪嫌疑人、被告人的委托，分别指派不同的律师担任辩护人的，须告知委托人并经其同意。未经当事人委托或者法律援助机构指派，不得以律师名义为当事人提供法律服务、介入案件，干扰依法办理案件。

（二）依法尽职做好辩护代理

律师办理黑恶势力犯罪案件辩护代理工作，应当高度重视庭前准备工作，依法依规进行会见、阅卷、调查取证，提出高质量的辩护代理意见。确有证据证明侦查机关违法收集证据的，要依法申请排除非法证据；对于可能影响案件事实认定的证人证言，应当依法申请证人出庭作证；对于重要证据，应当依法调取。在庭审程序中准确把握庭审发问质证规律，掌握充分的法庭辩论技巧，切实提高庭审辩论能力。律师庭上辩护工作要做到观点鲜明、条理清楚、逻辑严密、论证有力。要善于与当事人、法官和公诉人就案情进行必要的沟通，以理性平和的心态做好辩护工作，保证律师作用充分发挥和庭审顺利进行。

（三）依法维护执业权利

律师的维权行为要注意方式方法，坚持依法、理性、平和、文明、规范，防止过激言行。当律师执业权利受到侵犯时，应当通过法定救济渠道寻求保障，也可以通过司法行政机关、律师协会申请组织维权。律师认为办案机关及其工作人员明显违反法律规定，阻碍律师依法履行辩护、代理职责，侵犯律师执业权利的，可以向办案机关或者其上一级机关投诉，向同级或者上一级人民检察院申诉、控告，向注册地的市级司法行政机关、所属设区的市律师协会申请维护执业权利。

（四）依法规范执业行为

律师办理黑恶势力犯罪案件辩护代理工作，必须严格在法律规定的律师职责和委托合同约定的权利范围内，严格遵守程序规范和实体规范，严格遵守律师执业行为规范，依法依规履行辩护代理职责。不得对本人或者其他律师正在办理的案件进行歪曲、有误导性的宣传和评论，恶意炒作案件；不得以串联组团、联署签名、发表公开信、组织网上聚集、声援等方式或者借个案研讨之名，制造舆论压力，攻击、诋毁司法机关和司法制度；不得煽动、教唆和组织当事人或者其他人员到司法机关或者其他国家机关静坐、举牌、打横幅、喊口号、声援、围观等，扰乱公共秩序、危害公共安全。严格遵守保密义务，不得泄露在执业中知悉的国家秘密、委托人和其他当事人的商业秘密和个人隐私以及委托人不愿泄露的其他情况和信息。不得违反规定披露、散布不公开审理案件的信息、材料，或者本人、其他律师在办案过程中获悉的有关案件重要信息、证据材料。要遵守监管场所规定，不得违规会见在押犯罪嫌疑人、被告人。要遵守法庭秩序，尊重法官、检察官和其他办案人员等，遇有与控方或主审法官发生重大意见分歧情形，应当按庭审规则与司法机关和司法人员进行沟通协调，或者通过正常途径反映问题、提出意见。

三、切实发挥律师事务所监督管理作用

律师事务所对本所律师办理黑恶势力犯罪案件辩护代理工作负有直接监督指导职责，对本所及其律师办理黑恶势力犯罪案件辩护代理工作要严格管理，建立健全专项工作制度，把握好黑恶势力犯罪案件律师辩护代理工作第一道关。

（一）建立报告备案制度

律师事务所受理黑恶势力犯罪案件后，应当于五日内同时报律师事务

所所属律师协会和案件管辖地律师协会备案。在案件办理过程中,遇有重要问题和需协调解决的紧急事项要及时向所属律师协会报告,案件办结后要提交书面总结。不同地区律师事务所受理同案件的,应当将办案情况分别报告各自所属律师协会。

（二）建立集体研究制度

办案过程中,做无罪辩护或改变案件定性时,律师事务所要组织集体研究,依法提出案件处理方案和辩护代理意见,确保扫黑除恶专项斗争工作精神和要求以及有关制度规定得到正确贯彻和执行。

（三）建立检查督导制度

律师事务所要建立律师办理黑恶势力犯罪案件辩护代理检查督导制度,指定专门业务机构或专人负责对律师办理黑恶势力犯罪案件辩护代理工作的情况进行全程跟踪检查,加强办案质量监督和风险管理,指导解决办案过程中遇到的法律问题,发现律师办案有违法违规行为要及时予以制止和纠正。严格管理本所公章、委托代理协议等法律文书,防止私自收案收费情况发生。要加强黑恶势力犯罪案件的档案管理,防止出现失密泄密和不当传播的情况。

四、加强对律师办理黑恶势力犯罪案件的监督指导

各地律师协会要加强对律师办理黑恶势力犯罪案件辩护代理工作的指导监督,支持和保障律师事务所和律师依法依规开展黑恶势力犯罪案件辩护代理工作,确保黑恶势力犯罪案件依法稳妥办理。

（一）切实维护律师执业权利

认真整理律师办理黑恶势力犯罪案件辩护代理工作中每个环节可能遇到的问题,充分利用联席会议机制,反映情况,做好预案,确保扫黑除恶工作顺利进行。加强与办案机关的沟通协调,建立健全尊重和保障律师辩护代理意见的工作机制和救济机制,切实维护律师会见、阅卷、调查取证和庭上发问、质证、辩论权利,保障律师依法行使辩护代理权利。发现律师执业权利受到妨碍、侵犯情形时,律师协会应当及时进行调查,情况属实的,要及时

与办案机关进行沟通协调，促其作出妥善处置，维护律师职业合法权利。针对律师跨区域职业申请维权的，所属律师协会和行为发生地律师协会要加强相互配合，相互支持，协作互助，形成合力，共同推进维权工作及时有效进行。对律师因依法执业受到威胁、侮辱、报复、人身伤害的，要协调有关部门依法及时制止和处理，并对律师采取必要保护措施。

（二）依法查处律师违法违规行为

对律师和律师事务所违反执业行为规范和执业纪律的行为，要依照协会章程和会员违规行为处分规则，给予相应行业处分。要发挥投诉受理查处中心作用，适时启动调查程序，抓早抓小，及时处置。在查处违法违规行为过程中，要切实履职，敢于担当，坚决克服不敢处理、不愿处理的问题。

（三）积极履行监督指导职责

要将监督指导律师和律师事务所办理黑恶势力犯罪案件辩护代理工作作为当前的一项重大政治任务。及时了解掌握本地区律师接受案件代理有关信息，发现未按规定统一受理、按时报备的，及时提醒、纠正，重大问题要及时主动向司法行政机关请示报告。案件管辖地的省（区、市）律师协会统一负责指导、监督和协调工作，承办案件的律师事务所及其律师所属的省（区、市）律师协会要积极予以配合，形成有效的指导监督机制。各地律师协会成立扫黑除恶专项工作律师辩护代理业务指导委员会，加强办案指导，协调困难和问题，及时应对舆情。加强业务培训和指导，切实增强刑事辩护代理律师执业技能和水平。

（四）鼓励优秀刑辩律师参与黑恶势力犯罪案件辩护代理工作

要督促律师事务所指派政治过硬、业务能力强、能够严格遵守执业纪律和要求、具有一定办案经验的律师具体承办黑恶势力犯罪案件。充分利用报刊、网站等各种媒体，宣传律师办理黑恶势力犯罪案件辩护代理工作的正确做法、经验和成效，对为黑恶势力犯罪案件依法处理作出突出贡献的律师予以表彰奖励，有效激励广大优秀刑辩律师积极开展黑恶势力犯罪案件辩护代理。

图书在版编目(CIP)数据

“扫黑除恶”司法观点与辩护要点 / 王发旭，王朝勇主编. -- 北京 : 法律出版社，2019(2019.5 重印)
ISBN 978 - 7 - 5118 - 9042 - 9

Ⅰ. ①扫… Ⅱ. ①王… ②王… Ⅲ. ①犯罪集团 - 刑事犯罪 - 研究 - 中国 Ⅳ. ①D924.114

中国版本图书馆 CIP 数据核字(2019)第 006596 号

“扫黑除恶”司法观点与辩护要点
“SAOHEI CHU'E” SIFA GUANDIAN YU BIANHU YAODIAN

王发旭　王朝勇　主编

策划编辑 李　群
责任编辑 李　群
装帧设计 汪奇峰

出版 法律出版社
总发行 中国法律图书有限公司
经销 新华书店
印刷 三河市龙大印装有限公司
责任印制 吕亚莉

编辑统筹 法规出版分社
开本 710 毫米 × 1000 毫米　1/16
印张 19.25
字数 249 千
版本 2019 年 1 月第 1 版
印次 2019 年 5 月第 2 次印刷

法律出版社/北京市丰台区莲花池西里 7 号(100073)
网址/www. lawpress. com. cn
投稿邮箱/info@ lawpress. com. cn
举报维权邮箱/jbwq@ lawpress. com. cn
销售热线/010 - 83938336
咨询电话/010 - 63939796

中国法律图书有限公司/北京市丰台区莲花池西里 7 号(100073)
全国各地中法图分、子公司销售电话：
统一销售客服/400 - 660 - 6393
第一法律书店/010 - 83938334/8335　西安分公司/029 - 85330678　重庆分公司/023 - 67453036
上海分公司/021 - 62071639/1636　深圳分公司/0755 - 83072995

书号:ISBN 978 - 7 - 5118 - 9042 - 9　**定价**:58.00 元
(如有缺页或倒装，中国法律图书有限公司负责退换)